梦圆

高水平全面建成小康社会的南京实践

中共南京市委党史工作办公室
南京市档案馆 编

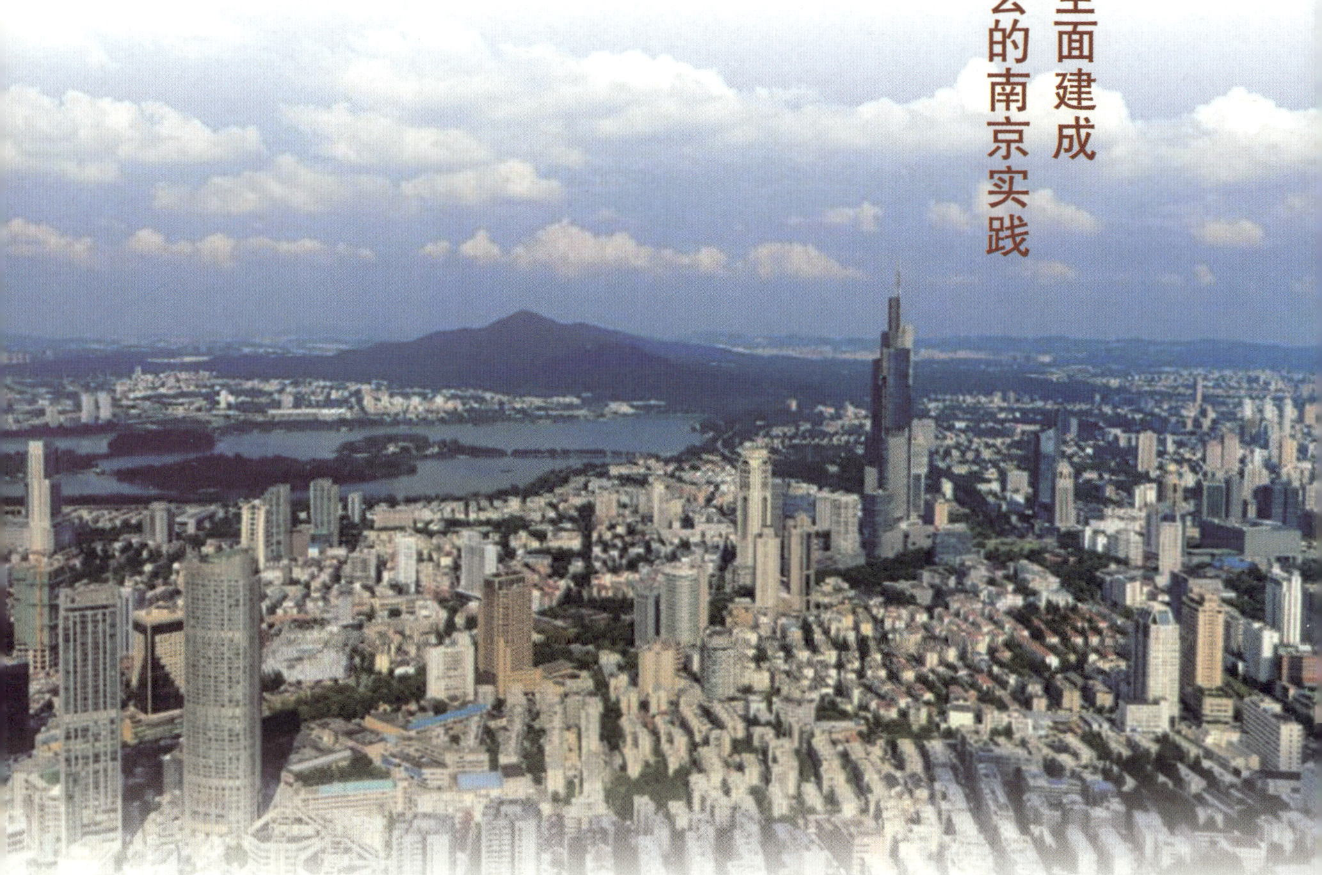

南京出版传媒集团
南京出版社

图书在版编目（CIP）数据

梦圆：高水平全面建成小康社会的南京实践 / 中共南京市委党史工作办公室，南京市档案馆编. -- 南京：南京出版社，2021.1

ISBN 978-7-5533-3102-7

Ⅰ.①梦… Ⅱ.①中… ②南… Ⅲ.①小康建设－成就－南京 Ⅳ.①F127.531

中国版本图书馆CIP数据核字（2020）第258711号

书　　名 梦圆——高水平全面建成小康社会的南京实践
编　　者 中共南京市委党史工作办公室、南京市档案馆
出版发行 南京出版传媒集团
南　京　出　版　社

社址：南京市太平门街53号　　邮编：210016
网址：http：//www.njcbs.cn　　电子信箱：njcbs1988@163.com
联系电话：025-83283893、83283864（营销）　025-83112257（编务）

出 版 人 项晓宁
出 品 人 卢海鸣
责任编辑 程　瑶　朱天乐
装帧设计 石　慧
责任印制 杨福彬

排　　版 南京新华丰制版有限公司
印　　刷 南京艺中印务有限公司
开　　本 787毫米×1092毫米　1/16
印　　张 19.5
字　　数 330千
版　　次 2021年1月第1版
印　　次 2021年1月第1次印刷
书　　号 ISBN 978-7-5533-3102-7
定　　价 98.00元

南京出版社
图书专营店

《梦圆——高水平全面建成小康社会的南京实践》

编 委 会

前　言

民亦劳止，汔可小康；惠此中国，以绥四方。

党的十八大以来，以习近平同志为核心的党中央把人民对美好生活的向往作为奋斗目标，把全面建成小康社会放在“四个全面”战略布局首位，系统擘画了全面建成小康社会的目标任务和方针政策，团结带领全国各族人民向这一伟大目标奋勇进军。

2020年10月，党的十九届五中全会胜利召开，高度评价了决胜全面建成小康社会所取得的决定性成就。全会指出，“十三五”规划目标任务即将完成，全面建成小康社会胜利在望，中华民族伟大复兴向前迈出了新的一大步，社会主义中国以更加雄伟的身姿屹立于世界东方。

千年梦想，百年奋斗，今朝梦圆！

人民永远不会忘记，习近平总书记掷地有声地宣示：“全面建成小康社会，是我们对全国人民的庄严承诺，必须实现，而且必须全面实现，没有任何讨价还价的余地。”

今天，神州大地上所发生的翻天覆地的变化，将见证中国共产党带领中国人民一路披荆斩棘、筚路蓝缕、砥砺前行所创造的人间奇迹！

虎踞龙盘今胜昔，天翻地覆慨而慷！

南京作为省会城市和中心城市，在高水平全面建成小康社会的征途上，始终坚持以人民为中心，全面贯彻中央和省委部署要求，牢记初心使命，强化责任担当，积极探索特大城市治理现代化新路径，使千年古城焕发出强大生机与活力，书写了当代中国发展进步南京实践的精彩华章。

为忠实记录中国共产党带领南京人民为实现高水平全面小康而不懈奋斗的历程，生动讲述南京人民在伟大时代的拼搏奉献故事，中共南京市委党史工作办公室和南京出版传媒集团（南京出版社）共同策划，联合南京市档案馆及各区党史部门编纂出版了《梦圆——高水平全面建成小康社会的南京实践》。

从过去荒凉的江滩地到今天飞速发展的江北新区核心区；从昔日的江心洲“葡萄园”到如今智慧宜居的“科技岛”；从曾经闭塞落后的穷乡镇到现在的美丽乡村样板谷里；从

走街串巷卖蒸儿糕的小商贩到成为南京知名的网红店主；从陷入困境的下岗工人成长为引领群众脱贫致富的全国劳动模范……全书将笔头和镜头对准基层党组织与普通百姓，聚焦新时代的奋斗者、带头人，力争充分展现基层党组织带领人民群众共建美好家园的生动实践，真情记录普通百姓在追求美好生活过程中所收获的幸福感与获得感；力求以真实的案例和生动的视频，实现编纂者以小见大、见微知著的组稿初衷。

回望南京决胜高水平全面小康的实践历程，绝不仅仅包含着一个个街道、一个个乡村、一个个家庭梦圆小康的奋斗故事，更蕴藏着中国共产党为什么“能”、马克思主义为什么“行”、中国特色社会主义为什么“好”的关键密码。那些深深足迹与不屈身影，展现了中国共产党为中国人民谋幸福、为中华民族谋复兴的初心使命，彰显了南京人民不畏艰难、勇往直前、乘势而上开启全面建设社会主义现代化国家新征程的壮志豪情。

雄关漫道真如铁，而今迈步从头越！

2014年12月，习近平总书记视察江苏，提出了“努力建设经济强、百姓富、环境美、社会文明程度高的新江苏”的殷切期望。从此，中国梦江苏篇章有了新的前进方向。2020年11月，习近平总书记在再次视察江苏时强调，江苏要着力在改革创新、推动高质量发展上争当表率，在服务全国构建新发展格局上争做示范，在率先实现社会主义现代化上走在前列。总书记的这些新要求，是在“两个一百年”历史交汇、开启现代化建设新征程的关键时刻，在“两个五年”继往开来、谋划推进“十四五”发展的关键节点，在应对前所未有风险挑战、着力育新机开新局的关键阶段，为我们做出的重大战略指引。

南京作为江苏省省会城市，要把总书记对江苏工作的新要求作为贯彻落实党的十九届五中全会的根本任务，作为谋划未来发展的总目标、总纲领、总要求。展望未来，唯有不忘初心、牢记使命、接续奋斗，紧扣“创新名城、美丽古都”城市发展愿景，谋划“全面现代化”新战略，才能走出高质量发展的现代化“南京路径”。

文章目录

综　述

江北新区

玄武区

秦淮区

建邺区

鼓楼区

栖霞区

雨花台区

江宁区

浦口区

六合区

溧水区

高淳区

视频目录

栖霞区

雨花台区

江宁区

浦口区

六合区

溧水区

高淳区

综　述

ZONGSHU

配套视频

高水平全面小康的“南京模样”

引言：锐意创新 人民至上 行稳致远的小康

改革开放以来，南京以经济建设为中心，全力以赴谋发展，1993 年人均地区生产总值达 1200 美元、提前 7 年实现“翻两番”的世纪目标，2009 年提前一年实现以县区为单位的全面达小康的历史性跨越。南京的小康之路并不止于“达小康”，高水平高质量才是更高追求。2014 年 12 月，习近平总书记视察江苏，提出了“努力建设经济强、百姓富、环境美、社会文明程度高的新江苏”的殷切期望，南京从此有了更高追求的方向。南京全市上下牢记习近平总书记“强富美高”的谆谆嘱托，以强烈的答卷意识担当作为，突出抓

■创新名城　美丽古都

重点、补短板、强弱项。2016 年 10 月，中国共产党南京市第十四次代表大会明确提出高水平全面建成小康社会的发展目标。2017 年，南京确立“创新名城、美丽古都”城市发展愿景，突出创新驱动，推动经济社会高质量发展。《中国城市全面建成小康社会监测报告 2018》显示，南京小康指数已达 135.81，列全国城市第 7 位。2019 年，厚积薄发的南京，创新动能竞相迸发，城市能级持续提升，民生幸福落地有声，城市发展和人民生活水平实现历史性跨越，高水平全面小康综合指数位居全省前列。对南京的发展成绩和良好态势，习近平总书记在 2019 年的中央财经委第五次会议上给予了充分肯定。通过一以贯之地接续奋斗，经得起实践、历史和人民检验的高水平全面小康社会建设取得了决定性成就，为南京开启“全面建设现代化”的新征程奠定了基础、积累了经验。

回顾南京全面小康之路，党的领导一直是发展进步的方向，正是因为牢牢把握了坚持和加强党的领导这个根本原则，所以南京在小康之路上始终坚定。特别是近年来，中共南京市委以习近平新时代中国特色社会主义思想为指导，全市上下始终树牢“四个意识”，坚定“四个自信”，坚决做到“两个维护”，把书写高水平全面建成小康、高质量建设“强富美高”的南京答卷作为主旋律，一以贯之对标对表、久久为功狠抓落实。认真贯彻新时代党的建设总要求，把初心使命融入工作的各方面，把党的自我革命不断推向深入，切实以党建质量的新提升保障发展水平的新跃升。党政军民学，东西南北中，党是领导一切的。实践证明，南京在高水平全面建成小康社会征途上所取得的巨大成就，都是在中央和省委的正确领导下取得的，是中国共产党领导南京人民继往开来、开拓创新的结果，也是全市

各级党组织团结全市人民勇于实践、不懈奋斗的成果。

回顾南京全面小康之路，人民一直是共建共享的主角，正是因为牢牢把握住了以人民为中心这个根本立场，所以南京在小康之路上才能行稳。在高水平全面建成小康社会的探索实践中，南京广大党员干部牢记党的根本宗旨，把人民对美好生活的向往作为奋斗目标，使小康的实现程度与人民的获得感同步提升。2020 年以来，南京始终坚持人民至上、生命至上，在夺取“防疫与发展”双胜利的过程中，更是体现了越是危难关头越要依靠人民、造福人民的基本原则，危中寻机，提升城市发展活力、安全水平，不断增进民生福祉。南京建设以人民为中心的美丽古都，其本质也充分地体现了“人民城市人民建、人民城市为人民”重要理念，美丽古都建设实践已成为满足人民美好生活向往的务实行动。人民至上成为南京这座城市最美丽的标识、最温暖的印记。

回顾南京全面小康之路，创新驱动一直是城市发展的主线，正是因为牢牢把握创新驱动高质量发展这个第一要务，所以南京在小康之路上才会致远。南京很早就认识到创新的重要性并进行了可贵探索，但科技成果产业化短板长期存在。2017 年以来，南京深挖问题症结，创新思路举措，大力实施创新驱动发展“121”战略和“两落地一融合”工程，把创新驱动作为新时期立足全局、面向全球、聚焦关键、带动整体的核心发展战略，系统布局创新格局，举全市之力建设具有全球影响力的“创新名城”，为高质量发展集聚创新动能，2018 年年底，南京“打造集聚创新资源强磁场”经验做法受到了国务院通报表扬。创新治理架构支撑南京不断实现“新变革”和“新腾飞”。

一、量质齐升强经济，夯实发展基础

南京始终坚持不懈谋发展，多措并举稳增长，经济发展稳中有进、量质齐升，高水平

■发展中的江北新区

河西中央商务区

全面小康社会更加殷实，奠定了人民美好生活和南京开启基本实现现代化新征程的物质保障。2016 年地区生产总值成功跨越万亿元大关，达到 10450 亿元，成为全国第 11 个地区生产总值达万亿级别的城市。2019 年地区生产总值连跨 5 个万亿台阶，达到 1.4 万亿元，人均 GDP 达 2.5 万美元，增速居全省和东部 GDP 超万亿城市的首位。

稳定增长的数据背后是高质量发展的支撑。南京紧抓深化产业结构调整，构建现代产业发展新体系这一工作重点，不断推进南京经济发展提高质量、增加效益、增强后劲。按照“产业基础高级化、产业链现代化”要求，把智能制造作为扛鼎之举，明确了“4+4+1”的主导产业体系，依托大数据物联网等新技术，以高端化、智能化、绿色化、集群化为发展方向，促进企业制造装备升级和互联网化提升，积极出台配套措施，形成了“全面出击、多点开花”的推进格局，五大地标产业加速崛起，产业层次明显提升。高新技术产业规模大幅跃升，2017 年为 9785.2 亿元，2019 年为 11509.48 亿元，增长 17.52%。2020 年 7 月，南京进一步明确了软件和信息服务业、新能源汽车、集成电路、人工智能、智能制造装备等八大产业链主攻方向，实施由市领导挂帅的八大产业链“链长制”工作体系，着力做大产业规模、做高产业能级、做强产业竞争力，形成了提高科技产业整体竞争力的体系化工作机制，加快增强产业自主力。

2020 年面对新冠肺炎疫情带来的严峻考验和复杂多变的国内外环境，南京提出发展新基建、培育新消费、壮大新产业、建设新都市的“四新”行动，这是应对疫情冲击、稳定经济运行、实现年度目标和全面小康目标的“南京方案”，也是南京作为省会城市、中

■ 2020 世界智能制造大会在南京开幕

心城市、特大城市，在非常时期、关键时刻的主动作为、率先行动，为全国全省发展大局做出的“南京贡献”。“南京方案”充分彰显了南京的经济实力和产业基础优势，提升了南京的经济地位。根据江苏省地区生产总值统一核算结果，2020 年上半年全市地区生产总值 6612.35 亿元，同比增长 2.2%，增速位列全省设区市首位，快于全国 3.8 个、全省 1.3 个百分点，经济总量首次跻身全国十强。分产业看，第一产业增加值 89.76 亿元，同比下降 0.9%；第二产业增加值 2271.41 亿元，增长 1.0%，增速较一季度回升 0.9 个百分点；第三产业增加值 4251.17 亿元，同比增长 2.9%，增速较一季度回升 0.3 个百分点。

二、持久恒心抓创新，培育发展动能

高质量发展的活力来源于持续不断的创新。长期以来，南京立足城市科教优势，在贯彻创新驱动发展战略、以创新促发展方面始终走在全国前列。从 1987 年获批全国科技体制改革试点城市，到 1995 年率先构建“官、产、学（研）”一体化的科技成果转化机制；从 2006 年召开首次自主创新大会、宣布建设创新型城市，到 2009 年被列为全国唯一的科技体制改革试点城市，创新已成为南京鲜明的城市特色和坚实的发展根基。

“十三五”期间，更是千方百计抓创新，以创新为主要驱动力的发展方式已经形成。2017 年年底南京把创新驱动作为新时期立足全局、面向全球、聚焦关键、带动整体的核心发展战略，举全市之力建设具有全球影响力的“创新名城”，在顶层设计、源头创新、企业培育、融合创新等方面积极探索，先行先试。2018 年 1 月，明确提出实施创新驱动发展“121”战略，“1”就是建设一个具有全球影响力的创新名城；“2”就是打造综合性科学中心和科技产业创新中心；另一个“1”就是构建一流的创新生态。针对南京长期以来存在的高校院所科教资源非常多，但是成果不能得到及时转化的核心问题，实施“两落地一融合”的工程，通过建设新型研发机构，逐步实现科研平台企业化运作，吸引全省、全国以及国际上的高精尖科技成果到南京来实现成果转化，有效解决科技成果在南京落地成长的问题。之后连续三年，开年第一件大事就是召开创新名城建设推进大会，出台支持创新的市委“一号文”，突出战略引领，强化政策供给，为聚力创新立起“风向标”。

2020年1月，南京在全国率先组建实体化运作的市委创新委员会，突显了党委亲自抓、带头抓的新格局，突出了党委对创新工作的领导，进一步完善并固化创新体系顶层组织架构，统筹规划创新名城建设总体任务，系统优化提升创新治理能力，推进以科技创新为核心、以体制机制改革为关键、以打造一流生态为目标的全面创新。新一轮的创新实践坚持把筹建综合性科学中心作为核心基础和战略举措，前瞻性布局和建设“一室一中心”等一批重大基础研究平台，探索基础研究、原始创新的体制机制，加强技术攻关和源头创新，提升原始创新能力，努力实现更多“从0到1”的突破。

久久为功方可善作善成。随着南京城市创新实力不断增强，全球创新指数排名大幅跃升。根据世界知识产权组织发布的2020年全球创新指数，南京综合排名由2017年的全球第94位跃升到第25位，全球创新首位度的不断提高使南京更高层次链接全球创新资源，吸收多维创新要素融入“南京创新生态”。经过近3年的持续推动，全市独角兽企业从2家扩展到15家，培育独角兽企业从12家发展到95家，瞪羚企业从28家发展到312家，独角兽、瞪羚企业总数已达422家；全市新型研发机构超过400家，孵化招引科技企业超6000家，技术合同成交额比2017年实现翻番，达到591.25亿元，创造的专利总数达6865个；科创企业数量大幅增加，自2017年以来，高新技术企业从1844家增长到4680家（增长150%），“专精特新”企业从708家增长到1312家（增长

■紫金山实验室

85%），科技型中小企业从721家增长到6685家（增长820%）。2020年，作为南京创新地标的紫金山实验室牵头主导发布多项重大创新成果，在业界引起了强烈反响。

三、三生统一美环境，转变发展方式

徜徉在南京的大街小巷，绿荫下的粉墙黛瓦、鳞次栉比的高楼大厦，现代繁华和古典优雅在这里完美交融，这是多年来南京全力推动生态文明建设，走绿色发展之路，实现的“经济强”和“环境美”和谐统一的最直观印证。南京始终深入践行“两山”理念，坚持生态、生产、生活统一，加强环境保护与生态修复，建设更具韧性、更可持续的生态之城，倡导绿色、低碳、健康的生产方式和生活方式，呵护天蓝地绿水清的生态环境，实现人与自然更加和谐共处。

坚持把保护修复长江生态摆在压倒性位置，发挥南京在长江大保护中的示范作用，扎实推进产业增绿、生态增容、污染减量、岸线减压“两增两减”，通过沿江生态保护、沿江岸线保护与利用、沿江功能布局与产业转型和沿江空间特色塑造，塑造优美天际线，长江二桥到三桥35公里生产岸线基本退出，打造“南京外滩、城市客厅”。

统筹布局生态、农业、城镇等功能空间，划定生态保护红线、永久基本农田和城镇开发边界。以绿色生产和生活场景实现为示范，构建以市场为导向的绿色技术创新体系，大力发展绿色产业，探索推动生态经济化、经济生态化的转移转化渠道，健全以产业生态化、生态产业化为特征的生态经济体系。

聚力绿色发展，连续出台多个铁腕治污举措，打好蓝天、碧水和净土“三大保卫战”。

■南京外滩、城市客厅——鱼嘴湿地公园

远眺三汊河口渡江胜利广场

南京生态指标持续向好，空气质量优良率由 50% 提升至 70% 左右，PM2.5 浓度从每立方米 74 微克下降到 40 微克；全市 22 个省控及以上断面中，达到或优于Ⅲ类水的比例从 2014 年的 45.5% 提高到目前的 100%，城市建成区基本消除劣Ⅴ类水体。为进一步做优宜居生活水环境，南京用好城市管理“绣花针”，坚持治水与治城、治标与治本、治河与治污相结合，健全长效常态机制，设立 3011 名河长湖长，利用“南京河长”手机 APP，实时跟踪各级河长的巡河报告、巡河问题处置等情况，让金川河、月牙湖、朱家河等一大批黑臭河蝶变清水渠，再现“清水绿岸，鱼翔浅底”的美景，成为副省级城市中首个“国家生态市”。

加快生活方式绿色化，建设垃圾分类和资源循环利用示范城市，加快建设开门见绿的公园城市、绿道环绕的慢行城市，让绿色发展追求进一步深入人心、成为自觉。多维度拓展中部都市区绿色空间，提升城市绿地品质。通过公园路、水渠、河道、绿道等带状绿地或生态廊道，构建绿色、开敞、有机串联的城市绿地生态网络和“郊野公园—城市公园—社区公园”三级游憩绿地体系，综合提升城市绿地的景观、游憩、慢行和生态功能。

四、统筹协调谋布局，优化发展空间

南京是江苏唯一跨江布局的城市，南北狭长，发展空间非常有限，市域面积在江苏占第9位。长期以来功能培育与要素集聚主要集中于主城，被束缚在相对狭小的行政区域内，明城墙以内37平方公里的面积上的人口密度达4万人之多，高质量发展、新兴产业扩散在空间上受到限制，创新空间需要重新整合。面对发展空间不足的天然短板，南京不是

■南部新城医疗中心

等靠要，而是创新思路，以调优城市空间布局来提升城市综合承载能力，空间的合理布局上，协调市域内各个板块的发展。经过不断地调整和优化，南京整个城市空间格局进入了一个新的阶段，形成“东西南北中”优势互补、协调并进的高质量发展良好格局，南京的城市能级、首位度、核心竞争力、辐射带动力都得到充分的体现和提升。

不断优化市域空间治理体系，形成“东西南北中”协调并进的成熟、有序的空间布局结构。2017 年以来，南京坚持“南北田园、中部都市、拥江发展、城乡融合”原则，积极推进空间重构、板块重组、优势重塑的空间布局战略，推动“东西南北中”协调并进，即紫金山以东地区协调联动加速崛起、河西新城迈向更高水平国际化、南部片区打造制造业新增长极、国家级江北新区先行示范、主城中心区品质提升功能疏解。

加快协同发展，破解区域发展能力和功能品质不平衡难题。针对江南江北、老城新城、主城郊区等发展不平衡不充分问题，坚持“全域一盘棋”的原则，在主城中心区，持续推动老城功能和人口疏解，进一步挖掘创新空间。加快建设城市“硅巷”，充分利用主城区的老校区、老厂区和传统街区等，激发主城区科教创新资源活力，打造出集约紧凑、功能互补、结构完善、校地融合、产城一体、创新创业活跃度高的“硅巷”，同时打造高校创新港、紫东科创大走廊等，推动创新载体与城市空间有效融合，营造良好的创新、转化氛围，形成创新创业的城市活力空间，焕发新生活力。同时，加快提升副城、新城的功能品质，形成产城融合、职住平衡的空间组团，平衡公共服务供给，提出“城墙内外”均衡优化布局的思路，明确明城墙以内为控制发展区，不新建学校医院，明城墙以外空间则为鼓励发展区，有效缓解了公共服务资源不均衡问题，减少组团间不必要的人口流动。

着力平衡板块经济，提升板块之间差异化、特色化发展水平。南京市委、市政府专项支持六合、高淳加快高质量发展，从增强开发区能级、支持主导产业培育、创新能力提升、基础设施支撑、城乡品质完善等方面全方位支持两区发展。两区对标找差加压奋进，发展步伐不断加快，在省高质量发展考核中实现较大幅度争先进位。与此同时，我市发展处于相对滞后的溧水区，经过近年的聚焦制造业创新驱动、集群发展，2019 年 GDP 增幅在全市排名第一，在全省高质量发展考核中排名区县前五。

五、倾情倾力富民生，共享发展成果

南京坚持富民优先，推行各种惠民生举措，百姓的获得感、幸福感、安全感显著提升，连续多年获评中国最具幸福感城市，高水平全面小康社会的幸福成色更足。2019 年全市居民人均可支配收入达到 5.8 万元，2020 年上半年全体居民人均可支配收入 29969 元，同比增长 3.0%。其中，城镇居民人均可支配收入 33351 元，同比增长 2.7%，农村居民人均可支配收入 14924 元，同比增长 3.7%。全市低保标准实现翻番，增加到每月 945 元，率先在全省实现医疗保险市级统筹，企业退休人员月人均养老金水平继续保持全省首位；新开工各类保障性住房 590 万平方米、竣工 263 万平方米，完成棚户区改造 393 万平方米。实施精准脱贫战略，通过产业富民、增加造血功能等举措，到 2019 年年底全市建档立卡的 3.9 万户、7.7 万名农村低收入人口和 200 个精准识别经济薄弱村全部脱贫摘帽，小康路上一个也没有落下，全市人民真正得到了实惠，凝聚了共同建设南京的干劲。

亮眼的数据还不足以全部涵盖南京的民生幸福，南京的百姓真富、真幸福更体现在不断提升的基本公共服务标准化、均等化水平上。2017 年以来，南京注重合理配置公共资源，通过提供更高标准、更加均衡、更为普惠的优质公共服务供给，大幅降低群众获享优质公共服务的难度和成本，民生发展首位度、民生工作精准度、民生保障集成度不断提升。“整合型医疗服务体系”不断完善，深化综合医改，获批全国社区医院建设、促进诊所发展试

■上坊保障房片区

■南京森林音乐会

点。“一门受理、全科办理”的社会救助服务模式首创成功，获评全国社会救助优秀创新案例第一名。重视解决好“一老一小”问题，抓好国家养老服务业综合改革试点，吸引更多市场主体参与发展养老和普惠托育服务，作为全国首批养老改革三项试点城市，南京养老服务体系逐步完善，成为全国首批居家和社区养老服务改革试点优秀地区，破解养老难题的经验做法在全国推广。南京的教育现代化建设水平连续 4 年位列全省第一，义务教育优质资源覆盖率扩大、学前教育普惠优质发展，特别是“弹性离校”政策取得了显著的社会效益，得到了教育主管部门的充分肯定。

六、特色风范创文明，彰显发展高度

丰富的精神文化生活和高效的社会治理能力是高水平全面小康的题中应有之义。近年来，南京致力打造美丽中国的示范窗口，大力开展文化惠民工程，促进文旅深度融合，加强精神文明建设，充分凸显美丽古都的时代内涵、特色风范。开展市域社会治理现代化试点，探索特大城市治理新路子，拓展“社会文明程度高”的内涵外延，在高水平全面小康建设中促进人的全面发展，使得城市的人文底色更加出彩丰满。

文明创建，弘扬社会主义核心价值观，让文明新风吹进千家万户，让崇德向善成为自觉行动。南京市大力弘扬雨花英烈精神、渡江精神等革命精神，从红色文化中汲取道德建设正能量，有效提升了全市公民道德水平。南京市 3 个区试点新时代文明中心建设，已经形成品牌影响力，与全国文明城市建设相得益彰，成为南京提升社会文明程度的强力支撑。

赓续文脉，拓展世界文学之都内涵建设，推动古今文化交融、中外文化交流并繁荣发展。南京，文化底蕴深厚，有“天下文枢”美誉，2019 年 10 月，被联合国教科文组织批准列入世界文学之都行列。近年来，南京在城市更新中注重历史文化保护和复兴，保护好丰厚的历史文化遗存和文化记忆，讲好“南京故事”。传承和利用相结合发展文化产业，不断创新、跨界融合，探索出“文化＋旅游”“文化＋研学”“文化＋文创”新路径，老工厂变身文化孵化平台，文化消费丰富夜经济，文旅融合赋能景点，丰厚的文化资源迸发出蓬勃生命力。

开展市域社会治理现代化试点，探索特大城市治理新路子。南京立足城市总体定位，聚焦重点领域和关键环节，积极探索具有中国特色、时代特征、南京特点的特大城市治理现代化新路径，建设彰显制度优势和现代治理水平的韧性城市。严密高效的网格化治理，成为南京城市治理能力和社会文明程度达到较高水平的有力体现。江宁区集成改革、秦淮区“两赋两强”基层治理经验在全国全省推广，社区“减负增效”、街道社区体制改革等，被评为全国社区治理十大创新成果。今年疫情防控关键时期，南京充分发挥全市网格治理优势，全面实行“网格化＋大数据＋铁脚板”，全市 1.2 万个网格、3 万余名专兼职网格员迅速行动，综合运用大数据智慧化手段，有效织牢织密社区联防联控安全网，成为疫情防控的强有力保障。法治南京、平安南京建设成效显著、广为称道。涌现出一批模范人物和先进典型，人民群众安全感提高到 98.5%，南京市连续多年入选“中国最有安全感城市”榜单，在 2019 年中国最安全城市排名中位居第一。

结语：坚持创新和生态保护，构建“全面建设现代化”新发展格局

2021 年将开启全面建设社会主义现代化国家的新征程，在迈向第二个百年目标的征程中，发展环境呈现“变”与“不变”的辩证统一，机遇和挑战都发生了重大变化。

党的十九届五中全会提出坚持创新在现代化建设全局中的核心地位，把科技自立自强作为国家发展战略支撑。2020 年 11 月 12 日至 13 日，习近平总书记在江苏南通、扬州考察，14 日在南京主持召开全面推进长江经济带发展座谈会并发表重要讲话，提出了要建设人与自然和谐共生的现代化，强调要加强生态环境系统保护，推进国内大循环，构建新发展格局，

■基层社区网格化建设

■绚丽多姿的南京城市夜景

推动经济社会高质量发展、可持续发展，并对江苏提出了“两争一前列”的新的更高要求。

在高水平建设全面小康的征程上，经济强、百姓富、生态美、文明程度高的南京完美图景逐渐成为现实模样。站在高质量发展的新起点上，南京要以总书记重要讲话精神为引领，全面落实党的十九届五中全会的精神，把握新发展阶段的新任务新要求，持之以恒推动创新发展和生态建设，在改革创新、推动高质量发展上争当表率，在服务全国构建新发展格局上争做示范，从以高增长为导向的全面小康建设转向以高质量为核心的现代化建设，紧扣“创新名城、美丽古都”城市发展愿景，谋划“全面现代化”新战略，努力走出高质量发展的现代化“南京路径”，在率先实现社会主义现代化上走在前列。继续深入实施创新驱动发展战略，坚持创新在发展战略中的核心地位，坚定不移地追求原始创新，把科技自立自强作为发展的战略支撑，在原始创新、产业创新方面实现新突破，加快构建自主可控的现代化产业体系；继续深入建设高品质生活的美丽古都，持续加大经济转型、富民惠民、生态保护、社会治理力度，全力提升城市发展能级、全力塑造城市特色品牌、全力提升人民生活品质，增进民生福祉；立足优势发力“双循环”，把构建以国内大循环为主、国内国际双循环相互促进新发展格局作为谋划工作的大坐标，充分发挥区位、创新、产业和功能优势，畅通产业、市场和经济社会循环，构筑引领省内循环、支撑国内循环、推动东亚循环、促进国际循环的战略节点和重要枢纽；紧扣建设高效能治理的现代政府，牢牢守住安全发展底线，营造国际一流的最优营商环境，提高政府治理效能。在高水平全面建成小康社会的起点上，继续推动质量、效率、动力三大变革，积极探索全面建设现代化的新路径，面向未来，开创更加美好的生活！

文字作者：成　贤

图片提供：林　琨、冯　芃、南京市档案馆

江北新区

JIANGBEIXINQU

配套视频

新泰山　新崛起

“一桥飞架南北，天堑变通途”。作为南京的城市名片，伫立了半个世纪的南京长江大桥见证了长江两岸的城市变迁。站在大桥北桥头堡上眺望，一座座高楼拔地而起。这里，便是有着“江北桥头堡”之称的江北新区泰山街道。街道辖区总面积 52.6 平方公里，下辖 13 个社区，1 个行政村，住宅小区 181 个，住宅总建筑面积超过 1440 万平方米；辖区总户数约 12.9 万，总人口约 38.2 万人，常住人口约 28.1 万人。改革开放以来，泰山街道发生了巨大变化，可谓年年大发展，年年不一样。2017 年，街道划归江北新区直管区，街道城市化进程按下了加速键。2018 年街道地区生产总值达 108.2 亿元，顺利实现国内生产总值、全社会固定资产投资、社会消费品零售总额三项经济指标超百亿的目标。在决胜高水平全面建成小康社会的征程上，泰山人勇往直前，永不停息。

老泰山已换了人间

泰山地区历史悠久，最早可追溯到 5000 多年前的营盘山原始部落遗址。明洪武四年（1371 年），朱元璋在此建浦口城拱卫京师（南京），但因为一直作为军事卫所，所以长期是农业小镇。清光绪四年（1878 年），淮军名将吴长庆出任浦口驻军统领，曾带领数千名官兵先后开浚四泉河和朱家山河，在减轻江北人民水患之苦的同时，推进了水路交通运输的发展，使位于河西岸的东门镇，在清末民初逐步成为繁华的商业中心。

而使泰山地区名声大噪的，则是津浦铁路的建成通车。民国二年（1913 年），津浦铁路全线贯通，全长 1009.5 公里，次年投入营运。铁路通车后，泰山地区内的长江沿岸建起了多座客运、货运码头。浦口成为当时盛极一时的水陆交通枢纽，人流、物流量大，特别是浦口火车站周边煤港、轮渡、驳运、汽车站、邮局、医院、学校、饭店等应有尽有。

滨江大道边成片的住宅小区

如今，浦口火车站虽已结束了它的历史使命，但仍然是网红打卡地，人们常常会去那里重温朱自清先生《背影》里的情节。

斗转星移、沧海桑田。在许多老南京人的记忆里，一想起20世纪60年代至70年代的泰山地区，便会想起下了大桥后看到的老泰山新村，还有那些棚户区。如今，这里已换了人间，宽阔的滨江大道，一边是长江大堤，一边是有着幢幢高楼的住宅小区——明发滨江新城。谁能想到，几十年前，这里还是一片荒凉的江滩地？小区里绿树成荫，路面整洁，明发社区党总支副书记丁玲介绍道："4个小区一共189幢房屋，总人口4.5万，小区配套设施齐全，中学是一中滨江分校，小学是琅琊路小学明发滨江分校，周边幼儿园有6所，超市、菜场、影院等更是一应俱全。"

邻近明发社区的滨江筑梦园，位于滨江大道旁，是2018年社区成立以后打造的一个休闲公园。"这里原来有一个喷泉，长期废弃后成了臭水池，环境脏乱差，一到夏天便蚊虫滋生，周围的居民很有意见。"丁玲说，"2019年，我们申请了为民服务的专项资金，把这块区域打造成了一个小公园。"

小公园以展示优秀家风为主题，园内还设有儿童乐园、清风步道等设施，建成后成了周边居民休闲娱乐的好去处。园内，几位老人家坐着聊天，65岁的明发社区居民张宁说道："我家2008年从主城区南湖搬到了泰山街道。刚搬过来时，交通远远没有现在这么方便，当时来回都是坐公交车，经常堵车。现在有了地铁3号线，过江非常方便。经过这十几年的发展，感觉这里已经变成了一座城市花园，配套挺齐全，滨江风光带也很美。我们全家都感觉选对了地方安家，很有幸福感。”

打造“江北第一商圈”

古语有云：“天下财富出于东南，而金陵为其会。”作为六朝古都的南京，自古以来就是一座商业名城。立于发展潮头的泰山街道，更是一直致力于实现商业的大规模提档升级。

然而，过去很长一段时间，包括泰山街道在内的江北虽然住宅林立，却总被定位为一座“睡城”，生活在这里的人们早出晚归。由于没有大型商业配套设施，居民们要买个大件，常常要过江去新街口，极不方便。为改变这一状况，1986 年 10 月，当时全区最大的百货零售商场——浦口商场在浦口镇建成开业；1993 年 10 月，江北地区最大的装饰城——南京弘阳装饰城开业。然而，这些商业配套设施的建立，并没有能吸引来主城和周边地区的客流，来光顾的客人往往还是局限于江北地区。

这一状况，直到 2011 年 5 月 1 日，弘阳集团斥资数十亿建设的弘阳广场正式开业，才得到了真正的改变。该广场是集百货、餐饮、超市、酒店、游乐、娱乐、家居、办公、住宅“九位一体”的大型商业综合体，占地 28 万多平方米，大大填补了江北地区大型商业配套的空白。随着不断发展，它的影响已经远远超出江北，不仅吸引了南京主城区的客流，甚至辐射到了苏皖一小时都市圈，极大地满足了周边上百万居民多样化、多层次的消费需求。

2019 年 8 月 10 日，弘阳广场 C 馆提档升级重新开业后，两天客流即达 90 万人次，销售额突破 3000 万元，全年累计客流超过 2000 万人次。2020 年 6 月 25 日，欢乐小镇、法式风情街两大主题街区启幕，正式拉开了江北夜经济的序幕。从建材批发市场，迭代升级为如今的大型商业综合体，弘阳广场为江北现代服务业发展注入了新活力。

■大型商业综合体——弘阳广场

2011年，除弘阳广场以外，泰山街道还陆续打造了明发广场、华侨城广场、苏宁环球天润广场、澳林购物广场等一批大型城市综合体，桥北商圈内商家超过1000家、面积超200万平方米；华润苏果、永辉超市、金盛百货、苏宁电器、大洋百货等国内商业巨头也陆续加盟；沃尔玛、特易购、家乐福等世界零售业500强品牌相继落户；国际五星酒店——皇冠假日酒店等高端服务业企业也纷至沓来；桥北商圈已发展成为名副其实的“江北第一商圈”。

随着全市首家华润万象汇、金象城等高端商业载体陆续建成，以及洲际酒店、王府井购物中心等国内外知名品牌企业入驻，泰山地区将为广大市民提供更多高品质的商业空间，从而不断提升南京的整体商业水平，重塑新的商业格局。

安置房小区也可以很美

安置房建设是关系到群众切身利益的大事，所谓安居乐业，唯有安居，方能乐业。2016年是全面开发建设江北新区的起步之年，泰山街道积极推进征地拆迁工作，先后完成南京建宁西路过江通道一期（一片区、二片区）、火车站保健村地块、火车站站前广场、棚户区改造一期项目（东门2号地）、南京北站（一期）、长江湿地保护（大窝子码头）、浦口公园环境综合整治提升等项目的拆迁工作。

为安置拆迁居民，街道同步兴建起一批安置房小区，迎江雅居小区便是其中颇具代表意义的安置房小区。

迎江雅居小区位于华园路，共有13栋，其中11栋为住宅楼，总户数为1406户，总建筑面积约18.2万平方米，其中住宅面积约12.5万平方米，商业配套面积约7900平方米，小区绿化率达到41%；小区内的安置房共有7种户型，最小面积为68平方米，最大面积为162平方米，满足了不同家庭的需求。该小区从2016年开工到2018年年底建成交房，仅用了两年时间，涉及桥北、柳洲、锦城3个社区的拆迁地案安置工作。2018年12月24日,小区开始交房，春节前不到两个月时间，就完成了1406户的交房工作。

这里，门卫岗亭执勤认真负责，内部车辆停放整齐，中央景观绿意盎然，儿童游乐设施配备齐全，进入楼栋门和电梯都需要刷卡……如果不是事先了解，很难想象这是一个安置房小区。并且，小区紧邻南京长江大桥下桥口，距离地铁3号线柳洲东路站不远。预计2021年年底通车的地铁S8南延线和2023年年底通车的地铁11号线距离小区也都不远。小区周边除了有3家菜场，还有华润苏果、金盛百货、太平商场、弘阳广场、大洋百货等商业设施。可以说，不仅建设标准看齐商品房小区，其配套设施也不输商品房小区。

■迎江雅居安置房小区

“以前，我们祖孙三代人挤两间瓦房，现在一套房就我和老伴两个人住，居住环境和以前相比简直是天壤之别，那真叫一个宽敞。人住得舒坦了，心情自然就好。我们小区周围的风景也很不错，站在我家阳台上，都能看清大桥和长江上的船！”72 岁的小区居民朱庆凤感叹道。

小区居民刘阿姨介绍说：“我们家以前住在农村，最早住的是平房，到90年代生活条件好了，家里就翻盖了二层小楼。住房虽然宽敞了，但毕竟是在农村里，难得能进趟城。怎么也想不到，我们现在能和城里人一样住进了居民小区，不仅住得舒心，周边的生活配套还这样齐全，和以前相比，真的是一个天一个地。”

说起小区的安保和保洁服务，大家更是赞不绝口：“以前老觉得安置房小区的安保和保洁服务肯定不到位，有些小区的车子乱停乱放，楼道、电梯里都是各种小广告。我们小区没有这些问题，环境整洁得很，电动车停放点还有专门的充电设备，安全又方便。”

母亲河焕发新容颜

朱家山河源于张堡黑扎营的北城圩古沟，经板桥、花旗营，穿朱家山岭后连通黑水河，经泰山庙，最后至浦口老江口流入长江，总长 18 千米。自清代开浚以来，一直为滁河泄洪发挥着巨大作用。同时，朱家山河的开通也让滁河、长江之间多了一条重要的航运通道，粮食、布匹、食盐、铁器、农具等各种物资南来北往，形成了以浦口明城东门大码头为中心的商品集散地，浦口明城东南门的商业也随之繁荣，店铺林立，应有尽有，促进了南京江北地区经济的发展。因此，朱家山河也被泰山人亲切地称为“母亲河”。

然而，随着城市化的不断发展，朱家山河两岸的工业污水排放问题变得越发严重，部分生活污水也不经处理直接排放，致使朱家山河多处成为牛奶河、泡沫河。周边的居民回想起当时的情景十分痛心：“那时，河道两岸杂草丛生，河水恶臭难闻，住在河边的人家连窗户都不敢开。河水的颜色常常发黑，有时甚至呈现出红色或者白色。”

2017年，为拯救母亲河，泰山街道开始实施朱家山河入江口至东大路桥段约8公里的黑臭河段治理工程。治理工程完成后，住在两岸的居民发现，朱家山河昔日的杂乱景象不复存在，周边环境焕然一新。为了给居民打造一个环境优美、设备齐全的家门口小游园，2018年，锦城小游园项目应运而生。锦城小游园一期项目占地面积54亩，为了做到用地得当，造福于民，泰山街道城市管理办、锦城社区一次次实地考察，对每一寸土地量身打造，对每一处景观精心设计。2019年，锦城小游园一期正式开放，健身步道、儿童游乐设施一应俱全，成为周边居民散步、游玩的“网红打卡地”。

如今的朱家山河，早已成为江北地区的一道靓丽风景，更是成为泰山街道对外宣传的一张靓丽名片。母亲河变绿、变美了，与她相依相伴的人们，也生活得越发幸福。

把服务送到了群众的“家门口”

早上 9 点不到，泰山街道明发社区党群服务中心的大厅内就热闹了起来，孩子们在亲子阅读中心内津津有味地看书，老人们在艾心堂社区居家养老服务中心里排队量血压。社区所在的这栋二层小楼可谓门类齐全，除设有政务服务大厅、社会服务大厅外，就连滨江书画院和金陵图书馆分馆都入驻了，基本满足了社区居民的各种需求。

实施综合整治前后的朱家山河

望着一字排开的服务窗口，明发社区党总支书记冯丽说：“过去，社区居民办事不太方便，办一个事常常要跑几个部门。后来，社区设立了党群服务中心，将各职能部门集中在一起办公，争取让居民们来一次，就能办完事。”

曾经，街道在基层社会治理方面存在一定的短板，重点表现为“散”，由于服务功能和资源分散在各部门条口，导致居民办事不够方便。因此，泰山街道在基层社会治理的创新实践中，用“党建”这根贯穿始终的“绣花针”，把政府部门、社区党组织、小区居民、辖区企业等多根线拧成了一股绳，共同织成细密社会治理网络，让百姓在网格中享便利、得实惠。2018年以来，泰山街道已在下辖的社区内建立了14个社区党群服务中心，并已全部投入使用。

然而，由于社区辖区面积大，小区多，部分居民仍然觉得去社区党群服务中心办事不够便捷；另外，由于相当数量的小区属于拆迁安置房，群众诉求多样，各类矛盾多。为此，街道持续向纵深探索网格治理的有效模式，尝试在近百个有物业的小区先行打造网格红色驿站。驿站指古代供传递政府文书的人中途更换马匹或休息、住宿的场所，红色则代表党的引领，泰山街道巧妙地将二者与社区网格治理相结合，使得民生服务的“最后一公里”，变成了“零距离”。2019 年下半年开始，网格红色驿站在泰山街道如雨后春笋般涌现。

网格红色驿站为百姓提供家门口的代办服务，办事少跑路甚至不跑路成为现实。各驿站都可以为居民提供包括党员组织关系转接、独生子女一次性奖励及低保证明等18项代办服务，有社区网格员轮流值班，小区内居民有任何诉求，都可以找网格员面对面交流。“有些居民区距离社区办公室很远，谈事情也没有地方，现在小区里设了驿站，方便很多。”社区党总支副书记裴华蕾介绍说，这个驿站从早10点到晚8点都有网格员值守，也能做到随叫随到地上门，“前两天刚帮小区里一个失明的老人修好收音机。”居民若有问题，即便网格员下班也可以在留言板上留言，网格员第二天上班后会主动联系帮助解决。“不能代办的服务，我们也会跟居民讲解清楚，比如什么时间办理、要带哪些材料等，不能让群众来回折腾。”据在铁桥社区新桥家园网格红色驿站值班的“90后”网格员顾鸣说，老年居民对“家门口”的服务格外满意。

“我们这儿还可以托管小朋友，家长临时有什么事，可以把小朋友放在我们这暂时照看一下。我们这边阅读角设施也比较齐全，书架上有报纸、党建读物、小说、散文等等，还配备了沙发、茶几和饮用水机，方便大家取饮。”网格员说。驿站里还有一面微心愿留言墙，上面贴满了各式各样的暖心留言：“阅读空间非常好！感谢街道，感谢党！”“红色驿站，方便你我！”“为老百姓办实事！”“愿驿站发展越来越好！”

■泰山街道网格红色驿站组织开展各类文体活动

与此同时，建在小区里的网格红色驿站也为网格员提供了落脚点。网格员在小区里服务，疲了累了就可以到驿站坐一坐、歇一歇。刮风下雨、天寒酷暑的时候，网格红色驿站便是温暖的避风港。在沧波门社区泰来苑网格红色驿站，150 平方米的区域被分为不同的功能区，其中一个区域是专门为网格员留的，简单整洁的一套桌椅，让网格员也有了办公场所。

“街道以党建为引领，着力建设网格红色驿站，打造‘家门口服务’品牌，将基层服务触角延伸至百姓家门口。”泰山街道市民诉求处置中心副主任秦春明介绍。截至 2020 年 7 月底，全街道范围内的网格红色驿站已建成 68 个，服务人群覆盖约 10 万户，实现了工作重心由社区到小区的转变，真正把服务送到了百姓“家门口”。此外，居民有问题、有矛盾，都可以在驿站内协商解决。群众的满意度与幸福感大幅跃升。

网格红色驿站建成后，全民参与基层社区建设有了空间。泰山街道机关干部积极参与每周一日网格员活动，每名干部每周一至两次下沉到驿站，现场为居民提供专业、精准、贴心的便民及上门服务。街道在职党员、新市民党员及离退休党员等，也积极到各自所在的驿站报到，认领志愿网格服务项目。同时，社区志愿者将驿站作为活动集合点，展开互帮互助，邻里关系更为和睦亲近。

泰山的明天更美好

自江北新区建设上升为国家战略以来，泰山街道始终坚持不断提升工作标准，努力开拓创新。2018年以来，街道积极配合新区实施了一批重大民生项目，随着江北大道二期环境综合整治、长江岸线生态复绿、桥北片区交通微循环整治、浦口公园改扩建等各项重点工程的陆续完成，桥北片区的环境面貌显著提升。正在推进的建宁西路过江通道项目和南京北站项目预计将分别于2023年和2025年完成。尤其是南京北站这个比肩南京站、南京南站的重大交通枢纽建成后，将连通宁滁、宁淮、宁扬等城际轨道，以及北沿江高铁、宁启铁路、京沪铁路等铁路，这预示着南京与都市圈城市间的通达时间将进一步缩短。

■泰山街道新貌

2020年，是全面建成小康社会的收官之年。“百年征程”即将“完美收官”，却容不得松口气、歇歇脚；新的历史征程即将开启，更要全力以赴打好基础开好头。这正是当下南京高质量发展的历史方位。初心永在，未来可期。站在熙熙攘攘的南京长江大桥上，回望桥下那一片热土，我们坚信，泰山街道的明天将更加美好。

文字作者：江北新区党群工作部

图片提供：江北新区泰山街道

责任编辑：李春梅、潘万迅

美好社区成长记

顶山街道金汤街社区位于老浦口的南门地区，2009年由浦新街社区和浴堂街社区合并而成。社区地处顶山街道与泰山街道的结合部，东起点将台，西至浦镇车站，南傍朱家山河，北邻津浦铁路，占地面积0.8平方公里，总户籍1912户，共4953人。金汤街社区虽不大，但历史悠久、人杰地灵。传说点将台是楚汉战争时韩信点将布阵、智退项羽的地方，也是南宋时韩世忠抗击金兀术的战场。这里还蕴藏着丰富的红色资源。1922年秋，南京地区第一个中共组织——浦口党小组便在这片土地上诞生；革命先驱王荷波也是从这里走向了广阔的革命舞台。

在许多老浦口人的记忆中，一提起金汤街，便会想起小街小巷和老旧棚户。然而，经过数十年的建设，如今这里已彻底变样。从江北大道拐进金汤街社区，一条宽阔的双车道柏油马路映入眼帘，左边通往浴堂街片区，右边通往两个安置房小区。道路两侧草坪、花坛相映成趣；远处的点将台山树木苍翠、郁郁葱葱；居民小区里一幢幢高楼拔地而起，干净整洁、环境优美。这一切让人不由感叹：唯有奋斗，才能成就梦想。

“棚户区”的华丽变身

说起以前的金汤街社区，“老房子老院子，小街小巷子，沿街一条小铺子”就是最形象生动的写照。“棚户区改造前，金汤街社区多为自建房，居民人均居住面积低于15平方米，居住条件很差。”社区党总支书记王海鸣指着老照片介绍说。

对于以前的居住环境，金汤街社区71岁的老居民洪石华阿姨这样描述道：“过去，我和父母还有4个兄弟住在点将台山下的棚户区，算是在那里生活了大半辈子。家里夏天像火炉，冬天像冰窖，真是苦不堪言。那时棚户区都是明沟，一到梅雨季节，雨水把山上的黄泥冲下来，常常会堵塞下水道，积水便会倒灌进居民家里。现在，明沟都改成了管道，上面加上封盖，小孩、老人都不用担心掉下去了。大家搬进安置房小区后，更不用担心雨水进家，雨季返潮了。”

社区共建单位南京市点将台社会福利院的董玉苹回忆说：“以前我们联系工作都不想到这一片来，晴天一身灰，雨天满脚泥。大家生活不容易，邻居们常常为一点小事吵得不

■锦绣雅苑安置房小区

可开交。现在这一片的变化真是翻天覆地，棚户区的居民们拆迁搬进小区后，姿态也高了，心态也好了，大家脸上常常挂着笑容，我们看着都高兴。”

老城区棚改工作，作为重大的暖心工程，政策性强、关注度高。为满足人民群众对美好生活的期待，切实改善居民居住环境，2008年顶山街道启动了第一个棚改项目，建成了社区的第一个安置房小区——点将台花园小区；2013年至2014年，又建成了锦绣雅苑安置房小区。截至2020年上半年，社区已有80%的居民从棚户区搬进了安置房小区。

洪石华阿姨一家便是这一暖心工程的受益者。2014年12月，他们一家搬进了点将台花园小区，住上了两室一厅的房子。小区内环境优美、景色宜人，各项配套设施齐全。洪阿姨满面笑容地说：“我们小区的环境非常好，楼前楼后都有绿化，春天时小区里鲜花盛开，有的树上还能看到鸟窝，听到鸟鸣，真像是住进了花园里。现在生活条件越来越好，心情也舒坦了，没事大家常常聚在一起跳广场舞。儿子经常开车带我们老两口出去旅游，这样的日子过去想都不敢想啊。”

除了协助完成棚户区改造、整治环境，解决居民的出行问题，同样是社区的重要工作任务。对连心路的修整，让社区居民记忆犹新。过去，这条道路因为处于两个街道的交界处，道路状况不佳，路面不平整，没有路灯。2014 年，居民将情况反映到社区后，时任社区书记杜发家，冒着酷暑进行实地勘察，在与相关单位进行多次协调后，终于完成了道路改造。改造后的连心路，变成了宽阔的柏油马路，两边路灯明亮，真正成了党与群众的“连心路”。

铺开金汤街社区的地形图，会发现社区主要靠锦绣路、金汤路、翠染路 3 条道路通行。其中，锦绣路主要通往龙虎巷社区和浴堂街片区，约有近万人通行。该路原本没有路灯，社区 2019 年利用为民服务资金，在道路一侧安装了路灯，居民走夜路时方便了许多。金汤路作为社区内居民出行的重要道路，过去一直是水泥路面，常年坑坑洼洼，逢雨雪天气，路面积水，基本无法出行，连汽车开在上面都颠簸得厉害。2019 年年初，金汤街社区道路提升工程被列为顶山街道重点城建工程之一。在多方努力下，经过半年的时间，金汤路终于被修整一新，望着平整的柏油路，大家心里都乐开了花。

社区居民齐巧云一家住在锦绣雅苑安置房小区，她深有感触地说："对我们原来住在棚户区的人而言，现在的社区道路就是过去的巷子，巷子是什么？也是每户人家的一部分，是大家的'过道'，所以社区道路的体面，也是每一家的体面啊！"

"我们金汤街社区现在可是风水宝地！"点将台花园小区居民吴君自豪地说，"以前金汤街是人人嫌弃的棚户区，现在小区环境好了，路修好了，住在南京主城区的朋友，隔三岔五就会到我家里来做客。这里靠近城郊，蔬菜新鲜、便宜，生活方便，朋友们都很羡慕我。"

不断提升的幸福感

一直以来，金汤街社区都没有一个专门的居民健身休闲场所，大家在马路上散步要时刻注意身边的车辆；大妈们跳广场舞时，常常会占据人行道，噪音扰民等问题产生了不少纠纷。为满足大家对文化生活的追求，2020 年元旦，在区、街道和社区的共同努力下，以革命先驱王荷波命名的荷波广场终于建成开放。

社区党总支书记王海鸣介绍说，荷波广场原先是津浦铁路和锦绣雅苑小区之间的一块废旧工地，社区起初在这里铺设了绿地，但是无法满足居民更多的锻炼健身需求。为了修建一个大家都满意的健身休闲场所，社区发动王荷波义工联盟的志愿者走家串户，广泛征求居民意见，最终决定将这片绿地改建为一个综合文体活动广场。

广场主要划分为活力广场和休闲漫步两个区域，可以满足不同年龄段的活动需求。活力广场区域配备了一个标准篮球场、一个五人制足球场，以及康体运动平台、乒乓球台等体育器材和儿童游乐设施；休闲漫步区域新建了紫藤廊架、健身步道和生态草坪，满足居民们散步、聚会聊天的需求。

荷波广场的活力广场区域

2019 年年底，广场快建成时，社区的一位老党员提议，南京工运纪念馆就在社区内，社区的党员和居民也一直在践行王荷波的革命精神，我

■顶山街道举办的文化进万家广场文艺演出

们何不把广场命名为“荷波广场”？这既是对王荷波烈士的深切缅怀，也能时刻提醒我们不忘初心，牢记使命，为民服务。大家听了，一致通过。

2020 年元旦，为庆祝荷波广场建成启用，顶山街道的 10 个社区代表欢聚一堂，在广场内举办了顶山街道“2020 年庆元旦迎新年”文化进万家广场文艺演出暨金汤街社区首届邻里节开幕活动，社区居民纷纷夸赞街道和社区做了一件为民服务的大好事。

除了修建荷波广场，还可以处处看到社区为辖区居民做的实事。过去，因为停车位紧缺，居民常常把车停在金汤路两侧，如果赶上孩子放学，道路便会被堵得水泄不通。虽然社区每天都派人疏导，但效果甚微。为此，2019 年，社区在整修道路的同时，规划了两处专用停车场，金汤路两端各一个，加起来可以停放 200 多台车辆，彻底解决了停车难的问题。社区还在路边每隔一段设置了木制长椅，方便大家休憩。

社区内的浴堂街片区曾是江北地区规模最大的棚户区之一，截至 2020 年 9 月，这里仍居住着近 300 户居民。由于片区内道路狭窄，停车难的问题十分突出。2018 年，社区向顶山街道提出申请并得到支持后，利用原拆迁储备用地，建成了能容纳 120 辆非机动车的停车场，并对停车场周边进行了绿化。另外，为进一步改善浴堂街片区居住环境，社区建立并完善了一系列工作机制：一是主动协助居民申请危旧房屋修缮，帮助三无人员修补破损漏雨房屋，完成路面修复等小改造；二是做好区域保洁工作，及时协调有关部门清理垃圾，定期清理下水道，杜绝环境脏乱差等问题。同时，为满足周边居民休闲散步、锻炼健身的需求，社区利用南京工运纪念馆旁的空地，修建了一座景观小游园。

点将台花园小区一直缺少电动车集中充电点，居民们经常从家中拖接电线充电，存在严重的安全隐患。为此，社区组织网格员逐一入户征求意见，让居民参与选址。2019 年 8 月，一个宽敞明亮、车辆摆放有序的非机动车集中充电点交付使用。

为了进一步掌握居民实际需求，2019 年年初，社区征集了 29 条居民的“微心愿”，其中包括环境整治、道路维修、装修小区服务用房、修复南门路、建设南门二期休闲广场等许多诉求。在各部门的共同努力下，这些“微心愿”正在一项一项变成现实。正是这些不懈地努力和不断地改变，让社区居民们感受到了真实的幸福感。

小康路上的关爱与温暖

截至2020年9月，金汤街社区一共有工作人员16人，并且全部是女性。正是这支娘子军，支撑着社区有序运行。“她们都是80后，有魄力、有活力、有干劲，虽然她们做的工作，多数是一些小事，但就是因为有她们奋战在第一线，我们的生活才变得这样便利。”说起金汤街社区的工作人员，居民们总是心服口服、交口称赞。

社区党总支书记王海鸣介绍：“以前的居委会面积很小，100平方米都不到，而现在的党群服务中心有1700平方米，设有为老、为小、为残、为困等10个服务平台，卫生所、亲子活动室、居家养老服务中心等一应俱全。其中，居家养老服务中心最受欢迎，可以为社区老人们提供助餐、助残等服务，里面的康复室已经成为社区特色。社区依托南京市点将台社会福利院的专业服务，从2015年以来，一直为社区居民提供免费的康复训练，力争给予居民更多的人文关怀。”

社区居民殷智红与年逾八旬的岳父岳母住在一起，他对社区提供的各种为民服务十分满意：“党群服务中心里有卫生所，可以预约医生上门诊疗，遇到老人生病，打针、吃药十分方便。”

在不断完善为民服务功能的同时，社区还致力于建设志愿者队伍，引导居民互帮互助。因为这片土地，曾见证了革命先驱王荷波的奋斗历程，2016年，社区便将新组建的志愿者团队命名为王荷波义工联盟志愿服务队。

社区居民刘芳阿姨是王荷波义工联盟志愿服务队的志愿者，她说：“以前我们在单位上班，早出晚归，家里的老人、小孩顾不过来，门口邻居就常常互相帮忙，比如代买菜或者代接小孩。那时大家就有个愿望，想成立个组织，把大家聚在一起互相帮助。现在社区终于把大家组织起来了，人一多，消息面也广了，哪家有困难，我们就去帮忙；哪里有卫生死角，我们就一

王荷波义工联盟志愿服务队举行宣誓仪式

起去集中打扫。”

据统计，截至2019年年底，王荷波义工联盟志愿服务队共有志愿者近70人，年龄从55岁到70岁不等。“我们基本都是发挥余热，反正退休了有时间，为大家提供一些力所能及的服务。我现在每天都要到荷波广场服务两次，帮着捡垃圾、擦长椅等。”刘芳笑着说。

对于社区内的独居老人、五保户老人、残疾人员，社区除定期组织志愿者、网格员进行走访慰问外，还每月利用节假日，为他们提供理发、义诊、水电修理等便民服务。随着志愿者团队的不断壮大，这些服务已逐步延伸至辖区内的单位，志愿者们定期上门，为南京市点将台社会福利院的老人提供服务。

2016年，南京市点将台社会福利院退休老职工王某过世，靠着老人退休工资生活的一家人生活陷入了困境。特别是王某的儿子，当时生了重病。南京市点将台社会福利院家属区属于双重管理，当社区得知这一情况后，主动组织王荷波义工联盟志愿服务队的志愿者们，给予这个家庭大量的帮助和支持，直到他们走出困境。

在防汛、扫黑除恶、创建文明城市等方面，志愿者团队也发挥了重要作用。朱家山河和金汤河是流经社区的主要河流，由于污染，这两条河一度成为周边居民的心病，在各方努力下，近年来两条河流被整治一新。为守护治理成果，王荷波义工联盟志愿服务队的志愿者们主动担负起日常巡查、维护的责任。在抗击新冠肺炎疫情期间，志愿者协助社区完成了网格巡查、信息采集、车辆登记、监测体温、跑腿服务等各项工作。他们始终奋斗在抗击疫情一线，受到了广大居民的一致好评。2019年，王荷波义工联盟志愿服务队共开展各类网格志愿服务80余次，服务600余人次，他们用自己的实际行动，践行着“参与、服务、奉献、互动”的志愿服务理念。

2015年，南京江北新区建设上升为国家战略，金汤街社区所在的顶山街道被划为新区核心区，面临着巨大的机遇与挑战。面对新时代、新挑战，这片红色热土上的人民，不断传承红色基因，紧跟时代步伐，攻坚克难、开拓创新，用自己的不懈奋斗实现了高水平全面建成小康社会的梦想，成就了今天的美好社区。展望前路，他们将以更加扎实的作风和更加务实的态度，奔向更加幸福、光明的未来。

文字作者：江北新区党群工作部

图片提供：江北新区顶山街道金汤街社区

责任编辑：李春梅、潘万迅

最美家庭见证“小康建成史”

江北新区泰山街道明发社区位于长江边，20 多年前，这里还是一片江滩地，现在已成为一片现代化的社区。这里的居民除了一部分是外地人来宁落户以外，多半是从江南搬迁过来的。2008 年，邱继国一家从江宁搬迁到了明发滨江新城小区，成了社区大家庭中的一分子。他们一家美满和睦，是社区里出了名的幸福之家。2019 年和 2020 年，邱继国家庭先后荣获“南京市最美家庭”和“江苏省最美家庭”称号。

邱继国家庭荣获“南京市最美家庭”称号

他们家最为人称道的便是由邱老亲手制作的家庭档案，那些文字、照片、证件、信件，记录了全家人在不同时期的生活轨迹，有欢笑、有泪水、有甜蜜、有辛酸……这些家庭档案在见证这个平凡家庭奋斗历程的同时，也折射出国家的发展与时代的变迁。细细品读邱老讲述的故事，翻阅他记录的家庭档案，仿佛看到了一部百姓视角的“全面小康建成史”。

从军人到工程师的成长经历

1949 年 9 月 21 日，中国人民政治协商会议第一届全体会议在北京开幕，毛泽东在会上发表了《中国人民站起来了》的著名讲话。也正是这一天，邱继国在江苏泗阳出生。因为 1949 年是农历牛年，所以邱继国的父母最初给他取的名字是邱大牛。后来，二叔按照族谱排序，替他更名为邱继国，寓意未来要继承建设祖国的事业。与共和国的这段渊源让邱继国很是自豪，他总是这样介绍自己：“我是共和国的同龄人，出生于新中国成立时，成长在五星红旗下。”

20 世纪 50 年代，邱继国的父亲来到南京人民大会堂工作，邱继国跟随父亲到了南京。1968 年，初中刚毕业的他，在南京应征入伍，成为六十七军的一名战士，第二年他又当上了副班长。回忆在山东服役期间的部队生活，他深有感触：“部队的训练真是艰苦呀！但我发自内心地感谢那两年的从军经历，它培养了我吃苦耐劳的精神，让我形成了钢铁般

■军人风采依旧

的军人意志，后来再遇到什么困难，我都不怕。”

1970 年，退伍后的邱继国进入南京无线电厂工作。3 年后，渴求获得更多专业知识的他，经过推荐考试，进入南京大学攻读物理系半导体专业。在校 4 年，他努力学习，虽然家里住得离学校不远，但也很少回家，坚持把时间都用在图书馆里读书学习。

1977 年毕业后，他回到厂里继续工作。深圳经济特区成立后，他被厂里派往深圳支援建设，一去 5 年。回来后，因为工作成绩突出，被晋升为总工程师，并光荣入党。之后，邱继国从技术岗位转为管理岗位，先后担任系统工程公司办公室秘书、副主任直到退休。1994 年，他还曾被推荐担任科技副乡长，后因老伴生病住院没能赴任，成了他职业生涯中的一个遗憾。

说起自己的成长经历，邱继国最大的感触就是，如果没有党和国家的培养，自己作为一个农村孩子，根本没有机会穿上军装，更没有机会去读大学，并最终成为一名掌握专业知识的工程师。

10 次搬家见证幸福轨迹

邱继国一家住在明发滨江新城二期，住房面积 128 平方米。走进他们温馨的家，第一感觉便是宽敞明亮。

“从初到南京挤在几平方米的小房子里，到现在住进一百多平方米的宽敞大房子，我前前后后有十次搬家经历。”邱继国满面笑容地回忆。当年，邱继国跟随父亲初到南京时，俩人挤在南京人民大会堂的一个 6 平方米的小库房里。因为生活不便，当时母亲带着他的弟弟、妹妹留在农村。1976 年邱继国结婚时，只能借了同事家一间 8 平方米的小房子当新房。幸运的是，就在那年的 7 月 19 日，邱继国父亲单位终于给他们家分配了一间住房，房屋位于蔡家花园 10 号，面积 15.14 平方米。

邱继国至今仍珍藏着那张住房分配通知单，虽然已经年代久远，但上面仍清楚地写着每个月的房租是 1.66 元。“别看它面积小，当时能够分配到住房就已经很不容易了。”邱继国欣慰地说，“这间房子属于职工宿舍，没有厨房，只能在外面走廊做饭。更不方便的是，上厕所要去附近的公厕。”在这之后，邱继国又经历了几次搬家。1984 年，邱继国所在单位南京无线电厂分配了位于后宰门的宿舍给他。“当时厕所和厨房都是共用的。”邱继国回忆说，即便是这样，全家人还是觉得特别知足，因为终于有了自己的小家。

1994年，已经是工程师的邱继国终于分配到了一套位于御道街的53平方米的住房。“直到这一年，儿子终于有了自己的房间，不用再和我们住一起了。”房改后，他用 6000 元钱将这套房子买下。2002 年，邱继国卖了御道街的住房，在江宁岔路口购买了自己生平第一套商品房，面积比过去的房子足足大了一倍。2008 年，邱继国一家又搬来明发滨江新城，住进了现在的房子里。

搬了这么多次家，邱继国有许多感慨：每次搬家，房子一次比一次大，东西也一次比一次多。第一次搬家，只要一辆三轮车就能载上所有家当；第二次搬家用的是小板车；等从东箭道搬到御道街就改用卡车了。再后来，每次搬家都要扔很多东西，因为家具都换成全新的了。家电更是如此，从家里拥有第一台家用电器——熊猫牌电风扇，到现在家用电器越来越多，越来越先进。“这些变化都是以前无法想象的”，邱继国欣喜地说。

对于搬来江北后十多年的生活，他这样描述：“我们全家都是江北地区飞速发展的见证人。2008 年刚搬来时，白天马路上看不到几个人，晚上一幢楼里亮不了几盏灯。偶尔走个夜路，心里都直发毛。那时小区周边没有配套设施，想买个东西要跑很远。最不方便的要数交通，去主城区的话，公交车都从大桥上通过，一旦大桥堵车，就算一大早出门，到亲戚家也得中午了。10 多年来，随着江北快速发展，现在家门口就有大型超市、大型菜场；交通方面，除了老大桥之外，又新建了大桥和过江隧道，特别是地铁开通后，再也不用

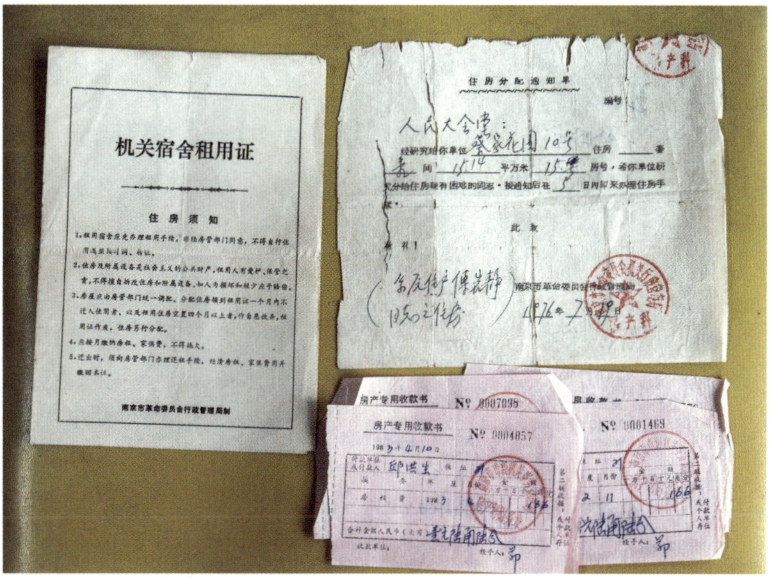

■住房分配通知单

担心堵车了。现在一到晚上，小区里的广场上到处是人，大家出来散步、锻炼，开心得很。”

安居才能乐业，邱继国10次搬家换房的经历，不仅体现出这个家庭的奋斗历程，也折射出了整个社会的发展进步。在江苏，1978年，人均住宅建筑面积仅有5.7平方米；2020年，这一数据则增加到近50平方米。40多年，翻了近9倍。

一起去看外面的世界

“我们家买车还是比较早的，2002年从御道街搬到江宁，用换房的差价买了一辆本田车。当时有私家车的人家没有几个，开车走在大明路、双龙大道上，看不到多少车，路上好开得很。现在，私家车已经进入了千家万户，成为人们的代步工具，很多人家早已不止一辆车。我们搬来江北后，家里又换了一辆车。”说起买车的经历，邱继国一脸自豪。

“买车这个事以前也是不敢想的，我年轻时有一辆自行车就不错了。我到现在还记得儿子小的时候，我骑着自行车送他去上幼儿园、上小学的情景，一路上教他背唐诗。不知不觉中儿子已长大成人，又成家生子。看着他从坐自行车到自己骑车，再到买汽车，生活的变化实在是太大了。不过，自从家里买了车，我们全家出去旅游的次数明显增多了。”邱继国一边说，一边去客厅的大柜子里取他精心记录下来的家庭档案。

这些档案中有好几本相册，翻开其中一本，大多是出差或旅游时留下的照片。有80年代他在深圳工作时的照片，也有出差时参观景点的照片。邱继国感慨道：“那时候出门很不容易，从南京坐绿皮火车到上海就要六七个小时，现在高铁一个半小时就到了。自从家里买了车，我们全家对旅游的兴趣也越来越浓。世界那么大，我们一定要去看一看。”

他兴奋地指着相册说道：“在江浙沪皖一带旅游，我们家基本上是自驾游，最远还开车到了山东青岛、烟台一带。不过再远，就不想折腾了，直接乘高铁、飞机。这些年，我们全家去过国内外不少地方，国内的有北京、西安、桂林等等，国外的有日本、希腊、法国……”

一张张照片、一本本相册，记录了一家人的快乐旅程，背后的风景不同，但大家脸上的笑容和满满的幸福感却从未改变。

记录幸福的家庭档案

邱继国指着墙上挂的全家福照片，一脸笑容：“我们家是三代同堂，这是儿子、儿媳要求的，他们说住在一起，可以互相照顾。儿媳妇人勤快孝顺，我们一大家子在一起生活十几年了，从未红过脸，就是自己的女儿，也不过如此啊！”

他把家庭档案中保存的与儿子、儿媳相关的档案找了出来。其中，有孩子们从订婚到结婚的全记录，婚礼的筹备清单、流程，婚宴的日期、地址、菜单，宾客的名单、座次，好友为儿子、儿媳题写的祝福诗，甚至宾客随礼的红包数目，都被完整地记录了下来，真可谓细致入微。

回想起自己当年结婚的情景，邱继国不禁笑道："我们那时结婚就拍了一张照片，还是黑白的，我老伴当时穿了一件大红的衣服，也没有能拍出来。时代不同了，我儿子、儿媳光结婚照就拍了好几本相册呢！"档案里还有邱继国和他老伴当年相识后的通信，连着当时的信封，原样保存着。"那时生活虽然艰苦，但也很甜蜜，信刚发出去，就开始盼着邮递员送回信来。看看现在的年轻人，想联系，随时可以打电话，还能发微信，甚至视频，真让人羡慕啊！"

除了为孩子们制作婚恋档案，儿媳怀孕后，邱继国又开始为小孙子制作成长档案。从孕期保健到宝宝出生，从牙牙学语到开始上学，记录下了小孙子从呱呱坠地到慢慢长大的过程。这些档案，都是邱继国退休之后一点一点整理出来的，他在每一本家庭档案上都贴上了当年的日历，在扉页上写下了导语，并在一些照片旁写下了回忆当时心情的文字。语言质朴有趣，至今读来仍能感受到他们一家人当时的喜悦之情。

邱继国的孙子现在已经读小学四年级了，对于孩子的教育，邱继国说："我当年只上了初中就参军去了，工作后才被单位派到南大读书，蹉跎了不少光阴。等孩子大了，我们肯定要鼓励他好好学习，供他念大学、读研究生。"

邱继国和他制作的家庭档案

老有所乐

■邱继国带领艺术团参加各类比赛

除了制作档案以外，邱继国还喜欢玩收藏。从邮票、火花、烟标到粮票、门票、酒瓶，他的藏品已经堆满了好几个柜子。提起收藏之路的启蒙老师，邱继国说：“小学毕业时，老师根据同学们的生日、特征、爱好等，送给我们每人一件小礼品。根据我出生的时间，他送给我一枚纪念中国人民政治协商会议第一届全体会议召开的纪念邮票，这也是新中国发行的第一套纪念邮票。一套是 3 枚，老师送了我其中一枚，从此也开启了我的收藏之路。”

现在，邱继国对收藏的兴趣愈发浓厚，花费了他大量的业余时间，他说：“一是因为生活越来越好，收入越来越高，有余钱搞收藏；二是以前多是去收藏品市场寻找，或与同爱好者交换，得到的非常有限。现在有了网络，信息交流特别方便，发现的好东西越来越多。”

退休后，他的爱好更加广泛了，对写作、书法、舞蹈、歌唱、武术等都很有兴趣，特别是剑、枪、棒，都能耍得虎虎生风，可谓文武双全、多才多艺。“小时候，父亲带我在南京人民大会堂生活，那里经常有文艺演出，我总爱去看，耳濡目染后就爱上了这些文体活动。”邱继国回忆说。

退休后，他将组织关系转到了当时的桥北社区，当时社区组织有歌唱队、舞蹈队等。邱继国发现这些文艺队伍比较松散、不成气候，便向社区领导主动请缨，整合后成立了桥北社区彩虹艺术团，他担任团长。艺术团刚成立时，条件很艰苦，缺乏经费和专门场地。“只能在广场上练习，夏天酷热难耐，冬天北风呼啸。不过后来情况慢慢好转，社区给我们提供了场地，大家排练的热情就更高了。”邱继国感慨道。后来，彩虹艺术团划归到明发社区后，邱继国带领团队领取了南京市浦口区泰山桥北彩虹艺术团民非组织证书，艺术团的成员也越来越多。

说到邱继国，他的团友们都赞不绝口，“他不仅是我们的团长，还像老大哥一样照顾我们。”团友张玉华说道：“每次去外面参加比赛，他总要问我们有没有困难，能不能走开，出发之前总要嘱咐大家带齐东西，出行在外的饮食、旅店、交通等等，事无巨细，他都考虑得非常周到。”

老有所为

作为新中国的同龄人，邱继国还担任了“共和国同龄人南京联谊会”的会长。2009年4月，《扬子晚报》刊发出报道，寻找共和国的同龄人，许多符合条件的市民踊跃报名。“当时报社组织我们在江边进行植树活动，活动结束后，我们的联谊会就成立了，我被大家推举为会长。”

联谊会成立十多年来，邱继国作为会长，更是全身心地参与了活动的策划组织和后勤保障工作，因为亲力亲为与认真负责，他受到了会员们的一致拥戴。联谊会每年都会组织开展一些公益活动，如参观纪念场馆、举行思想交流会，以及组织会员参加植树造林、在紫金山或秦淮河沿岸清理垃圾等。

2012年，邱继国开始担任所住楼栋的楼栋长，他积极配合街道、社区搞好小区工作。人口普查时，他挨家挨户上门宣传，做好登记；整治小区环境时，他热心动员，带领大家一起干。他常说：“把楼栋长做好了，就为我们小区的安定团结出了一份力。”2019年，他又担任了明发滨江新城二期党支部第一党小组组长，社区党总支副书记祁少益这样评价他说：“邱继国担任党小组长后，组内党员遇到什么困难，他总是尽力帮忙，充分体现了一个老党员的责任与担当。”

2020年春节期间，邱继国去句容探亲，因为疫情原因滞留当地，不能回南京。他便在句容当起了志愿者，以一个外来党员的身份，为当地的社区群众服务。除了参与执勤，他还负责疫情期间的募捐登记工作，对于收上来的捐款，他每一笔都登记在册，姓名、钱数记录得清清楚楚，受到了所住地社区党组织的高度赞扬。

■邱继国组织联谊会开展活动

一个个柜子、一摞摞档案、一张张照片……承载了邱继国对过往生活的珍贵回忆，也见证了新中国成立以来，特别是改革开放以来社会发展的轨迹。2019 年，邱继国制作的家庭档案入选了在南京市档案馆举办的新中国成立 70 周年家庭档案展，参观者甚至档案专业人员看后，都称赞不已。

邱继国满怀期盼，他希望在 2021 年庆祝建党百年之际，他制作的这些家庭档案还能再次展出。“作为新中国的同龄人，70 年来，我和我的祖国一起，一步一个脚印走到了今天。工作努力勤奋，生活相亲相爱，这是我们家的家风，也是我们成为最美家庭的根源。2020 年，是全面建成小康社会的收官之年。全面建成小康社会，是党对全国人民许下的庄严承诺。作为一名共产党员，站在这个伟大的历史节点，我为党带领人民所取得的建设成就感到无限自豪。未来，我将继续发出自己的光和热，带领孩子们创建无愧于时代的最美家庭！”

文字作者：江北新区党群工作部

图片提供：江北新区泰山街道

责任编辑：李春梅、潘万迅

玄武区

XUANWUQU

配套视频

地处繁华　初心依旧

新街口街道，位于主城核心区域，地处新街口商圈东北象限，东到太平北路，西至中山路，南到中山东路，北至北京东路，与鼓楼区、秦淮区隔街相邻，面积约 2.1 平方公里。这里交通便利，地铁 1、2、3、4 号线在辖区内形成“井”字形交通枢纽。街道下辖 6 个社区，截至 2019 年年底，“巴掌大”的地方，常住人口达 8.6 万余人，暂住人口达 3 万余人，每天的流动性人口有 20 万人以上。遇到节假日，新街口商圈内的最高人流量高达 60 万人左右。辖区内高楼林立，现代气息浓郁，可谓寸土寸金。

虽然随着南京经济社会的高速发展，各个板块基本都有代表性的商圈，但新街口商圈作为“中华第一商圈”的地位一直不可撼动。这一片区密集的商业设施，特别是伫立于新街口转盘处的孙中山先生铜像，早已使这里成为城市地标。地处繁华，初心依旧，新街口街道一班人始终坚持临难不避、实干为要，凝心聚力抓发展、保民生，使这片土地发生了日新月异的巨大变化。

地标新高　打造“中央活力区”

地处南京经济活力最强的区域，新街口街道在打造“中央活力区”方面具有天然的优势。4 条地铁线，使交通畅行无阻；分布在高端楼宇内的国内外龙头企业总部或区域总部，为区域经济高质量发展提供了充足动能；珠江路创业大街沿线的创业团队，更为街道经济爆发性增长孕育了无限可能。凭借着“中华第一商圈”的虹吸效应，这里集聚了来自全球的优质要素。

作为南京 CBD 核心区，新街口街道辖区内有各类企业、经营单位近万家。其中，以德基为龙头的现代高端零售年销售总额达到数百亿元，销售额仅次于北京 SKP 的德基广场，

新街口商圈夜景

始终占据着南京的时尚前沿。与此同时，辖区内高端商务金融产业发达，产业集聚度高。除六大国有银行外，南京银行、中信银行、民生银行、兴业银行等10家银行在辖区内都设有多家网点。

另外，为使辖区内的产学研资互动链更加便捷高效，街道围绕“一区五园”建设和环东大设计园打造，积极招商引资、引才纳智，组织多方力量开展楼宇转型升级；结合辖区高端商务商贸、现代金融服务和优质人才集聚特点，在强化服务、招强引新和挖掘潜力上下功夫，高力、戴德梁行和毕马威等国际管理咨询机构纷纷入驻，并先后引进竞天公诚（南京）律师事务所、中自控（江苏）能源工程有限公司等国内知名企业，加快形成新街口地区现代金融服务总部和中介组织资源集聚。2020年，随着万豪集团旗下丽思·卡尔顿超五星酒店开业，辖区内集聚的世界500强企业已达30家，经济开放度和融合度进一步增强。2019年，随着地铁大厦和汇杰广场跻身“亿元楼宇俱乐部”，新街口街道辖区内的亿元楼宇已有14栋，单位面积产出率稳居全省乃至全国“第一梯队”。

在积极开展招商引资的同时，街道对不合规企业始终保持“零容忍”的态度。2018年，全面清退辖区内的不合规企业，尽管这一举措使街道的楼宇空置率一年内从10%上升至20%，但随着落户企业质量的大幅提升，经济业态得到进一步优化。

在进一步优化营商环境方面，街道更是打出了组合拳：进一步盘活辖区载体资源，用好用足市、区相关人才扶持政策；加强走访调研，积极开展企业交流和政策解读，搭建政企和银企之间的平台；专门配备了“经济网格员”，围绕企业在注册、税务登记、消防、安全生产等方面的需求，提供全流程的服务。

2020年，街道围绕“招商突破年”和“企业服务年”任务要求，瞄准目标，突出优势，全力推进“四新”行动。在新基建方面：加快推进5G基站建设，实现商务楼宇5G网络全覆盖；提速新基建产业载体建设，打造南京·东大设计名城，将南京烟厂碑亭巷老厂区改造提升为环东大设计产业集聚生态圈。在新经济方面：通过组织主题促销活动，推行消费金融服务，激活消费潜能；通过发展直播经济、发挥首店和电商效应、扶持老字号品牌等，引领消费潮流；通过积极打造夜间经济品牌活动，放宽外摆限制，开发APP端延伸消费场景等，带动消费升级。在新产业方面：精准聚焦数字经济、人工智能、大数据等方向，发展培育新业态，不断激发经济新动能；继续推进创新名城建设，引导和培育科创企业，实现年增10户高新技术企业目标。在新都市方面：结合长江路文旅集聚区，打造城市客厅新名片，通过环东大片区环境综合整治，提升宜居品质，实现产业发展和民生改善的统一，不断推进“长江路文化旅游集聚区”建设向纵深发展。

人居新颜　老旧小区“脱胎换骨”

“看，这个沥青路面是新铺的，向西直通丹凤街，向南直通珠江路，东边就是鱼市街！”家住鱼市街6号的马阿姨在午睡起床后，照例下楼遛弯儿，“住了30多年，我们小区从来没有像现在这么敞亮过！”

鱼市街6号是原来省林业局的宿舍区，只有一栋居民楼，院子四周建有围墙，占地不足1000平方米，出了小区除了往鱼市街走，其余方向都是“断头路”。在寸土寸金的新街口地区，在一幢幢高楼大厦背后，有80多个像鱼市街6号一样建于20世纪80年代、仅有几栋楼组成的老旧小区。随着时代发展，这些“迷你”的老旧小区暴露出的问题越来越多，住在其中的居民也是怨声不断。

“路难走！小区违建丛生，有些道路成了‘一人巷’，我要再胖点都挤不过去！”居安里小区10号居民老翟直言。

“进出的主路不足3米宽，如果小区失火，消防车都进不来。”珠江路203号小区居民老张抱怨说。

“车不好停！整个片区有1600多户居民，整治前停车位仅有50来个，因为停车问题，居民甚至闹到过派出所。”在居安里小区做了10年网格员的虞嘉说。另外，老旧小区常常没有物业，没有专业保洁，只能由街道环卫所一两个月来打扫一次，小区内常常垃圾遍地。

针对老旧小区中普遍存在的这些问题，2017年4月，新街口街道率先对丹凤街以东、进香河菜场以西的5个老旧小区“动手术”。

“整治初期，街道先‘啃’掉9600多平方米的违建，并将5个‘迷你’小区的围墙打通，将31栋居民楼整合成一个大的居安里片区。”新街口街道物业科负责人介绍说，小区打通后，居民的活动空间大了；在拆墙拆违腾出的空地上，增设了公共活动空间，并增加了近200个停车位；片区新设了9个行人出入口和5个汽车出入口，道路四通八达，死胡同没有了。

■整治一新的居安里片区

整治一新的小区引来多家物业公司参与竞标。经小区管委会和居民代表投票表决，红庙物业与居安里片区签订了物业管理接管协议。如今，整治一新的居安里片区内道路宽敞开阔，不少居民楼下增设了可供休息的石头桌椅，停车位上车子停放得整整齐齐，居民纷纷为物业公司点赞。

此后，新街口街道用“化零为整”的办法，解决老旧小区普遍存在的公共空间不足、停车难、物业不愿接管等难题，“妙方”开始在辖区内复制推广。

2018年，以“二降二提”（降人员、降成本，提成效、提形象）为运营目标，投入100多万元，在红庙、一枝园路段和香铺营、进香河两个农贸市场周边引入第三方公司，全天候对管理区域内环境卫生、停车秩序、设施设备等项目进行全面维护，区域网格员“反复整、整反复”的问题得到根本改变。同年，对吉兆营新疆烧烤一条街造成的环境问题进行了彻底整治。2019年以来，街道设立了“清洁家园”项目，每年从为民服务资金中列项3万至5万元，用于社区日常12345工单办理和环境卫生整治，力争减少上报流转环节，让群众反映的问题能在第一时间得到解决。2019年，投入12万元，安装智能充电桩82处，有效解决了老旧小区电动车充电难的问题。这些举措得到了辖区群众的好评，国家部委和省市领导在现场视察指导时，也给予了充分肯定。

城管新招　“微整治”破解老大难

红庙片区餐饮店林立，一直是远近闻名的美食打卡地。这一片区的建筑多在20世纪80年代建设，普遍存在基础设施薄弱、管理维护滞后的问题，加上周边交通拥堵、路面坑洼不平、车辆乱停乱放、门头店招杂乱……多重问题叠加后，其环境外观与新街口繁华

■综合整治完成后的红庙片区

商圈的整体定位格格不入，更与打造“中央活力区”首位街的发展思路大相径庭。因此，对红庙片区进行综合整治已迫在眉睫。

街道在认真调研后发现：一方面红庙人流量大，周边商务楼宇多，餐饮供应需求量大；另一方面由餐饮密集引发的扰民问题、交通堵塞和街巷管理效能低下又成为城市治理的难点。由此可见，对这一片区进行整治，既要满足民生需求，又要遵循城市治理要求；不仅需要勇气和担当，更需要智慧和魄力。自2018年起，街道秉承“精准施策、因地制宜、堵疏结合”的思路，着重从以下3个方面入手，完成了对红庙片区的综合治理。

首先是重点解决餐饮扰民的问题。街道聚焦油烟和污水排放问题，开展了“上中下”的立体治理：一是投入300多万元，引进“全动态离心式油烟净化技术”，为每个店家量身定制油烟净化装置和油烟净化同步检测设备，并借助互联网技术，对设备的使用、维护，以及排放是否达标进行实时监管；二是要求每个餐饮店家安装隔油隔渣池，定时清理、做好记录，并进行不定时抽查，同时请第三方公司对店面排水进行检测，发放排水许可证，确保污水排放合格；三是对红庙街巷原有的排污管道进行重新设计，采用流量更大、口径更大的管道，以两管并行的方式铺设新的污水管道近1400多米，解决排放不畅、污水漫溢的问题。

其次是成功解决交通堵塞的问题。红庙街巷尽管不长，但因店铺林立、人流密集，加之道路两边停满了车，使得通行极不顺畅。为此，街道采取了4个方面的措施：一是在道路两端安装升降杆，对除消防车、救护车以外的机动车实施限时开放，同时用这种方式解决机动车乱停乱放的问题；二是将原来停放在道路两侧的机动车引进小区停放，城管部门先后拆除周边小区内5000多平方米历史存量违建，大大增加了机动车的停车位；三是主动拆除街道的4间办公用房，打开小区北侧的大门，方便居民出行；四是在红庙道路南侧规划非机动车停放绿毯，引导非机动车在指定区域停放。

最后是全面提升街巷管理效能。城市治理的重心在于管理，可谓“三分建、七分管”。

街道按照“综合治理、多元参与、网格覆盖”的指导思想，全面提升街巷管理效能：一是积极引进第三方公司，实行建和管的无缝对接，综合行政检查执法大队根据第三方公司提供的信息进行执法，在一定程度上也实现了“管执分离”；二是引导成立商家自治联盟，制定联盟章程，提升商家自我监督、自我管理和自我完善的能力，加强城市综合治理的多元化；三是设立红庙工作站，形成社区网格、城市管理、市场监督、公安民警、居民代表“五位一体”多元共治模式。工作站内不仅提供药品、饮用水等便民服务，也为辖区内商家与居民议事提供平台，进一步增强了街巷的和谐度。

综治新招　“网格化”开出“平安花”

在打造社区网格一体化治理方面，街道始终坚持加强网格化服务，以社区特色服务平台为抓手，大力发展社会组织，将网格化管理与网络大数据相结合，构建社会治理多元协商共治模式，积极探索社会治理的新街口模式，即以分级化、网格化、专题化、循环化的排查模式，切实做到“纵向到底、横向到边”，不断完善“建、创、持”一体的安全专项检查和持续改进体系；开展安全社区、安全家庭、安全企业等专项活动，认真组织实施网格化建设“细胞工程”。2019 年，街道在长江路社区建成全市首家社会稳定指数信息系统 2.0 版，将公安、司法、城管、安监、环保、民政等部门数据进行自动对接、收集，打通各部门条口的“数据孤岛”，以精准信息实现“针灸式”的“微治理”。

在推进社区网格一体化建设的过程中，形成了多项工作成果。2019年1月至10月，共接待矛盾纠纷1187批次3568人，成功调处446起纠纷；有效处理乐伽公寓资金链断裂事件；扎实推进安全隐患大排查，制定了《新街口街道安全生产大排查大整治行动方案》等文件，形成了“上下贯通、体系严密、人员到位、扎根社区”的网格化工作格局。截至2019年，共排查整治2295家企业，62处人员密集场所，839家“九小场所”（小学校或幼儿

社区组织志愿者清理卫生死角

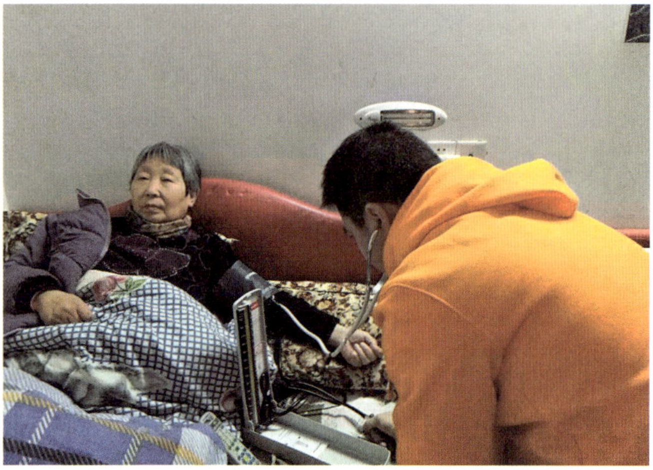
■居家养老中心为老人提供上门测量血压服务

园、小医院、小商场、小餐饮场所、小旅馆、小歌舞娱乐场所、小网吧、小美容洗浴场所、小生产加工企业），30家宾馆饭店，96处群租房，辖区内居民群众的安全感得到不断提高。

在开展安全生产大排查大整治的同时，2019年，新街口街道下属6个社区组织网格员、小区志愿者联合辖区各物业公司人员，对社区范围内的主次干道、窗口地区、背街小巷以及老旧小区进行拉网式的清理，对积存的垃圾杂物、废旧车辆进行清拖。2020年以来，街道城建城管中心在持续做好疫情防控工作的同时，结合在爱国卫生月开展环境整治的工作要求，通过强化宣传教育、清理卫生死角、清除废旧车辆等举措，着力推进垃圾分类宣传推广活动，不断改善居民的居住环境。

养老新景　绘就“夕阳”幸福图

为解决养老难问题，自2019年来，街道重点推广“互联网＋居家养老”的新型养老模式。截至2019年底，已孵化出5家居民自办居家养老社会组织，弥补了街道内的养老服务缺口。其中，悦心大石桥居家养老服务中心可谓这一模式的优秀代表。

众所周知，开办养老服务中心最大的难点在于场地。南京主城区，寸土寸金，如果采用租赁的方式成本过高。为此，按照南京市民政局促进社区居家养老医养融合意见要求，2017年，街道拿出1100多平方米的办公用房，通过审查资质、公开招投标的方式选择社会组织提供养老服务。经过半年多的筹备以及多家专业机构的评选，悦心大石桥居家养老服务中心中标，得到了免费使用场地的扶持。

自2017年7月悦心大石桥居家养老服务中心成立以来，在玄武区民政局的指导下，在新街口街道和大石桥社区的支持下，不断创新医养结合模式，力推和实现智能护理。在服务项目上，重点强调上门医护服务，针对有家庭养老需求的社区老人，以低偿收费的方式，提供涵盖生活照料、康复护理、安全保障等项目的个性化服务。在管理方面，做到一人一档，一天一记，对社区老人的身体情况、服务记录进行详细登记，确保有据可查，有据可依。中心还建立了全方位、无死角的无线呼叫安全网、助餐刷卡的餐饮网、固定健康体检设备加移动健康监测的健康网、网格式居家服务网。中心的最大特色就是医养结合，截至 2019 年，已联系到口腔、耳鼻喉专科的医生定期来中心提供免费诊疗。

截至 2019 年年底，以悦心大石桥居家养老中心为代表的 5 个居家养老服务中心共为街道内的老人提供 427 张养老床位服务，并开创性地将机构“搬”回家，为辖区 60 岁以上老人提供医疗、助餐等“套餐式”服务，让老人们足不出户就能享受到医疗、护理、康复等照料服务。

此外，新街口街道还探索推行“低龄时自愿提供服务，高龄时优先享受服务”的接力志愿服务模式，不断优化养老服务资源配置，构建互助养老志愿服务新体系。

文旅新韵　名城名街华丽绽放

一座名城没有名街是不可想象的，巴黎有香榭丽舍大街，北京有长安街，上海有南京路……那南京的哪些街道能堪称名街呢？许多老南京人一听到这个问题，便会毫不犹豫地首推长江路。

新街口地区历史文化底蕴深厚，街道辖区内有中山路、中山东路、长江路、珠江路、北京东路、太平北路、碑亭巷、洪武北路 8 条主次干道和 65 条背街小巷，都有着特定的文化与历史底蕴。而长江路作为闻名遐迩的南京市历史文化街，更是引人瞩目。

长江路，原名为国府路，是著名的民国文化一条街，也是古都南京的一条文化特色街

长江路文化旅游大街

区。南京作为六朝古都，明朝、清朝、民国时期的许多重要府邸都曾落户于长江路，由此而衍生出明代“词曲文化”、清代“红楼文化”，以及民国“建筑文化”。中华人民共和国成立后，文艺范十足的长江路沿线文博场馆林立，可谓现代人文艺术中心。

长江路位于新街口街道辖区内的路段长约 1000 米，集聚了丰富的文商旅资源，是街道长期以来服务、建设、管理的重点区域。自 2020 年起，玄武区委、区政府开始集中力量建设长江路文化旅游集聚区，这给街道的文旅发展带来新一轮机遇。

2020 年，由街道牵头，会同区文旅局、文旅集团、长江路沿线的街道“大工委”委员单位，以及江苏省美术馆、江宁织造博物馆、南京人民大会堂、南京文化艺术中心、1913 国民小剧场、德基购物广场等重点单位党组织，成立了党建联盟，实行联盟单位联席会议制度，定期就长江路文化旅游集聚区建设方案、实施细节、推进进展等情况进行充分沟通，积极协商、凝聚共识，广泛征集联盟单位的意见建议，关切其利益诉求，及时答疑解惑，尽力帮助协调解决相关问题，让“盟友”暖心、安心。

与此同时，按照南京市《打造“夜之金陵”品牌的实施方案》要求，为进一步促进夜间经济繁荣发展，位于长江路沿线的 3 座博物馆——六朝博物馆、江宁织造博物馆和中共代表团梅园新村纪念馆于 2020 年 7 月 17 日起，实行每周五、周六和节假日夜间延时开放。博物馆奇妙夜，越夜越精彩。这些文化惠民举措，得到了市民与游客的积极响应，夜晚的长江路文化旅游大街也变得格外迷人。

蓄之既久，其发必速。回望党领导人民决胜全面建成小康社会的历程，这既是新中国 70 年无惧风雨、大踏步跟上时代的传奇，也是中华民族迈向伟大复兴的历史必然。地处繁华，初心依旧。身处高质量建设“强富美高”新南京的前沿，这片土地上的人们深深懂得，越到紧要关头，越要响鼓重锤、一鼓作气；面对复杂形势，尤需增强定力，砥砺奋进。

文字作者：玄武区委党史工作办公室、玄武区委党校

图片提供：玄武区委党史工作办公室

责任编辑：张　伟

千门万户曈曈日　北安门里“小确幸”

坐落在南京老城东北角的北安门社区，东起明陵路，西临北安门街，南及后宰门街，北至富贵巷，辖区面积 1.2 平方公里，住户 5110 户，总人数达 15511 人。辖区内有海军指挥学院、南京市慈善总会、金融科技园、南京师范大学出版社、第五十四中学等部队、院校、企事业单位 10 余家。改革开放前，由于濒临南京城郊接合部，这里曾经是南京的菜园子，集中居住着大量的拆迁户、下放返城户和外地来宁务工人员，且独居老人多，残疾人多，低保边缘户多，是一个典型的生活水平低、环境脏乱差的“城中村”式的老旧居民区。

改革开放后，北安门社区居民的生活发生了巨大的变化。特别是近年来，北安门社区突出特色品牌建设，围绕党员义工服务主题，整合资源，优化项目，创新形式，不断强化区域化党建工作，努力实现服务供给多元化，基层治理精细化，使北安门旧貌变新颜，居民生活质量明显提高。社区先后获得了全国和谐邻里建设示范社区、全国社区服务先进社区、江苏省文明社区、江苏省巾帼文明岗、江苏省民主法治示范社区、江苏省级社区党员远程教育示范点、南京市和谐示范社区、南京市级模范职工之家、南京市道德模范群体等荣誉称号。这一块块奖牌见证了北安门社区创新发展的历史，也见证了北安门社区居民那普通而又温暖的“小确幸”生活。

党员义工　深入人心

2003 年，北安门社区党委首次提出“有时间做义工、有困难找义工、是党员当义工、全社会助义工”的党员义工服务理念并积极搭建平台，实现服务与需求的有效对接。紧接着又提出了党员义工“五化”模式，即“社区党员义务化”——社区党员人人尽到义务服务的责任；“社会组织常态化”——方便居民生活，提供无偿和低偿服务，满足居民的生活需求；“社区单位经常化”——所有驻区单位经常参与力所能及的义务服务；“居民群众多样化”——社区居民发挥各自特长，以多样化的服务形式参与义务服务；“在职党员社区化”——在职党员深入基层，利用空余和有利时机参与义工服务。一系列的服务理念较好地诠释了党员义工的服务内涵，为常态化开展党员义工服务工作打下坚实基础。这一举措被玄武区全域推广，中组部组织局曾专门就此进行调研。

■小草俱乐部成员参加社会公益活动

结合党员义工“五化”模式法，北安门社区党委常年开展“党员亮身份、做义工、树形象”的主题实践活动，鼓励党员在网格中、院落中、楼宇中亮出身份，担当在前。涌现出了像小草俱乐部、火凤凰驿站、志友加油站等以社区党员骨干为主力的党员义工服务团队，以及柯菲平公益基金会、明故宫邮局爱心邮路、后宰门卫生服务中心健康小屋等驻区单位服务矩阵及项目，在社区敬老扶小助残、邻里守望相助中凝心聚力。形成了主体多元、服务多样、共治共建的党员义工服务格局，基层党组织的凝聚力、向心力、服务力大幅度提高。

小草俱乐部成立于 2001 年，它的创办人是年过七旬的老党员马静。从企业退休后的马静一直热心公益，她把身体不好、家庭贫困的社区住户集中到家里，提供免费的健康理疗，深受居民们的喜爱。马静每天 7 点多就开始忙碌，受设备和场地限制，每小时能安排 4 个人，一天只能理疗 30 多人。给患友理疗前，她先是播放一些优美的歌曲给大家放松心情，理疗完再指导大家做一套手指健身操，增强抵御疾病的能力。除了免费给社区居民进行理疗外，马静还时常带领小草俱乐部的成员到紫金山上唱歌。在马静爱心的感召下，俱乐部的队伍逐渐壮大，服务项目也涵盖了社区的老中青幼各个年龄层。

家庭出现了危重病人，怎么激励病人走出阴霾？社区党委书记赵卫发现，这些患者其实经常私下联系，他们会用自己的故事来激励病友，这样的心理疏导方式往往事半功倍。于是，社区的火凤凰驿站应运而生，驿站将这些病友组织在一起，让他们互相交流、互通有无。为了吸引更多病友参与，社区积极寻求多方资源，市艺术教师志愿者服务中心应声派来了声乐老师，每周四的声乐课已持续了 7 年。报团取暖、服务癌友家庭，火凤凰驿站成为社区党组织最铁的公益伙伴。

弘扬时代精神，培育社区新风，是北安门人的不懈追求。社区党委一班人问计于民，通过造节造墙等方式营造氛围、汇聚民心。如义工节、好人节、邻里节、美食节、学习节、文体节等，另外结合春节、元宵、清明、端午、七夕、中秋、重阳等传统节日，精心开展“我们的节日”系列主题活动，做到“月月有主题、周周有活动”。在小区打造社会主义核心价值观文化墙、社区好人墙、孝亲文化墙来弘扬正能量，用身边的事教育身边人，营造崇善向上的时代新风。

创新服务　温暖人心

2015 年，北安门社区党委提出了“如何了解群众需求，怎么精准服务百姓？”的自我拷问。为了解决这个问题，社区党委每年初都会与省、市、区 26 家共建单位召开党建联席会，依照“党员群众下单，社区党委接单，结对共建做单”的模式发布“民生菜单招亲”项目。“民生菜单”里的项目，是居民党员议事会、社区党委联席会、民意直通车及警民恳谈会搜集到的意见建议，涵盖了群众喜闻乐见的活动、社区创新创优项目、助老帮困、环境优化项目等 7 个方面几十条共性需求。通过共建单位接单，推出精准服务，将社区自主提供服务转变为以居民需求为导向的服务供给，提高了资源利用的效率和社区服务的质量。这一创新实践让社区党建工作又迈上了新台阶。

这些菜单每一份都由社区居民定制，柴火味十足，既有社区特色文化符号，又有促进家庭和谐的向善力量。如社区自己认领的“勇者无畏——应急救援”课堂，就是让社区的居民都来学习应对心血管疾病、晕倒、摔伤等情况的知识，大家有了救护常识和专业技能就会临危不乱，遇到摔倒的老人就不会再纠结“扶”还是“不扶”，危难时刻敢伸手，是每一个公民的社会责任。

民生菜单招亲会

明故宫邮政支局党组织欣然认领了“助老爱心邮路”项目，为社区 20 多名独居老人免费订阅报刊。邮递员每天送报时都会细心查看老人有没有把前一天的报纸取走，如果没有，就通知社区上门来看看老人是否健康安全。

百家宴“妈妈的味道”从来都是共建单位争抢的项目，这一独具特色的品牌活动，已经成为北安门社区的一张名片。每年中秋，社区限定一道日常食材，请参赛家庭各展手艺，如今已成功举办过“土豆集中营”“百变西红柿”“洋葱向前冲”等主题大赛，冬瓜、萝卜、青菜也曾悉数登场。比赛让居民交流了厨艺也品尝了美食，活动更是邀请了独居老人等特殊群体一起过团圆节，让社区成为人人向往的温情之地。

开展“民生菜单”认领活动 5 年来，社区活动避免了同质化倾向，社区便民服务质量得到进一步优化。“菜单”认领单位金陵海关财务装备处支持开展的“什锦菜烩出邻里情，香飘邻里一家亲”活动，凝聚了邻里情；南京柯菲平公益基金会支持的“助力行走”活动，为高龄老人送去了企业产品拐杖凳；南京博物院社会服务部协助创办了“墨香中的文化韵味”课程，走进社区，使社区居民品味到家门口的“文化大餐”；玄武区委组织部指导支持的“赵大姐工作室”品牌项目，为社区人才队伍建设、服务能力提升带来了可复制、可推广的经验。

搭建平台　关爱人心

随着手机的普及，北安门社区的 17 个楼栋党支部和 637 名自管党员全部加入了社区党建网格群，在微信党建群里，党员骨干们经常说话发声，社区里的大情小事都能及时得到反映。遇到失火、爆水管这样的事情，社区会第一时间赶到。发生家庭纠纷、邻里矛盾，社区马上登门进行干预教育，及时化解矛盾。有了这样的信息平台，社区随时掌握居民的动态情况，第一时间想方设法为大家解决问题。

■赵大姐工作室启动仪式

如果说微信党建群是足不出户的电子会客厅，那么赵大姐工作室就是社区党员和居民的家庭议事厅。2016年，社区党委书记赵卫作为牵头人创立了党建创新品牌项目“赵大姐工作室”。赵书记在社区工作了20多年，社区居民们不论男女老少都认识她，亲切地喊她“赵大姐”，她曾获得过全国精神文明建设先进工作者、中国“小巷总理”之星、南京市优秀基层党组织书记等众多荣誉称号。在她的工作室里，每天都有2名楼栋支部书记轮流坐班，接待来访百姓，听民意、解民忧，把矛盾化解在初始。有个社区老居民来聊天时提到了孩子从外地寄来的新手机不会用，没法跟孩子通话很是苦恼。赵书记在旁边听到后，立即联系上了南京信息工程大学的志愿者，决定一同在社区开设“夕阳红手机课堂”。社区才贴出开班海报，没想到一下就来了50多位老人。开课后，大学生志愿者手把手教授老人使用手机的各种功能，还跟老人结成一对一好友，随时可线上指导。考虑到这些热心的大学生都是外地来宁读书的，每次来上课时，老人们也都会带上水果、点心与他们一起分享，让他们感受到家庭的温暖。现在老人们在线聊天的话题多是今天“学习强国”挣得多少积分。

北安门社区老年人手指运动会

在日常聊天时，赵书记经常听到一些老夫妻相互抱怨。老头抱怨着：“整天买倒箩的菜（指买剩下的菜，一般比较便宜），不给我吃点好的。”老太回怼道：“你还好意思说呢，家里什么事都是我一个人忙，毛豆你都不剥。”赵书记听到后，就想出一个既时尚又接地气的新点子——手指运动会。手指运动会每年都办，就是请大爷大妈参加“手掂西瓜”“夫妻剥毛豆”的比赛，掂西瓜猜重量是为了吸引男同志参加，剥毛豆则考验夫妻间的默契度，而爱做家务的大爷在比赛中就很有优势。活动开展以来，既让参与家务劳动成为一件乐事，又推进了互帮互助的和谐夫妻关系。

“居民无小事，他们提出的、反映的一些问题，我们能解决尽量解决，不能解决一定要有答复。”这是赵大姐经常挂在嘴边的话。赵大姐工作室以“不畏难、不怕苦、不死心”的“三不”精神，始终坚持服务社区居民群众的初心，运用“一家亲工作法”，实现了党建品牌从“建起来”向“活起来”的转变。

党建引领　凝聚人心

近年来，为破解驻区单位数量少、体量小、资源短缺而制约社区建设这一难题，北安门社区党委创新探索出“全域党建”的工作思路。传统的区域化党建，强调在某一行政区域内开展共建工作，受到地域限制，党建工作也难免“蜗居”于一隅。而北安门的“全域党建”，是彻底打破地域、领域、隶属、层级的边界，放眼各基层党组织，寻求党建联动、资源整合、共建共赢的机遇，彻底打开党建工作局面。“全域党建”以组织、情感、利益“三根纽带”为抓手，串联起以党建为核心的“同心圆”，真正走出了一条党建大融合、资源大统筹的新路子。

用“组织纽带”连成党建共同体。基层党组织无论所在单位大小、级别高低，贯彻落实党中央指示精神、全面加强党组织自身建设的要求是一致的。社区党委坚持以共同推进党建工作为着力点，打通了与不同领域、行业、隶属和级别党组织之间交流合作的渠道，通过“走出去+引进来”，先后与江苏省青年干部管理学院、南京市委办公厅等省市级单位党组织，南京市泰州商会党支部等驻区外“两新”党组织，共约25家，结对共建。双方签订构建党建共同体协议，发放共同体成员单位统一标识，共同开展党组织政治生活。每年“七一”举办的“我和党一起过生日”主题活动中，社区及共建单位党员集体过政治生日，重温入党誓词、分享入党初心故事，进一步密切了党组织关系、凝聚了组织力量。

用“情感纽带”织密连心亲情网。有温度才能更有力度。社区党委积极开展“联心”“暖心”共建活动，推动情感共融，变“两家人”为“一家亲”。除了在共建QQ群、微信群发布节日问候、活动资讯外，社区党委坚持“五必访”工作机制，即新单位党组织进驻必访，共建单位党组织定期必访，驻区原单位党组织转出必访，共建单位重大变化或其中党员突发重大变故必访。近两年，社区党委上门走访共建单位百次以上。在走访新迁入的南京师范大学出版社时，恰逢单位因装修与周边居民发生矛盾，社区党委及时介入，帮助化解。社区党委的精准服务，使出版社党支部成为社区党委的“老铁”。每年底，社区党委还组织党员群众对年度共建成效好的单位开展“点赞”活动，进一步增强共建单位情感上的“满足感”。

用“利益纽带”系好共建同心结。共建工作实践经验表明，互利共赢是合作能够长期维系、良性运转的基础。社区党委始终注重在寻找合作“利益”共同点上下功夫，把共建形式由“单向化缘”变为“多边互惠”，实现从“一厢情愿”到“你情我愿”再到“天长地久”。社区党委建立了网上共建交流群，坚持每半年召开一次党建联席会，定期梳理、发布各单位的需求清单和资源清单，积极策划和推广利益捆绑式活动，推动社区与共建单位、共建单位之间的合作，实现成果共享。江苏省青年干部管理学院定期组织学生到社区参加助老等志愿服务，而社区也为该院学生提供“见习社工”岗位；在社区党委的撮合下，南京市第五十四中学的老师为后宰门卫生服务中心医护人员开讲心理学课程，卫生服务中心也定期到学校宣传身体保健、急救等知识，实现各取所需、互利互惠。

目前，社区党委借助外出培训、讲座授课、参观调研等契机，在各个场合宣传社区工作、为居民群众代言，主动“出击”寻求共建，吸引了“慕名而来”的众多单位加入“全域党建”行列。从2003年的党员义工“五化”模式法到2015年的社区党建联席会暨“民生菜单招亲会”，从2016年的“赵大姐工作室”到“全域党建”，北安门社区服务民生的工作，一直在传承中得到发展和创新。

破解难题　情系人心

临近中山门城墙的前半山园小区，曾经聚集着一批南京城的老居民、下放返城人员和外地流动人口，这里屋舍简陋、公共设施破旧、路面坑洼不平、生活垃圾成堆、下水管道堵塞，一下雨就污水横流，是个典型的环境堪忧的城中村。在高楼林立的城市里，在风景优美的5A级钟山名胜旁，显得那么格格不入，也因此常有新闻媒体报道、市长信箱反映和附近居民上访。如何才能解决这些困扰小区居民生活的老大难问题，让群众生活得更加安心舒适、让城市更加整洁美丽，社区党委下决心要化解这一困扰多年的疙瘩。

2016年，在区街的大力推动下，该小区的动迁整治项目终于被立项，2017年小区开始施工。项目涉及征收安置的居民有100多户。拆迁后的空地建设以景观绿地为主，配套有游园步道、休闲广场等，整体设计与城墙风貌相融合，也能与周边学校、小区、干休所及道路环境无缝对接。整治后的效果更是深得民心。

“真没想到，以前破旧、脏乱的小区会变得这么好，现在住得太舒心了！”老居民王老伯在小区逢人就笑呵呵地说。现在居民闲暇时常会主动打扫楼道和人行道的卫生，也会从自家提水养护绿地，环境的优化增强了居民的归属感，“社区是我家”的理念已深入人心。“路面上根本看不见垃圾了！”居民陆阿姨笑着对上门送关怀的社工说。她曾经可是为了环境问题，天天到社区“告状”的老访客呢。不只是他们两个，所有居民看到小区路面平坦了，垃圾没有了，走到哪里，心情都格外舒畅。

这次动迁让200多人住进了新家，从又矮又破的棚户区搬到宽敞明亮的套房，这份像梦却又实实在在的喜悦溢满了他们的心间。居民们与社区打交道由来已久，社区全心全意为小区居民办实事，让居民受惠受益，大家都看在眼里、记在心里。那些面临异地安置的老居民，更是对他们依依不舍、非常眷恋，有些人毅然放弃了置换，直接在小区购买了二手房，他们说："就怕再也遇不到这么贴心的社区同志了，我们相信这个小区会越来越好。"抑或是一直埋藏在老居民心底的一份情结吧，就像他们常常说的"这可是风水宝地啊！我们生于斯长于斯，守着家门口的前庭（明故宫）后院（琵琶湖）,枕着郁郁苍苍的紫金山，每天在薄薄的晨雾里安睡，睡得踏实。"

"人民对美好生活的向往，就是我们奋斗的目标。"如何不断提升广大居民的获得感、幸福感、安全感，如何不断丰富服务内容，真正打通服务群众"最后一米"，带领居民群众从社区"小社会"迈进高水平全面小康"大社会"，奔向更加幸福美好的明天,从来都是北安门社区工作者不变的奋斗目标。

文字作者：玄武区委党史工作办公室、玄武区委党校

图片提供：玄武区委党史工作办公室

责任编辑：张　伟

特殊家庭的“一世情缘”

在玄武区玄武门街道天山路社区，居住着这样一个特殊家庭。这是一个三世同堂的大家庭，共有9口人，却有着6个不同的姓氏。最令人称奇的是，这个大家庭中有两位女主人，她们没有血缘关系却亲如姐妹，两位母亲带着各自的孩子在同一屋檐下生活了20年，在相互扶持中，结下了“一世情缘”。

回望她们的人生历程，从身处蜗居到开办民宿，从生活清贫到宽裕富足，从历经挫折到安享晚年，她们用不懈奋斗实现了人生价值，改变了家庭命运。她们的奋斗历程，见证了无数家庭为圆梦小康而做出的不懈努力。

少年相识岁月稠

走进刘月梅与霍安全的家，第一感觉就是房子面积很大、房间很多，穿行其中，仿佛进入了一个小小“迷宫”。两位老人笑着解释道：“这套房子原来是用来开民宿的，打了一些隔断，所以格局显得有些特殊。现在全家人都住在这里，我们便对房间进行了重新布置。”

环顾四周，家里的装修以白色和灰色为主色调，在绿植的点缀下，简约而又不失温馨，充分体现了两位老人不俗的品位。迎着秋日暖阳，姐妹俩并肩坐在沙发上，开始为我们讲述最初的相遇。

1986年，霍安全（左）与刘月梅（右）在北京天安门合影

那是1969年初春，刘月梅与霍安全作为南京的知识青年，一起被分配到江浦县陡岗公社高汤大队插队劳动。刘月梅出生于1951年，霍安全出生于1952年，由于住一间宿舍，加之年龄相近、经历相似，两人很快成了好朋友。当时农村的生活条件格外艰苦，偶尔有机会改善生活，两人总是互相谦

让。刘月梅回忆说，即便只有一个馒头，她们也要分成两半，一人一块。在同甘共苦中，这份友情变得愈加深厚。

7 年的插队生活，磨砺了她们的意志，两人从十七八岁的少女，成长为坚强、坚韧的青年。1976 年 2 月 23 日，她们一起回到南京，又一同被分配到江苏省南京公路管理处北站三车间工作。在两人的请求下，她们住进了位于安德门的一间集体宿舍，朝夕相处的生活得以继续。

原以为回城了生活能轻松一些，但铺路的工作同样考验意志。马路上浇过沥青后，两边的修路工要迅速用耙子把沥青推匀，再让压路机进行碾压。霍安全身体弱，手上力气不够，常常因为劳累过度而生病。见此情景，刘月梅便主动要求与她分到一组，尽量替她多分担一些。常常铺完一车沥青，就到了下午两三点，两人累得连饭都吃不下。

这段生活很苦也很甜蜜，她们先后收获了属于自己的爱情，两人分别成家后，又一起住进了单位分的筒子楼。这份友情开始变成两个小家庭的交情，无论谁家烧点好吃的，都要给对方端一碗。

1982 年，刘月梅被省交通厅抽调到北极西村搞拆迁，虽然不在一起工作了，但她只要有时间就会去霍安全家转一转，无论是工作中遇到的困难，还是生活中遇到的琐事，两人总有说不完的话。有了孩子后，为了贴补家用，她们决定利用周末去接点小活。无论是带着孩子去运煤球，还是一起拖水泥，哪怕再苦再累，两个人总是有说有笑，仿佛又回到了艰苦的知青岁月。

1988 年，她们终于盼来了单位福利分房，两家人商量后，一同选择了位于北极西村

■霍安全（左一）与刘月梅（右一）重返当年插队的地方

小区的一幢单元楼。虽然每家只分到一个单室套，也不住在同一个楼层，但两人的情谊丝毫没有变淡。据说老单位的同事都特别羡慕她们，因为在患难与共中结下的情谊弥足珍贵。

然而，天有不测风云，岁月静好的日子仅仅持续了不到10年。1997年，两人一同从原单位内退后，刘月梅又应聘到北京东路居委会工作。仅仅一年后，霍安全的丈夫突然病故。噩耗传来，刘月梅在第一时间伸出了援助之手。当时，霍安全的儿子还在上中专，她自己又身患高血压和糖尿病，孤儿寡母的生活真是苦不堪言。提及那段悲伤的日子，刘月梅和霍安全的眼眶顿时都红了。

1985 年，刘月梅（牵马者）与霍安全带着孩子在梅花山游玩

虽然两家住在一幢楼里，但刘月梅还是想把霍安全和孩子接到身边来悉心照顾。2001年，在得到家人支持后，两人分别把单位分的房子卖了，然后共同贷款在天山路买下了同一幢楼中的两套房子，一套在一楼，一套在六楼。从那时起，刘月梅一家三口，以及霍安全和孩子，便共同组成了一个特殊的五口之家。这一住就是 20 年，两家人再也没有分开。

追逐梦想奋斗路

两家人住到一起后发现，要同时供两个孩子上学，再加上还房贷，仅靠微薄的工资远远不够。2002年，刘月梅与霍安全商量后决定，大家都住到六楼，把一楼的房子拿出来装修，开一间网吧。虽然当时网吧行业格外红火，但真正做起来却是困难重重。为此，姐妹俩没少走弯路，也很辛苦。然而，网吧开业后仅仅坚持了一年，便以关闭告终。

回想起第一次创业的失败，刘月梅深有感触："说到底，还是因为我们已落后于时代。虽然退休后我一直在社区工作，并没有与社会脱节，但我们在经营理念和专业知识方面的双重匮乏，还是使网吧的经营陷入了困局。"

"当时网吧行业的竞争越来越激烈，仅凭吃苦耐劳是无法将网吧经营好的。我们一开始总觉得做生意投入的成本越低越好，然而对于网吧这样的服务行业来说，无论是硬件还是软件，一样都不能含糊。从设备到网速，从环境到服务，一项都不能省。”霍安全笑着补充道。

姐妹俩作为行业新人，在网吧经营中处处碰壁。有一次甚至因为网络技术问题，被所在地的公安分局叫过去询问情况。民警在得知她们的生活处境后十分同情，建议她们请一个专业网管。然而，随着实际经营中遇到的问题越来越多，她们常常感到捉襟见肘，难以招架。2003 年，两人终于痛下决心关闭网吧，准备转行去做自己相对熟悉的行业。

提及经营民宿的想法，刘月梅有点小得意，她说：“我这个人比较爱玩儿，趁着还没老，喜欢出去转转。我不爱报旅行团，喜欢‘穷折腾’，也就是自由行。想玩哪儿，想住哪儿，都由我自己定！”也正是在自由行的过程中，让刘月梅萌生了开民宿的想法。

“旅店基本都是标准化、程序化操作，同等星级的酒店，即使在不同的城市，差别也不会太大。但是民宿不一样，它能营造出只属于自己的风格，给客人以家的氛围。我在旅行中遇到过很多有趣的民宿老板，他们会亲自去车站接送客人，给出中肯的出行建议和美食攻略，常常旅行结束了，我又多了一个朋友。”这些美好的旅行经历，更加坚定了刘月梅经营民宿的想法。

然而，她的想法最初并没有得到“全家人”的支持，毕竟开民宿的难度要比开网吧大得多，需要处理和面对的情况也更加复杂。刘月梅性格坚定果敢，她认准了的道路就一定要走下去。在她的耐心说服下，全家人终于统一了思想。2003 年，大家齐心协力，将一楼的房子装修一新，她们的第二次创业正式起航！

由于刘月梅一直在社区工作，只能兼顾民宿，负责全职经营的重任便落在了霍安全身上。在全家人的努力下，民宿生意渐渐有了起色，开始步入正轨。然而生意红火了，人手不够的问题便凸显出来。霍安全的儿子卢均当时在招商银行工作，本来一边上班一边兼顾民宿，后来发现实在难以两全，他便从单位辞了职。从此，全家人一门心思扑在民宿经营上。

看到大家每天都在充满激情地忙碌着，刘月梅和霍安全感到十分安慰，她们期盼着这次创业能够成功，能够让全家人过上好日子。面对二次创业带来的挑战，她们充分吸取了之前的经验和教训。刘月梅笑着说：“每次遇到困难，我心里都会默念着 16 个字——整理情绪、调整状态、收拾行囊、继续上路。”面对琐碎繁杂的服务工作，霍安全充分发挥了自己耐心细致的长处，她对客人热情细致，对员工关心体贴，成了店里的主心骨。

在民宿经营中，最重要的便是客户体验。对此，刘月梅这样总结道：“让客人感受到快乐，是民宿经营的关键。”围绕这个中心，全家人想了很多办法。

他们最先着手改造的，便是内部装修与布置。民宿身处小巷，建筑外观已无法改变，但内饰却大有作为，除了干净、整洁，更要温馨、舒适。墙上可爱的挂件、冰箱门上的贴心小提示、飘窗上温暖的靠枕、客房里漂亮的绿植……无处不在的细微之处，都让客人感受到了主人的用心。

在一系列经营举措中，最具特色的要数由刘月梅独创的“心情指数识别法”。她要求民宿员工对每位客人入住时的心情进行评分，然后根据客人的情绪及时调整服务内容。霍安全解释道：“满分是10分，如果客人入住时的心情指数在7分以下，就表示他心情不佳，需要我们去重点关注。我们的目标是：等客人离开时，要努力把‘心情指数’提升到不低于9分。”为此，刘月梅在招聘员工时有一条最重要的标准，那就是无论学历高低，为人一定要真诚善良、耐心细致，尤其要对生活充满热情。

“当住店的客人遇到什么困难，我们全家人都会竭尽全力去帮助。如果发现客人的心情一直没有好转，我们就会亲自去沟通和接待。”霍安全回忆说，有一天，店里来了一位女士，她始终沉默寡言，除了办入住手续，基本上与员工零交流。霍安全得知这一状况后，便主动邀请她参观民宿，并讲述起自己过往的经历和经营民宿的甘苦。渐渐地，这位女士对霍安全敞开了心扉。

原来，这位客人的丈夫才过世不久，之前两人曾约定要同游南京，但一直未能成行。这次，在丈夫的生日这天，她选择一个人来南京游览，想以这种方式怀念爱人。可她一看到那些景点，便总是触景生情，满心凄凉。得知真相后，霍安全给予了这位女士更多的关注和陪伴，她们的贴心服务让她得到了很多安慰，等她离开时心情明朗了许多，和霍安全也处成了朋友。

因为环境舒适、价格合理、服务周到，民宿的口碑越来越好。老客介绍新客，旧朋引来新朋，店里逐渐积累下稳定的客源，经营状况也是蒸蒸日上。第二次创业成功后，家里的经济条件发生了翻天覆地的变化。从 2003 年开业到 2014 年年底，民宿每年的净收益达到了 20 万元。除了改善全家

创业之初的民宿

人的生活，刘月梅和霍安全还用赚来的钱又投资了一套公寓。

2014 年年底，考虑到三位老人的年纪都大了，加之要照顾第三代，全家人商量后决定民宿不开了。为了方便老人们进出，全家从六楼搬到了一楼。后来，又把六楼的房子和外面投资的公寓出售，将部分收益贴补给了两个孩子的小家庭。

相依相伴一家亲

获得感，是人类永恒的追求，这种获得包括物质层面与精神层面的双重满足。对刘月梅与霍安全来说，除了带领全家人为过上好日子而奋斗，最重要的事便是在这个大家庭中营造更加和谐、美好的氛围，尤其是要给予孩子们以精神上的引领和情感上的滋养。

两个儿子分别成家后，三位老人把两个儿媳妇当成了自己的女儿。刘月梅最常说的一句话是："在我们家里，绝不搞家长制，每个人在精神上都是平等的。"

她们与孩子们最多的沟通方式便是谈心，无论是开心的事，还是不顺心的事，都可以一起讨论。两个儿媳妇，一个在玄武门街道廖家巷社区工作，一个在玄武门街道民生服务大厅工作，都在基层一线。因为曾在社区工作 13 年，刘月梅具有丰富的基层工作经验，每当儿媳妇们在工作或生活中遇到难题，她总会用自己的亲身经历和深入浅出的道理为她们答疑解惑，毫无保留地向她们传授工作的方法和生活的智慧。儿媳妇们非常感激："两位妈妈为我们树立了人生的航标，是我们生活的知情人、学习的引路人、品德的教育人、成长的守护人。"

■特殊家庭的全家福

身处这个大家庭，最令人动容的便是家庭成员之间最真切的关爱，以及家庭内部无处不在的凝聚力。霍安全自豪地说："我们一家人生活在一起，从来没有吵过架、红过脸，有什么事情大家都摆到桌面上一起商量，遇到什么难题，大家都一起面对。"

霍安全身体不好，她一生病，刘

月梅便着急得不行，每次都是她自己亲自开车送霍安全去医院，平时一家人在一起生活，三位老人总是齐心协力为在一线工作的孩子们排忧解难，刘月梅的老伴负责打扫卫生，霍安全负责洗衣服，刘月梅负责烧饭。刘月梅笑着说：“烧饭可是一门大学问，现在物质生活极大丰富，餐桌上饭菜的种类越来越多，对营养搭配的要求也越来越高。霍安全有糖尿病，她和大儿子的血压都高，加上年轻人爱吃辣，小孙子和小孙女喜欢吃肉，真是众口难调。这些情况，我作为掌勺人，都要兼顾到。现在大家对我的厨艺十分满意，我觉得十分开心和得意！”

所谓言传身教，便是如此吧，老一辈的人格风范，会对孩子们产生潜移默化的影响。两个儿子相继结婚时，因为家里开着民宿，只有一套房子用来居住，住房相对紧张，他们便互相谦让着，要把家里准备好的婚房让给对方；小两口外出度蜜月时，都主动要求带着老人们一起外出游玩；婚后，两个小家庭的工资卡统一上交，由霍安全来掌管“财政大权”；孩子们即便深夜加班回来，也要看一眼老人才放心……大家庭中的真挚感情，也感动了两个儿媳妇的父母，亲家之间常常走动、相聚，大家一起帮忙接送、照顾第三代，其乐融融。

人生最美夕阳红

望着窗外的秋日暖阳，霍安全的脸上满是对未来生活的期待：“人们常说既要脚踏实地，又要仰望星空。如果说我们年轻时候为生活而奋斗是脚踏实地，那现在晚年注重精神追求与生活品质，便是仰望星空了吧。”刘月梅微笑着点头赞许：“一代人有一代人的担当，我们生在这个伟大的时代，能有机会用自己的双手创造幸福，实现自己的价值，便是我们这代人最幸运的地方了。我们现在的任务就是养好身体，去做自己喜欢的事，去实现那些年轻时没有能实现的梦想。”

莫道桑榆晚，为霞尚满天。如今，家里的三位老人把每一天都过得非常充实。霍安全性格柔和沉静，偏爱文艺，她在老年大学里参加了音乐、舞蹈和绘画学习。她风趣地说：“现在我也算是在文艺领域‘再就业’了。”虽然每天要忙着买菜、做家务，还要帮助子女接送小孩，但她从未放弃这些业余爱好。在她看来，在柴米油盐与人文修养间谋得一处平衡，是人生一大乐事。她笑着举例道：“其实我小时候就很喜欢画画，可当时条件所迫，没有能学成。现在老了，反而有机会拿起画笔了。在三尺白纸上学到的构图布局、色彩搭配与移步换景，其实同样适用于生活。开始习画后，我发现自己对身边一草一木的观察，变得更加敏锐与细腻了。尤其是对色彩的认知更加深刻了，无论是布置家居还是穿衣搭配，都感到得心应手。”

刘月梅听了十分赞同，她也觉得霍安全的悟性很好，也许这就是与生俱来的艺术天赋吧。两姐妹的性格一静一动，可谓互济互补。刘月梅喜欢旅游，在她的带动下，霍安全已跟着她走过了许多名山大川。她们晚饭后常在附近散步，每当看到社区文体队的姐妹们在排练歌舞，刘月梅总要拉着霍安全在一边欣赏，有时两人被音乐陶醉了，便会在不知不觉中跟着跳了一曲又一曲。每当说起这些高兴的事，两人便忍不住相视而笑，眼中都闪烁着快乐的光芒。

聆听完这个特殊家庭的故事，有着太多的感动，这两位母亲已并肩走过半个世纪，她们在患难与共中结下的深情厚谊，令人击节赞叹。回首往事，故事的两位女主人公刘月梅与霍安全感慨万千：“在岁月变迁中，我们尝遍了人生的酸甜苦辣，经历了太多磨难与挫折；在共同创业中，我们赶上了好时代，凭着辛勤劳动过上了好日子；在相依相伴中，我们收获了这世上最珍贵的情谊，得到了孩子们最真挚的爱；没有人比我们更加懂得今天幸福生活的来之不易！”

文字作者：玄武区委党史工作办公室、玄武区委党校

图片提供：玄武区委党史工作办公室

责任编辑：张　伟

秦淮区

QINHUAIQU

配套视频

青林环紫陌　绿水绕城郭

月牙湖地区的建设与改造，一直是秦淮区环境建设的亮点，也是展现南京城市面貌崭新变化的一个窗口。作为南京最早的人文宜居城区所在地，秦淮区月牙湖街道带领辖区人民以率先之姿，踏上了高水平全面建成小康社会的征程。经过20余年的建设、改造，昔时城郊农村早已变为今日人居佳境，社区建设方面取得了丰硕成果：辖区内的月牙湖花园小区先后被评为国家首批小康住宅示范小区和江苏省一流精品示范小区，梅花山庄小区被评为江苏省安全文明小区，富丽山庄社区被评为江苏省和谐示范社区。月牙湖街道被评为南京市首个创建绿色社区先进街道，先后获得江苏省综合治理先进单位、南京市机关作风建设标兵街道、南京市城市治理工作优胜街道等多项荣誉。

旧湖展新貌

烟笼寒水，月照秦淮。亦有一弯清月侧卧于秦淮东北、紫金山南，北接钟山涧水，南连秦淮青溪，西傍古城故垣，东邻苜蓿旧园，与天际月轮遥遥相映，此即城东之珠——月牙湖。

历经风雨沧桑，20世纪90年代之前的月牙湖，沿岸尽是残枝衰柳，到处杂草绕生。因地处远郊，环湖居住的多为下放回宁人员及城市流浪者，那些临河搭建的“吊脚楼”，将污水直排入湖；湖边部分明城墙被拆毁，城砖被砌成了居民家的内墙或院墙；周边环境油烟斑驳，污水横流，垃圾遍地，可谓一片狼藉。此时的月牙湖，犹如蒙垢少女，被尘埃蒙蔽了容颜。

1995年，南京市政府决定在苜蓿园地区兴建住宅区。1996年，南京开始掀起“一年初见成效，三年面貌大变”的城市建设高潮。当时的白下区政府坚持“以人为本，环境至上”理念，从做优环境入手，将治理月牙湖列为第一项工程。为使月牙湖居住区与周边环境相互融合，区政府规定了区域内各部分的楼层高度、基本走向及各小区的建筑容积率，使整个居住区的建筑沿着月牙湖由西向东、由低到高依次展开，错落有致，以保持原有地貌所具有的山水相连的特点与优势。同时，为建设好月牙湖公园，聘请了东南大学和南京艺术学院的专家，由他们来承担整体文化创意与景点设计。

1996 年，白下区政府投资 7000 多万元，对月牙湖进行了综合治理，清淤护坡，沿湖修筑长廊、亭阁、水榭，种植花草树木，在湖中兴建水上舞台，在湖滨开辟休闲广场，历时 8 个多月，终于建成了自然与人文景观和谐共融的月牙湖公园。

同年，后标营路和月牙湖堤桥也同时开工，打开城墙，拓宽道路。对月牙湖北段（中山门至后标营路）实施的综合整治，使过去脏乱差的月牙湖成为城东的一颗璀璨明珠，湖岸边的商品房价格提升了一倍，在当时被称为房产市场的“月牙湖现象”。2000 年 5 月 9 日，时任中共中央总书记江泽民视察了月牙湖地区，对月牙湖地区的综合治理与环境建设给予了充分肯定。

1997 年的月牙湖沿岸景观

2004年，南京市投资近亿元，开始对月牙湖中段（后标营路至友谊村）和南段（友谊村至光华门）进行环境整治，并同步推进明城墙风光带建设。整治完成后，在原月牙湖公园基础上形成了以亲水驳岸等人性化空间为主的滨河绿化区、休闲文化区、观赏景观区。过去棚户密集、垃圾遍地的月牙湖中南片区，被改造成为集文物保护、生态恢复、休闲娱乐于一体的开放性公园。

1997 年，对月牙湖实施清淤

历经十余载，市、区两级政府先后投入资金10亿余元，数期综合整治完成后，

■月牙湖新貌

月牙湖周边原先脏乱差的违建区，终于变成了融山水城林于一体、焕然一新的月牙湖公园。公园总占地面积约110公顷，拥有从中山门到光华门全长2.4公里的明城墙，60公顷水域面积，45公顷绿化面积，绿化覆盖率达80%，是南京市最大的城墙公园。

月牙湖综合整治与明城墙风光带建设，不仅改善了环湖地区的自然环境，更妥善保护了珍贵的历史文化遗产——明城墙，对保存城市文脉、延续历史记忆具有重要意义。如今的月牙湖，碧波潋滟、绿水萦回，可谓秀水明山，山水城林，俨然大美。

人居山水畔

随着周边环境的不断改造提升，月牙湖畔引来众多房地产开发建设单位。1999年，有15家开发建设单位参与月牙湖居住区的建设，相继建成占地130公顷、建筑面积110万平方米的居民住宅和别墅小区，如梅花山庄、富丽山庄、金陵御庭园和月牙湖花园等。

其中，静倚于月牙湖东岸的月牙湖花园小区，更以其高水平的规划设计与工程质量，赢得了广泛赞誉。1999年，区委、区政府在广泛征求市民意见的基础上，确定了月牙湖花园小区的建设方案，两度进京听取建设部专家意见，设计蓝图先后经12次修改。最终，打造出了这一占地10.3万平方米、建筑面积12.9万平方米、绿化覆盖率超过50%、居住规模达2500人的大型现代化居住区。该小区建成后，被评为国家小康住宅示范小区。

2000年4月至5月，同期完成了苜蓿园大街、苜蓿园东街等近3公里的道路改造，基本建成包括教育、医疗、购物、娱乐在内的设施配套齐全、环境优美的全市一流新型住宅区。

在环境面貌不断发生变化的同时，街道和社区对月牙湖地区的管理服务也在不断提档升级。1996 年 1 月，白下区正式建立苜蓿园街道办事处；2006 年更名为月牙湖街道办事处，当时的管辖范围东与孝陵卫镇接壤，南邻石门坎镇，西靠中山门明城墙，北接中山陵风景区，面积 3.15 平方公里。2008 年 12 月，街道区划合并调整后，面积扩大到 5.64 平方公里。随着入住居民的不断增加，按照“最佳人居示范区”建设的要求，街道办事处在卫生环境整治、完善配套设施建设方面做了大量工作。

1996年，街道开始在辖区内组织创建星级文明楼幢、文明家属区（院）、五好文明家庭和安全文明小区活动，并与当时的南京军区卫生防疫队联合，于1997年成立了全市首家地区性军地健康教育学校，有效激发了全体居民共同维护环境卫生的自觉性。在持续努力下，月牙湖街道先后获得南京市市容卫生“十佳”街道、安全文明达标街道等荣誉。

在加强外部环境整治的同时，街道对社区内的环境整治也初见成效。2000年开始，街道督促辖区内多家单位完成了燃油锅炉的改造，着重对餐饮企业和单位食堂的油烟及废水处理问题进行了治理，并对洗衣房噪声、粉尘污染问题进行了综合整治。另外，在街道范围内实施大面积绿化。2002年6月，明月、湖滨两个社区被南京市命名为首批绿色人居环境社区。经过连续3年的创建，梅花山庄、28所、富丽山庄、卫桥南航等4个社区也相继获得了市绿色人居环境社区荣誉称号。2004年，街道在全市率先提出整体创建绿色人居环境

■月牙湖两岸的绿色社区

街道的目标。次年，7个社区全部达到市级绿色社区标准。其中，28所社区被国家环保总局评为全国绿色社区；月牙湖社区、梅花山庄社区被评为省级绿色人居环境社区；街道被授予南京市首家创建绿色社区先进街道。

在打造绿色社区的基础上，街道进一步创建和谐社区。2006年，按照省社区建设标准，新建1800平方米富丽山庄社区服务中心，设立了“四厅三站二室一家”，即公共服务厅、民主议事厅、社区教育厅、文体娱乐厅和爱心特教站、党代表工作站、社会工作站，以及青少年科学工作室、图书阅览室和党员之家，基本实现了服务社会化、程序规范化、活动经常化、管理制度化。这一时期，街道下辖的6个社区办公配套用房都达到或超过了160平方米，同时建设了300平方米的街道劳保所，打造了一个全市一流的具备多功能的劳动和社会保障办公场所。至此，月牙湖地区景秀人和、宜业宜居的格局已基本形成。

励精图善治

2013 年 3 月，全市区划调整后，原秦淮区和白下区合并，成立新的秦淮区。2014 年，习近平总书记视察江苏，对江苏发展提出了“努力建设经济强、百姓富、环境美、社会文明程度高的新江苏”的殷切期望。秦淮区紧密结合区情实际，确立了“保护更新老城、开发建设新城”的总体格局，并以“特而精、最南京”作为更高追求，全力提升中心城区首位度。在这一进程中，月牙湖街道进一步明确了未来发展方向，在全面提升人居环境的同时，力争为建设“强富美高”新秦淮贡献“月牙湖力量”。

2016年12月，针对月牙湖部分水域再次出现水体污染和黑臭现象的问题，秦淮区启动月牙湖综合环境整治工程，以维护健康湖泊生命为总体目标，结合景观生态工程建设，从上游北湖开始向南依次推进，并规划在北湖打造一座湖心岛作为鸟类栖息地。工程于2017年12月完成竣工验收，总投入约1.75亿元。此后，月牙湖再次焕发出新的光彩。2018年，湖水各项水质监测指标达到《地表水环境质量标准》（GB3838-2002）Ⅳ类水的要求，真正构建起了“排水畅通、水清岸绿、景观和谐、人水相通”的水环境，充分体现出人与自然的和谐之美。2019年3月，月牙湖被评为江苏省首批生态样板河湖。

全面提升城市功能与品质，不仅要积极打造优势亮点，更要在对薄弱环节的改造上多下功夫。2017年3月6日，为消除重大安全隐患，石门坎装饰大世界危旧房城中村改造及环境整治工程被列入2017年秦淮区重大项目。征收工作完成后，先后建设起与北侧明城墙景观带相呼应的沿河景观，其他地块也保留了部分公益属性，不仅消防隐患得以消除，周边环境也得到了根本改善。

2018 年，整治完成后的苜蓿园大街

改善道路交通出行条件，也是全面提升人居环境的重要组成部分。2017年4月19日，被纳入市重点城市建设计划项目的苜蓿园大街环境综合整治工程开工，秉持“紫金苜蓿，绿染城郭”的理念，对道路进行了全方位整治，并对照明、绿化、交通工程及其他附属设施进行了提档升级和补充完善，最终打造出一条特色景观廊道。2018年，为进一步提升整体环境形象，沿街建筑立面整治也随之展开。整治完成后，道路周边成为科教休闲宜居片区，为城市形象的整体提升再添一抹亮色。

在以人为本、持续不断的建设与打磨之下，月牙湖地区的面貌越来越贴近民众对“美好生活”的想象，构筑起小康社会的生动图景。

所念惟在民

月牙湖街道下设8个社区居委会，分别是苜东街社区、月牙湖社区、梅花山庄社区、富丽山庄社区、苜蓿园社区、富康社区、金泰社区、石门坎社区。截至2019年年底，户籍人口为45952人。2018年以来，月牙湖街道聚焦“最宜居、最美丽、最干净”的目标追求，全面提升服务治理水平，倾力打造软性民生配套保障。

2018年1月6日起，月牙湖街道在全区先行先试，积极探索，率先建成网格化社会治理中心，划定综合网格73个、专属网格5个，推动全域网格覆盖、全员入网尽职。同年5月15日起，在街道范围内全面推行网格化社会治理工作。以现代技术手段为支撑，以网络管理平台为依托，促进网格化与信息化建设深度融合，扎实推进街道网格化中心实体化运作，形成了“管用、实用、可复制”的全区示范模式，所整理的案例为全区网格化社会治理提供了经验。

在推行网格化社会治理的基础上，2018年10月，根据区委、区政府的统一部署，月牙湖街道在全区率先开展打造全域最干净街道工作。坚持城区即景区目标，巩固落实“路长制、河长制、吹哨报到、考核奖惩、一线下沉”等工作机制，通过宣传引导、典型示范、执法规范等多种手段，整合资源力量，狠抓网格管理，全面提升辖区城市管理品质。同时，加快推进城市基础配套建设，大力提升辖区环境品质，以“绣花精神”推动城市精细化管理向全覆盖、全过程、全天候迈进，全力打造全域最干净街道的南京样板。

与此同时，通过开展各类专项整治行动，强力破解城市治理中的各类重难点问题。实施市容市貌整治，持续开展倚门出摊、占道经营、三乱清理、门前三包、无证施工等专项治理；实施交通停车秩序整治，科学划设停车位，严格落实贴单管理、非机动车摆放等网格责任制，实行收费管理员一岗双责；实施水环境治理，规范各级河长巡河的频率、路线和问题处理流程，积极发挥民间河长、公众委员、积极分子的作用，大力营造共同治水护水的良好氛围；实施垃圾分类行动，加强宣传发动和教育引导，加大执法检查力度；实施违建拆除工作，结合小区出新、道路整治、水环境治理和市容环境提升等工作，分批次有

■组织义工在月牙湖畔开展巡逻

序拆除违建，并加强巡查管控，杜绝新增违建。

另外，街道在物业管理模式上也进行了积极探索与创新，建立健全了街道物业办、社区、小区业委会和物业公司协调议事机制，加强对小区业委会的指导监督，督促物业公司提供优质服务，借助业委会组建、业委会换届和物业公司选聘等契机，大力推进“红色业委会”和“红色物业”建设，探索完善并复制推广行之有效的创新模式，大力提升小区自治管理水平。

在全面提升服务治理水平的过程中，街道始终坚持以人民为中心，积极开展大走访活动，依托民生工作站、网格化、“12345”政府服务热线等载体平台，征集民情、反映民意、解决民事，推进“微更新”项目，办好民生实事。

在推进文明城市创建的过程中，街道通过举办老年人体育节、群众文艺巡演等活动，将精神文明创建工作融入群众喜闻乐见的文体活动中，努力提升群众文化素养。同时，紧密结合街道特点，深化特色品牌创建活动，先后打造了月牙湖书画院和“24小时”书房，并用好月牙湖广场等宣传阵地，唱响文化主旋律。

在打造特色民生服务品牌的过程中，积极放大梅花无忧省级示范性居家养老品牌效应，加快推进金山居家养老服务中心建设，实现“医养融合”和“居家养老”无缝衔接和全覆盖；不断深化青年志愿者服务行动，拓展残疾人手工坊服务外延，积极参加省市公益创投项目，助推富丽山庄爱心特教站和富康社区残疾人手工坊不断做大、做强、做响，形成了一批省市一流、在全国有影响力的社区特色服务品牌。

近三十载变迁，月牙湖波愈澈，岸柳愈青，一如中华民族经磨砺而益起，历深久而弥新。在高水平全面建成小康社会的宏伟进程中，月牙湖地区仅为一粟，由此粒而窥之，则可见浩荡沧海。年岁未晏，芳华弥彰；前程锦绣，来日方长。生活在月牙湖畔的人们将与小康路上的千万奋进者一道，共同谱就国强民富的伟乐华章。

文字作者：孙雪飞（秦淮区月牙湖街道）

图片提供：郭绮嵋

责任编辑：常　胜

昔日城中村　今朝新生活

原红花街道广洋村（现汇景和园社区）位于秦淮区东南侧，东临秦淮河、南接江宁区、西连翁家营村、北临大校场机场，包含上坊门、鲍家场、罗家场、赵史岗、金家圩 5 个自然村，分为 7 个村民小组，占地面积约 1200 亩，共有农民 691 户。回首广洋村的发展历程，从昔日城中村到今天的美好社区，广洋人在党的带领下，闯出了一条齐心协力奔小康的奋斗之路。

完成征地拆迁　为南部新城建设做贡献

改革开放前，广洋村是南京市重要的蔬菜基地，超 300 亩土地用于蔬菜种植，村民们过着温饱有余、富裕不足的生活。20 世纪 80 年代，随着经济条件的改善，村民们开始陆续盖起了小楼房。一户挨着一户，紧凑排列着，每户占地面积约 60 平方米，居住面积 100 多平方米，平均居住 5 口人。在当时的农村，能建起一幢二层楼房，是许多农民全家的梦想。

罗龙发一家，是土生土长的广洋人，他家的三亩耕地大部分位于村东头，是家里的主要经济来源。“靠天吃饭，靠地赚钱”的生活并不容易，罗龙发负责下地种菜，妻子则负责外出卖菜，全家为实现建新房的梦想，共同努力着。1995 年，罗龙发一家开始用多年积攒的钱盖房子。为了节约成本，罗龙发请来亲戚朋友帮忙，借来拖拉机到建材市场批发沙子，搬运砖头，全家人竭尽全力，终于把二层楼房建了起来。“这房子盖得真不容易，我每天都盯在上面，亲戚朋友也出了很大力气。有了新房，简简单单装一下，留着给儿子娶媳

■原广洋村村貌

妇用啦！”罗龙发一家的情况，便是广洋村村民在征地拆迁前的真实写照。他们怎么也没有想到，有一天，会亲手签字同意拆除自己千辛万苦才建起的新房，并由村里人变成城里人。

■南部新城红花—机场地区城市设计鸟瞰图

2015年，南部新城建设遵照“三年拉开框架，五年初见形象，八到十年基本建成，十到十五年初步繁荣”的规划拉开了序幕。红花街道地处新城中心，广洋村又位于红花街道的重要位置，成为南部新城征地拆迁的重点地区。征收前，广洋村是典型的城中村，面积大，地域复杂，因紧邻大校场军用机场，一直无法大规模开发利用。村周边地区快速发展，经济繁荣，大楼林立；村里则是违建乱搭，环境脏乱差，生活设施不全，道路交通不畅，村民出行、购物、看病、小孩入学等都不方便。村民们一方面盼望着拆迁，能住进城市小区，真正过上城里人的生活；另一方面，他们心里也都有着诸多顾虑。“最亲是儿女，至厚是土地。”农民对于养育自己的土地有着不一般的深情厚谊，征地拆迁对于他们而言，意味着将失去赖以为生的土地。

为保证南部新城开发建设依序进行，广洋社区筹备小组（2013年，广洋村改为广洋社区筹备小组）党总支承担起征地拆迁重任，成立多个征迁工作小组，在街道指挥部的统一指挥下，以党员干部大走访活动为契机，同步开展工作。起初，征迁工作并不顺利，有的村民坐等观望，任凭工作人员好话说尽，就是置之不理；有的村民有抵触情绪故意锁门，外出躲避……工作一时陷入了困境。

为突破这种困境，征迁工作组通过多种渠道，广泛深入地向村民宣传南部新城建设的重大意义以及征地拆迁的惠民政策，并利用亲戚、朋友、同学等多种关系，以叙旧、拉家常等方式，耐心细致地做好思想工作，用真心获取村民的理解、支持和配合。在政策的执行上，始终坚持一把尺子，同类条件、同样情况、同等补偿，就高不就低、就宽不就窄。

“说实话，对这块土地真是舍不得，几代人下来都靠它生活。我家地紧挨着秦淮河，土地肥沃，庄稼、蔬菜长得都挺好。还有这房子，买砖拖沙，一砖一瓦盖起来，很不容

■汇景和园小区远景图

易。要不是街道、村里天天上门做工作，给我介绍新城的发展，让我支持，我真不愿意拆迁。”随着工作人员多次上门做工作，帮他“明算账”“算明账”，罗龙发终于想通了，不仅同意拆迁，还帮着做亲戚邻里的思想工作。就这样，广洋村村民在街道和村里的合力宣传动员下，全力支持、积极响应，为南部新城建设和区域环境面貌改善做出了“红花贡献”。

据统计，1993 年以来，广洋村先后经历绕城公路建设、机场“城中村”改造、京沪高铁建设、宁杭城际铁路建设、南部新城建设、外秦淮河沿线环境整治等 10 次土地征收，9 次人员安置，5 次房屋拆迁，共计拆迁 691 户、1712 人，共安置 984 人。拆迁村民主要安置在汇景家园、汇景和园以及紫杨佳园小区。

“最大限度保护被征地农民的利益”，一直是广洋征迁工作的法宝。正是这种始终把人民利益放在心上的理念，才使得征迁工作真正实现依法、阳光、文明、和谐，真正让村民感受到了民生工程的温暖。“我们和街道干部一起，采取‘5+2’‘白加黑’的工作方法，用诚心的交流、热心的服务换取村民对工作人员的信任和支持。”广洋社区筹备小组徐书记回忆起征拆工作时不禁感慨，“自拆迁征地开始以来，征迁组工作人员就告别了双休日，吃住都在现场指挥部。但是，看到村民利益得到了最大满足，一切苦都值得。”他还幽默地用“徐三多”概括了他的征迁生活：跑的腿多、磨的嘴皮多、结识的农民朋友多。

而今再看新城，已基本完成了道路、桥梁、绿化等基础设施建设，诸多产业项目按序取得进展，功能配套同步建设，民生等社会事业类项目得以有序推进。罗龙发对此有许多感慨，“土地征收后，我经常会过去看看。当看着这块土地一天有一个变化时，我便觉得当初的决定是对的，南部新城建设得这么好，也有我家的一份贡献！”

完善配套设施建设　为人民生活增添保障

2016年6月28日，对于罗龙发一家来说是意义重大的一天。这天，他们搬进了汇景和园小区。作为第一批搬进来的居民，罗龙发很兴奋，还没有收拾整理好，便急不可待地下楼散步了。在小区溜达一圈后，他又去外面转了转，发现小区南边建有南京市佳营小学（南京市五老村小学分校）、南京市佳营幼儿园（南京市第一幼儿园分园）。他激动地说："以后孙子上学可方便了，出门就是！"

除了学校，汇景和园小区周边的其他配套设施也已逐步建设到位。新南京市中医院全面开诊，"1街区"创建正式启动，汇景北路的文化体育广场已投入使用……"学校、医院、商场就在小区边，生活很便利。"罗龙发对保障小区很满意，对新城建设更是充满期待，"我家拆迁值了！"

土地征收后，原广洋村村民失去了赖以生存的耕地，部分村民因年龄较大，缺乏劳动技能，就业存在困难，家里的生活缺乏保障。如何切实保障好失地农民的生活，成为红花街道工委、广洋社区筹备小组关注的头等大事。广洋社区筹备小组党总支在街道失地人员保障政策支持下，坚持造血与输血相结合的原则进行指向性帮扶。对于年龄较大的被征地农民，主要提供各项服务和保障；对于中青年群体，则侧重业务技能培训和岗位提供。

罗龙发两口子都快到退休年龄了，没有其他劳动技能，就业存在着很大困难。雪上加霜的是，夫妻两人还患有慢性病，需要长期依靠药物治疗，医药费用开支较大，家里的生活日渐滑坡。经过多方奔走，社区党总支为罗龙发谋得了一份秦淮河河道封航线值班室值班工作，主要负责秦淮河秦淮区上坊桥段船只封航管理，每月有3000元左右的收入；同时，也为他的妻子和儿子各介绍了一份较为满意的工作，解决了生活的实际困难，充分体现了送业务技能和岗位的造血原则。同时，罗龙发夫妻年满60岁后按月可领取失地人员保障待遇，基本生活也有了保障。政府还为他们缴纳了城乡居民医疗保险，解决了被征地农民无医保看病难、看病贵的长期难题，又一次体现了送服务和保障的输血原则。

2019年，红花街道再次全面理清辖区被征地人员的整体情况，按照近便服务原则，提出"村民驿站"建设构想，积极构建被征地人员专项帮扶机制，实施精准帮扶。广洋社区筹备小组按照街道统一部署，进一步扩充和完善留守"村部"服务职能，依序进行"村民驿站"建设，配备专职工作人员，为被征地人员提供征地拆迁政策咨询、社保医保业务办理、就业服务、子女入学教育、法律援助等服务，满足被征地人员的实际需求；延伸居家养老服务，结合社区服务、志愿者服务，为老年被征地人员提供助餐、家政、紧急呼叫等居家养老服务；拓展技能培训服务，定期组织劳动年龄段被征地人员参加“驿站”技能培训，提高就业、创业能力；配套建设小型电影院、图书阅览室、棋牌活动室等学习娱乐场所，不断完善硬件设施，丰富被征地人员文娱生活，让他们真真切切体会到家乡日新月异的变化，不止于眼前的风景、记忆中的乡愁，更是切身可感的发展红利。

美化周边生活环境　推进社区网格化管理

2019年，为改善河道生态环境，加快景观改造，做好周边绿化养护，红花街道加大河道治理力度，对辖区范围内的河流逐一进行清理，重点清理河道淤泥、水漂垃圾、水葫芦、杂草等，整体提升了河道环境品质，实现了“河畅”“景美”。因此，罗龙发又增加了一项新的工作内容——义务巡河。

广洋河紧靠外秦淮河，作为境内重要水域，不仅有防洪排涝等功用，还承担着维持生态和美化环境等功能。对于这条河流，罗龙发有着不一样的感情。“以前种地时，家里的地紧挨着这条河，地里的菜多由这条河里的水灌溉。夏天雨水大时，这条河还能泄洪。现在这条河变美了，河边还铺了河滨漫道，每天很多人过来散步，变化可真大！”对于自己的新职责，罗龙发干得很起劲，定时对河道进行巡视。“自从红花街道按照上级部门安排部署，全面推行河长制后，街道书记担任了这条河的河长。他特别支持我们的工作，我感觉巡河时腰杆都硬了。现在只要发现情况及时汇报，就立即有人来处理，我的岗位很重要。”

2019年8月，从上游漂来了大量水花生，不仅阻塞河道，影响河流防洪排涝，水花生繁殖腐烂，还造成水体富营养化，对河流水质和生态环境造成严重影响。罗龙发巡河发现后及时反映了情况，河长负责，组织街道、村多部门联合开展了整治，在短时间内予以有效清除。

2019年，原广洋社区筹备小组更名为汇景和园社区。按照街道构建基层社会治理“一张网”的具体要求，全面深化网格化服务管理，推进“全要素”网格建设，把网格打造成基层治理的第一道屏障。每个网格至少配备1名专职网格员，分片负责、责任到人，对网格内的对象实行精细、准确、个性化的管理与服务。

■网格员上门看望社区高龄老人

红花 e 慈善年货大集现场

网格员通过移动终端上的一体化平台信息，可以精准定位网格内的高龄独居老人、低保户、困难家庭、军烈属、残疾人等特殊家庭，定期走访到户，并协调社会组织开展专业性社会服务，让居民不出网格，实实在在享受到属于自己的“小确幸”，感受到近在身边的“一网情深”。

此后，罗龙发的妻子曹玉翠成了网格员的“好帮手”。不论酷暑寒冬、刮风下雨，她都按时戴起红袖章，拿起小喇叭，逐栋楼进行安全巡逻。后来，她又发动了几位“失地”小姐妹，和她一起带起“红袖章”。如今小区里这些“红袖章”的身影随处可见，他们宣传创建文明城市和扫黑除恶等信息，留意小区卫生死角有没有滞留的垃圾，查看楼道里有没有堆放杂物等情况，及时向网格员反馈问题，帮助网格员“织好”网格。曹玉翠说：“以前住在村里，邻里乡亲来往多，现在住在网格里，大事小事找格主。微信群里发条消息，困难就解决了，小区生活真是好。”

与此同时，红花街道针对传统慈善超市存在的弊端，因地制宜、大胆改革，创新推出“e 慈善”精准帮扶项目。该项目以互联网技术为支撑，延伸拓展精准助困、暖心助餐、爱心义卖、便民预约、睦邻互助、志愿协同、志愿反哺、慈善展呈等八大功能，展示慈善文化、发布慈善活动、汇聚慈善力量、认捐慈善项目，扩大了红花慈善帮扶类工作的广度和深度。这样一来，就把用于房租、人工等成本节省了出来，致力于让困难群众真正得到让利和实惠，这些举措让慈善超市“活”了起来。

社区里的低保户、临时救助人员、失地人员都可以到社区通过“e 慈善”终端，进行网上超市购物，享受街道补贴。截至 2019 年年底，社区困难群体通过线上慈善超市共购

■孩子们积极参加社区举办的夏令营活动

买商品5058件，购买商品总金额近17万元，红花街道实际补助困难户近9万元，切实让困难群众得到了让利和实惠。

针对社区普遍存在的家庭教育问题，社区开办了家长学校，定期开课。通过分享真实案例与典型教育故事，帮助家长们树立正确的家庭教育理念。社区还邀请了育儿方面的专家共同开设了家庭教育微信讲堂，宣传知识，解答问题，架起了社区与家长之间联系的新桥梁，构筑了教育孩子健康成长的优良网络环境。除此之外，社区还是孩子们节假日的“好去处”。每年暑期，社区的校外辅导站都会举办为期一个月的暑期夏令营，每天两节课，开展道德讲座、国学讲座，进行口风琴教学、串珠编织、趣味数学、电脑培训等，在欢声笑语中对青少年开展爱国主义教育，培养良好的道德情操和兴趣爱好。

“平时，我有事忙不过来的时候，也把孩子送到社区。”为解决社区居民子女放学后无人照管的问题，社区的校外辅导站办起了“四点半学校”，孩子们放学后有了新去处。“四点半学校”在组织孩子完成家庭作业的同时，还开展思想和文明礼仪教育，以及心理健康咨询等丰富多彩的活动，促进青少年健康快乐成长。同时，根据志愿者特长和学生爱好，还有针对性地开发趣味课程，激发学习兴趣，成了名副其实的“放心驿站”，不仅解决了学生放学早无人照顾的问题，填补了学校教育和家庭教育的“真空期”，还让孩子们学习知识、学会交往、感受快乐童年。

从广洋村到广洋社区筹备小组，再到汇景和园社区，名称的更换也折射出广洋人走向全面小康的奋斗历程。在党的领导和关怀下，昔日的城中村，早已变成了幸福村。一路汗水一路歌，一程辛苦一程甜。2020年，是南京实现高水平全面建成小康社会的决胜之年，广洋人将继续砥砺奋进，以崭新的成绩应对新的挑战。

文字作者：巫海荣、吴　沫、怀红梅（秦淮区红花街道）

图片提供：金　辉、徐文强

责任编辑：常　胜

配套视频

小康路上的幸福味道

“快看，这就是芳婆糕团店！”“她家的东西可好吃了，我们都跑老远去排队。”这家南京人几乎家喻户晓的“网红”小吃店，位于朝天宫街道王府大街。店的门头不大，没有华丽的装修但干净清爽，白底蓝字的招牌简单朴实，在寸土寸金的王府大街上并不起眼。小店主要经营卤蛋、酒酿元宵、糖芋苗、麻团这些特色小吃。然而，就是这样的一家小吃店，在同一个地方开了40多年，并且也红火了40多年。

“芳婆糕团店”的创始人全名为史芳婆，被誉为南京城的“老干妈”，也被视为南京商业界的一个“传奇”。走近她并聆听了她的故事后会发现，她既是风靡网络的“芳婆”，也是一个言语真诚、笑容淳朴的阿姨。在她的带领下，小店里的那些美妙滋味，早已成为小康路上的幸福味道。

“芳婆”的诞生

1955年5月，芳婆出生于南京溧水，从小便帮家里放牛、种田。1978年，党的十一届三中全会召开后，中国开启了改革开放的新征程。此时，刚结婚的芳婆正跟丈夫一起在溧水老家种地，公公、婆婆则常年在主城卖蒸儿糕。

天有不测风云，婚后不久，芳婆的公公突然生病瘫痪，婆婆要一边做糕、卖糕，一边照顾丈夫，实在忙不过来，就让芳婆来帮忙照应。雪上加霜的是，芳婆刚来不久，她的婆婆也病倒了。但是，老家的地不能荒了，芳婆的丈夫必须留在老家忙农活。为了维持生计并支付公婆的医药费，24岁的芳婆只能硬着头皮接手了做糕、卖糕的活。那时候还没有王府大街，附近只有一条窄窄的柏油马路，当时地名叫作“三茅宫”。

蒸儿糕也叫茶糕，是一种用米粉做成的点心，两层白糕中间夹着一层薄薄的芝麻糖，

■创业之初的芳婆小摊

闻起来有一股淡淡的米粉清香，吃起来软糯又不失嚼劲，是南京的传统名点。芳婆家的蒸儿糕是纯手工制作，每一道步骤都十分讲究，最后上面还会再覆盖一层红绿丝，新鲜热乎的蒸儿糕老少皆宜，非常受欢迎。

然而，对于刚进城的芳婆来说，别说做糕，就连煤球炉子都不知道怎么点着。公婆两人生病卧床，身边连个指导的人也没有，芳婆一筹莫展。幸运的是，周围的邻居们都很善良、热心。76岁的邻居老奶奶是个地道的老南京，对于蒸儿糕的制作也多少知晓一点。她每天凌晨3点起来教芳婆生火，陪她一次次尝试做糕，这样的日子持续了近两个月。在邻居的帮助下，芳婆终于做成了自己的第一块蒸儿糕。

当时改革开放才刚刚起步，生意并不好做，一来个体经营户不多，城里人也不如现在这么多；二来大部分市民经济条件有限，日常买点心吃的人不多。为了把糕都卖出去，芳婆每天上午在家门口摆摊，下午就挑着担子走街串巷。3分钱一块的蒸儿糕，一天下来，也卖不到两块钱，只能勉强凑合着维持生计。

自小过惯了苦日子的芳婆深知生活的不易，小摊虽然不能挣大钱，但总算是一家人的收入。从此，勤劳的芳婆坚持风雨无阻每天出摊，哪怕怀孕也没歇过一天。真正属于史芳婆的"芳婆"小摊，就这样诞生了。

"芳婆"的成长

生意慢慢好起来后，芳婆又遇到了新的困难。当时做蒸儿糕需要用到的大米、煤炭等都需要凭票证购买，她一个"外地人"哪里会有票证，平时都是街坊邻居用自己省着没用完的额度接济她。正当芳婆发愁的时候，左邻右里又开始想办法帮助她。当地居委会帮她打听到了大米的供货渠道，原本素不相识的乡邻们，除了帮芳婆照看家里，还时不时地来买上一些糕，照顾她的生意。不善言辞的芳婆默默地在心里记下了大家对她的好，她始终坚持用心把糕做好，用诚信和品质来回馈大家。

到了20世纪80年代，乘着改革开放的东风，大家的生活条件渐渐好了起来。人们的钱包鼓了，来买糕团的人就多了，芳婆的生意也越来越红火。但是，一旦遇到刮风下雨的坏天气，生意就会有影响。1987年，国家出台《城乡个体工商户管理暂行条例》，鼓励城乡劳动者从事个体经营。有了政策的支持，芳婆心里盘算着，要是能找到个固定的门面，再给小店“办个证”，就不用走街串巷到处跑了。

1988年，在朝天宫街道办事处同志的指导和帮助下，芳婆终于在自己天天摆摊卖糕的附近，买下了一间小门面，并办理了营业执照。当芳婆拿到用自己名字命名的“芳婆糕团店”的正式营业执照时，着实高兴了好一阵子。当大家问她为什么将店名取为“芳婆糕团店”时，淳朴的史芳婆说：“这是我丈夫的决定，我一开始有点不好意思，没答应，但他觉得用我的名字作店名很合适，大家听了会觉得亲切。”

就这样，史芳婆的“芳婆”有了落脚点。在她的精心操持下，进入90年代后，小店的生意更加红火了。

“芳婆”的探索

有了店面后，芳婆开始将更多的心思放到了糕点制作和新品种开发上。如今店里品类繁多的小吃，都是芳婆自己在经营过程中，通过摸索慢慢学会的。有的品种琢磨几个月就能做出来，有的则要花上几年的时间来不断改进。

芳婆糕团中的畅销品——卤蛋，就费了芳婆很多心思。1998年，苏果超市在南京开业不久，店里卖的台湾卤蛋很是畅销。有一天，一位顾客买了两只台湾卤蛋到店里来吃早饭，提议芳婆也可以尝试做卤蛋，还送了一只给芳婆品尝。顾客无意中提出的一个想法，芳婆却放在了心里。

当天晚上，等店里的人都下班以后，芳婆坐下来开始研究这个卤蛋。她切下一半慢慢品、细细尝，认真琢磨这么好吃的卤蛋究竟是怎么做出来的。后来，为了研究卤蛋的做法，她甚至跑了很多菜市场，买回各家做的卤蛋品尝、比较，再根据自己的想法一次次试做。

■芳婆糕团店里的部分畅销产品

凭着这份执着，她用两年多的时间，终于做出了自己觉得满意的口味。用芳婆独家秘方做出来的老卤蛋，汁水渗入蛋黄，蛋白嫩滑味美，从里到外都透着一股清香。从那以后，卤蛋便成为芳婆糕团店的招牌小吃之一，每天能卖出 1500 只左右。

有一对浦口的夫妻，以前住在朝天宫一带，后来虽然住得远了，但仍然对芳婆的小吃念念不忘。于是，他俩成了芳婆的“浦口地区推广大使”，时常组织所在小区的邻居们一起团购。还有一位年轻妈妈，怀孕后什么也不爱吃，唯独就喜欢吃芳婆家的卤蛋，但有时因为要排很长的队，只能放弃。芳婆知道后，特地给她“开后门”，让她来店里直接取货。看到自己做出的卤蛋这样受欢迎，芳婆常常感叹，幸好当时试制时坚持了下来。

“芳婆”的坚守

2013 年，芳婆在王府大街的店面已经开了 20 多年，内部有些陈旧了。芳婆寻思着，为了长远的发展，要把老店重新装修一下。但家里人却不这么想，大家都觉得自从芳婆挑起了开店的重担，每年除了春节休息 3 天外，就一天也没休息过。如今，女儿已经有了稳定的工作，家庭负担也轻了许多，辛苦多年攒下的一点积蓄，也够老两口养老了。开店很苦很累，家人都劝芳婆把店关了，“退休”好好享受生活。

但是，芳婆考虑过后还是没有同意，因为她早已把经营这个小店当成了自己的事业。8 个月的装修期内，很多顾客都在盼着“芳婆”能早点开门，有的顾客甚至在店门外装修的围挡上写下了自己的愿望：“我们等你开门！”“我们想吃卤蛋！”为了满足老食客的期待，芳婆心里更加坚定了自己的信念，一定要把店继续做下去。

这次的店面装修，芳婆请了专业的装修队，对可能产生下水、油烟、噪音等问题的关键部位，都进行了精心设计和改造，选用了最好的材料，力争把对邻居们的影响降到最低。至于内部风格，还是保持了如芳婆本人一样的简单、朴实。8 个月后，“芳婆”重新开门营业。没有宣传，没有锣鼓喧天的造势，依然在开业第一天就排起了长队。口口相传中，大家都在关注着“芳婆”，品尝过后大家一片称赞：“还是原来的味道！”“还是原来的芳婆！”

其实，芳婆坚持要把店开下去，除了要对老顾客有个交代之外，更重要的原因是，要对自己的员工负责。创业之初，是她自己一个人单枪匹马；有了店面后，就从老家请了几个亲戚帮忙；生意越来越好后，店里的人手便不够用了。回想自己的创业过程，从街道办到居委会，从邻居到顾客，许多人都曾在自己最困难的时候伸出了手。于是，芳婆暗下决心，也要尽自己的最大努力去帮助别人。

当时正值企业改制，许多工人下岗，芳婆便向下岗女工们敞开了大门，一下招聘了

10多个女职工。她毫无保留的手把手教她们制作各种点心，让她们都变成了有手艺的老师傅，整个团队也慢慢发展到了30多人。对于这样一个“大家庭”来说，“芳婆糕团店”能不能坚持开下去，将决定店里所有人的收入来源。因此，怎么能轻言关门呢！

改革开放带来城市的日新月异，全面小康让大家过上了幸福生活。虽然随着经济条件的不断改善，芳婆的日子也发生了很大变化，但不变的是她40多年来的坚守：每天坚持凌晨两三点钟起床，风雨无阻；坚持全手工制作，挑选最好的原料；坚持平价经营，10元钱可以吃上四五样早点；坚持在“一线”把关，保证产品的品质；坚持创新，与时俱进地推出新品。

如今，除了卤蛋，酒酿元宵、八宝饭、银耳汤、乌饭团、糖芋苗等这些店里很受欢迎的小吃，每个品种都是花了差不多近两年时间才真正做成功的。酒酿元宵已成为芳婆的招牌产品，元宵软糯爽口，酒酿味美纯正，淡甜沁脾；枣泥和豆沙馅的八宝饭甜而不腻；五珍银耳汤粘而顺滑、美容养颜……店里的产品一直处于不断地更新和改进中，芳婆从自己的想法和顾客的反馈中，找寻到最符合大众的口味。如今，“芳婆糕团店”已从当初只卖单一的蒸儿糕，发展到现在同时销售20多个品种。

“芳婆”的感恩

“芳婆糕团店”从早到晚，都有络绎不绝的顾客。很多人就算“困得睁不开眼”，也要早早爬起来，来排队买乌饭团；很多外地顾客开着车慕名前来，就是为了吃上一碗“芳婆”的酒酿元宵；许多外地大学生在放寒暑假回老家前，也都会来“芳婆”狠狠地“搓上一顿”，再发个朋友圈“拉仇恨”；很多来南京旅游的人已经把“品尝芳婆小吃”列入了行程攻略，这里也成了美食打卡的必选地。

面对火爆的生意，芳婆却放弃了开分店扩张的发展模式，她一直坚持“芳婆”只此一家，别无分店。她的理由是，店里的东西都是纯手工制作，有不少品种的制作师傅都有着二三十年的经验，自己虽然年龄已大，有时候也还会动手，但如果贸然开分店，人手肯定不够；如果因为制作师傅不够降低了品质，

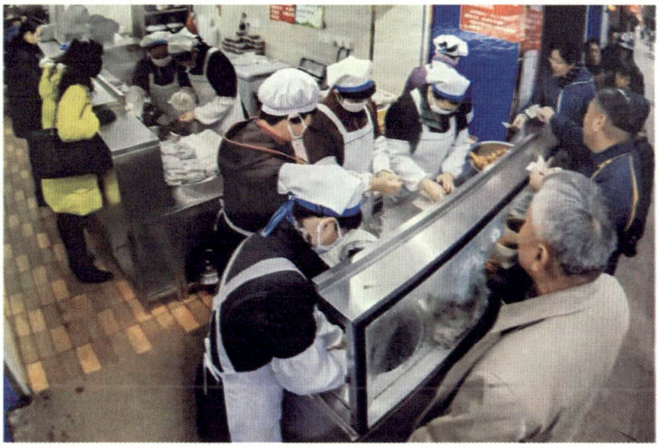

芳婆糕团店里正在忙碌的员工们

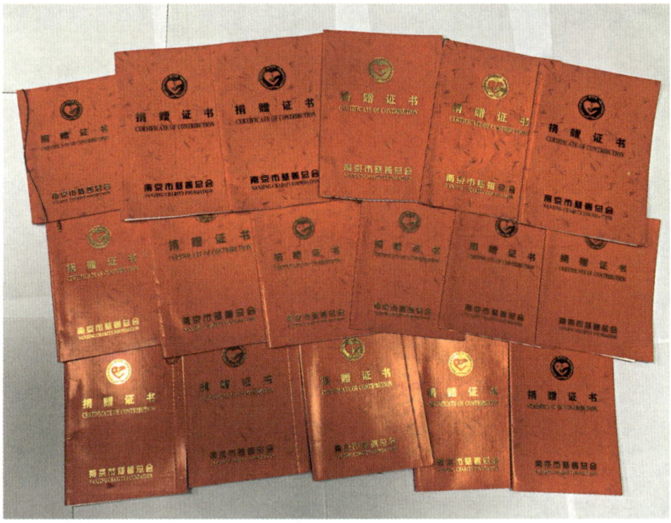

■芳婆收到的各类捐赠证书

就对不起这么多年一直支持她的“粉丝”们，也对不起那些曾经帮助过她的人。

除了用始终如一的品质回馈顾客，芳婆也一直默默地用自己的方式回馈社会。2008 年，汶川大地震发生后，芳婆在第一时间向慈善机构捐资 5000 元。要知道，当时她店里的卤蛋才卖 1.5 元一只，除去成本，芳婆要卖上万只卤蛋才能攒到 5000 元。另外，在得知社区里的小胡家遇到困难，孩子本身十分好学上进时，芳婆立即与社区的工作人员取得联系，表示愿意资助小胡上大学。

2020 年伊始，新冠病毒肆虐荆楚大地，无法开工的芳婆在家中心急如焚。然而，她急的并不是她的生意，而是觉得自己帮不上什么忙。在家宅了近一个月后，店里终于迎来了疫情缓解和复工复业的通知。芳婆把一直留在南京的 4 个员工召集过来，做好了开年之后的第一批蒸儿糕，然后直接送到了社区抗疫工作者和志愿者手里。“其他我也做不了啥，但你们的早餐我包了！”这份为抗击疫情出力的情怀，令人感动。

从 1982 年起，芳婆已累计向慈善总会等机构捐款 50 余万元，并通过街道、社区等各种不同渠道，多次为困难群体提供帮助，先后为 50 余人次的失业人员提供再就业机会。回望创业之路，芳婆总是会说自己赶上了好时代，党的好政策让大家敢于走出自己的一亩三分地，凭着辛勤劳动来改变生活。如今，“芳婆”糕团早已成为南京市民舌尖上的记忆，成为小康路上的幸福味道；65 岁的芳婆，更成为大家通过奋斗改变生活的励志榜样。愿每个人都能细细品味这幸福的滋味，悟出其中蕴藏的人生哲理。

文字作者：张思远（秦淮区朝天宫街道）

图片提供：史芳婆

责任编辑：常　胜

建邺区

JIANYEQU

配套视频

昔日“葡萄园” 如今“科技岛”

江心洲位于南京西郊，四面环江。据明代《金陵古今图考》一书记载，江心洲形成于北宋年间，由泥沙淤积而成，又名“梅子洲”。全洲行政区域 33.54 平方公里，西濒长江主航道与浦口区相望，东临夹江与主城相邻，是长江沿线各大城市中唯一位于主城范围、面积适中、区位优越、环境优美的江中洲岛。

忆往昔，20 世纪的江心洲，还是座偏僻贫困的小岛，岛内的羊肠小路“天晴像骨头，天雨滑如油，病人骑老牛，小孩像老头”，去岛外只能靠轮渡。洲民们整日“足蒸暑土气，背灼炎天光”，居住的土墙草顶篷房遇上阴雨天气，“外面大下，棚里小下；外面不下，棚里还滴滴答答”。“楼上楼下，电灯电话，自来水龙头朝下”便是当时洲民们毕生追求的梦想。

而如今，过去那个四面环水一面朝天，只有农田、葡萄、村舍、羊肠小路的江心洲不见了，实现华丽转身后的江“新”洲，以其“智慧之岛”“生态之岛”“产业之岛”“人居之岛”的全新面貌，呈现在人们眼前。夹江大桥和长江隧道连通南北，南京眼步行桥跨江而立，过江地铁贯通洲岛，柏油马路四通八达，高楼大厦鳞次栉比，更有夹江风光带、青奥森林公园、江心公园的生态美景，向世人展示着一座充满活力的现代化洲岛。纵观洲岛人民在党的领导下，实现高水平全面建成小康社会的历程，真可谓是一部与时俱进、开拓创新的改革史、创业史！

走农业旅游之路　奔向全面小康

2000 年 10 月，党的十五届五中全会提出，从 21 世纪开始，我国进入了全面建设小康社会，加快推进社会主义现代化的新的发展阶段。洲岛人民在党的领导下，紧紧依靠农村改革的强劲东风和大都市近郊的区位优势，完成了“粮改菜”和“菜改果”两次农业结构调整，形成了以3000亩大棚反季韭菜和4000亩葡萄种植为主体的科学合理的农业生产布局，为发展都市休闲观光农业奠定了雄厚的基础。这一时期，农民人均收入水平由1964年的85.85元飞升至2000年的5147元，增长近60倍。在取得显著的社会效益和经济效益后，洲岛人民开始意气风发地书写奔向全面小康的创业史。

20世纪90年代初，每年的春夏两季，尤其是葡萄成熟时期，许多市民都会结伴来江心洲采摘。对此，江心洲萌生了开发洲岛农业旅游，以三产促进一产，推动农业经济发展的想法，并于1996年委托南京市规划设计院编制了《梅子洲旅游度假区总体规划》，开始探索洲岛发展旅游农业之路。

“萄”源美如画，直教人流连忘返。1997年夏，江心洲以“看大江风貌、赏田园风光、尝应时鲜果”为主题，尝试性地推出了“江心洲一日游”活动。一石激起千层浪，许多市民慕名而来。仅半个月的时间，岛内接待游客便达5万多人次，旅游收入达100万元。同年，江心洲旅游开发被列为南京市“九五”旅游重点开发项目。自此，江心洲将农业旅游作为新兴产业发展之路，致力于“一产促三产，三产促一产”，力争带领洲岛人民迈上全面发展的新台阶。

景点提档升级，葡萄节增光添彩。1998年，江心洲被南京市定为首家都市农业示范基地。1998年至1999年间，为树立农业旅游品牌，提升旅游档次，扩大地区影响，江心洲先后建成了千亩葡萄园、千亩虾池、千亩精细小品种蔬菜园、精品果园和千亩韭菜园等农业园区，洲内旅游接待设施也逐步完善。1999年夏，以“绿色与自然、生态与发展”为主题的江

江心洲鸟瞰

■2000年葡萄节开幕式

心洲第一届葡萄节正式开幕，活动期间接待游客量多达10万人次，旅游总收入达500万元。同年，民营资本投资的紫光田园、大自然度假村、农趣馆、奇根馆等景点也相继建成。

上下齐心协力，打造四季品牌。2002年区划调整，江心洲划归建邺区，成立了江心洲街道。在区委、区政府领导下，街道提出“四季都办节，季季有活动”的发展目标。春节期间，在汽渡广场举办烟花鞭炮节，吸引了一万多名城市居民来洲上燃放烟花，辞旧迎新，有效改变了江心洲秋冬季游客稀少的尴尬局面。2003年春节期间，江心洲成功举办建邺新春旅游月暨首届江上人家新春乐旅游节，开展“高升”“添财”“送福”“撞喜”等主题民俗活动，吸引上岛游客达上万人次，初步实现了江心洲旅游由一季游向四季游的转变。

合力促发展，手挽手奔小康。江心洲人与时俱进，不断加快都市农业和乡村旅游业的发展步伐，先后推出了民俗风情一条街、农家美食一条街等游览景点，吸引了大批游客上岛观光。这些举措，为江心洲农业发展、农村繁荣、农民致富闯出了一条新路。

走生态科技之路　推进全面小康

2009年5月，江心洲迎来了新的发展机遇。总面积约15.21平方公里，总投资超过1000亿元的新加坡·南京生态科技岛项目在江心洲签约奠基。江心洲作为中国与新加坡合作的第四代城市全岛开发项目，被寄予厚望。此后，江心洲的发展，成为推动创新创业、产城融合、可持续发展的城市新样本和中新合作的新典范。江心洲，也成为一座令世界瞩目的“生态科技城、低碳智慧岛”。

江岛品味升级。十年来，生态科技岛大力弘扬“品质第一、臻于完善”的工匠精神，累计投入基建资金32亿元，扎实做好“城市的良心”，共建成江堤21公里、道路38公里、河道18公里、学校6所、站所8座、景观275公顷。其中，大江侧滨江风光带获得IFLA（国际景观设计师联盟）等国际大奖2项，江岛科创中心获得亚洲最佳设计金奖和国家优质工程奖。

智慧化标准升级。生态科技岛充分发挥“先导区”优势，扎实推进“中新智慧城市”建设。全岛创成南京首个海绵城市示范区，地面雨水渗透率达80%以上。环岛江堤创成智慧江堤，达到抵御百年一遇洪水标准。智立方完成岛内首个智慧园区建设，人工智能产业和场景深度融合加速推进。以二期安置房洲岛和园社区为样本，全面打造智慧社区，突出运用信息化手段，有效完善社区服务体系，让洲岛居民在智慧化便民服务场景中乐享全新生活。

公共服务设施升级。2006年，工程总投资30亿元的江心洲夹江大桥开工建设，2008年主体工程完成，2010年5月正式通车。同年，连接夹江大桥的长江隧道同步贯通，拉近了江心洲与南京主城区和江北的距离，加速了经济发展和现代化建设步伐。青奥公园步行桥连接河西滨江青奥公园和江心洲青奥森林公园，成为一条旅游观光纽带。

生态环境质量升级。江心洲街道党工委深入学习领会习近平生态文明思想，充分践行新发展理念，坚持走生态绿色发展之路，规划绿化率达70%，有序建设5万平方米的生态公园和全国独一无二的人车分流慢行系统。同时，借鉴新加坡社会治理经验，持续推进垃圾分类处理、稳步打好“三大攻坚战”，坚决落实长江水源地保护责任，守卫碧水蓝天。

居民幸福指数升级。采取“一竿子到底”的补偿办法，2011年开始全岛征地拆迁，按照1人户80平方米以内，2人户130平方米以内，3人户180平方米以内，4人户220平方米以内的住房标准，共交付安置房1万余套、79万平方米，涉及土地2万亩，人口1.8万人。就地城镇化，使得洲岛人民的居住质量再上新台阶。另外，被征收土地的洲民都加入了城镇居民养老保险和医疗保险，牢靠的社会保障体系，给了他们充足的底气。“小病忍，大病挨”早已成为历史。

■江岛科创中心

走党建引领之路　建成全面小康

党的十八大以来，我们党把人民对美好生活的向往作为奋斗目标，攻坚克难，砥砺前行。随着建邺区打造现代化国际城市中心和中新生态科技岛建设的步伐持续加快，洲岛人民亲历着从“农村——城市——国际化”三级跳式的巨变。

如何在激烈变化中保持社会和谐稳定？如何让江心洲原住民更好适应生态科技岛的快速发展？如何提升居民的综合素养，更好对接国际、融入现代社区？这些问题成为街道党工委工作的“头版头条”和“重中之重”。

对此，街道工委认真学习习近平总书记关于全面建成小康社会的一系列重要论述，始终保持共产党人的奋斗精神，始终保持对人民的赤子之心，始终将人民利益摆在至高无上的地位，坚持“一切围绕居民转、一切紧扣治理干”，协同清华大学社会科学学院、中央党校、南京艺术学院等高校，积极探索符合江心洲实际的“社会治理三个一”路径，即“找到一个办法”“搭建一个平台”“打造一个品牌”，推动辖区内经济更加发展、民主更加健全、科教更加进步、文化更加繁荣、社会更加和谐、人民生活更加殷实。

找到一个办法：“五联”架起党群连心桥。建立江心洲·清华大学社区治理创新研究基地，成立8位专家组成的项目团队，直面现实存在的问题和矛盾，探索实践“五联工作法”，积极引导驻街各企事业单位、社会组织和居民群众共同参与到社区的治理与服务当中，使得社会治理不再是政府主导的“独角戏”，而是涵盖了社会协同与公众参与的良性互动。

一是决策联议，民主协商有平台。突出基层党组织对社区治理的引领作用，对涉及建设发展和切身利益相关的重大事项决策，采取“社区需要、支部吹哨、部门报到”的平台服务机制，形成了“社区事务听证会收集民意——社区矛盾协调会化解纠纷——社区党建评议会民主监督——社区党员服务站标准化服务”的“三会一站”决策机制。特别是针对拆迁安置小区诉求多样、矛盾复杂的实际，在集体资产分配、小区物业管理、红白事移风易俗等过程中，遵循议事自治程序，用法治化手段，群众普遍认同的方式，有效化解矛盾于小、于早。

二是活动联办，联系群众有纽带。借力南京艺术学院“老师艺术在基层再现、学生才华在基层实践”的优质资源，以中华传统节日为契机，举办各具特色、内容丰富、群众积极参与的活动。发挥社区党员文艺骨干特长，引导辖区居民组建洲岛旗袍队等35支文体队伍，以培养趣缘促进居民和社区的情缘，为社区工作打下坚实基础，不断提升辖区居民群众的文明素养和精神追求，推动群众精神生活现代化，打造党的政策宣传“微通道”。

三是资源联用，攻坚难题有路径。建立街道大工委制和社区大党委制，强化党建引领，与省、市、区机关部门和企业18家党组织结对，充分运用共建资源，为社区群众提供一流的“共享服务”；联动各小区物业管理，建立“红色物业”，强化小区安全管理，传授防诈骗知识，开展消防安全知识讲座和消防演练，推动小区管理现代化、服务个性化。建成2000多平方米的社区党群服务中心，落实服务群众“全方位”“无死角”；建成5A级托老所，以医养融合形式，解决老人居家养老与安全问题等等。

四是服务联做，因事制宜有章法。街道整合辖区资源，不断提升社区服务功能，推动社区服务方式现代化。引进、孵化同一屋檐下、蒙正公益、四月天等12家社会组织和志愿者队伍；组建“亮眼看洲岛”光明卫士党员志愿者服务队，为小区368名老人开展白内障筛查和血糖检测，免费实施白内障手术23例；组建敬老服务队，为60岁以上独居老人开展医疗服务和心理疏导。打造“五微共享社区”平台，通过搭建微平台、倡导微行动、做好微实事、点亮微心愿、汇聚微星光，打开便民服务“最后一扇门”，推进共建共治共享的服务新格局。

五是困难联帮，兜底关爱有保障。积极推动人文关怀，打造有温度的社区。坚持以“人民为中心”的服务理念，街道在各个社区设立司法站，通过建立律师咨询服务点为群众提供法律咨询服务，将征地拆迁等复杂的涉法涉诉信访问题纳入法治轨道，引导有诉求者依法维权。完善救助帮扶制度建设，建立和完善200万元“心连心”关爱基金，为辖区贫困家庭提供兜底帮扶救助，开设便民服务直通车，有效提升服务群众效能。

■大江侧滨江风光带

■运用“五联工作法”，为居民开办安全知识讲座

搭建一个平台：五微驿站弘扬“和文化”。“和”是我国传统文化中一大精粹，构建和谐社会需要“和文化”的有力支撑，围绕“和文化”创新社会治理，是街道党工委做好社区工作的一大重点。

建邺五微驿站洲岛和园站作为五微共享社区线下服务载体，承载着深入群众、联系群众、服务群众、浓厚党群鱼水的重要功能。五微驿站意在以实现五微共享社区线下功能、宣传好“和”文化为目的，逐步构建包括特色活动、健康体检、学习互动、志愿服务等多种功能于一体的党群“微阵地”，不断提高居民参与社区公共事务的积极性，探索打造可推广的党员、群众、社会组织自我管理、自我运营、自我提升的良性互动模式。

中国是礼仪之邦，自古以来都有客来敬茶之礼。五微驿站经市场调研、街道内部多次探讨后，首创“洲岛和茶”茶饮品牌，为来往居民提供饮品服务。一来赓续中国传统文化，传递“以礼待人”“以和为贵”的信号；二来贴近居民需求，符合居民期待，在“歇歇脚，喝杯茶，聊会天”中，有效消弭隔阂，拉近彼此距离。这些举措，在构建和谐社区进程中，发挥了重要作用。

打造一个品牌：“四新居民”培育新风尚。江心洲街道紧贴江心洲面临“农村——城市——国际化”三级跳、原住民从传统农民向城市居民快速转变的实际，紧紧围绕“举旗帜、聚民心、育新人、兴文化、展形象”使命任务，实施“参与新实践、学习新本领、开展新创造、乐享新生活”的“四新居民”培育工程，更好满足江心洲新市民日益增长的精神文化需求和美好生活向往，让习近平新时代中国特色社会主义思想和社会主义核心价值观在江心洲落地生根、开花结果，不断增强洲岛群众的获得感、自豪感、幸福感、成就感和归属感。

一是居民参与新实践。街道党工委整合资源、创新方法，构建 1 个新时代文明实践所、7 个新时代文明实践站、10 个新时代文明实践点、100 个新时代文明实践志愿队伍、1000 个新时代文明实践示范户的“一七十百千”网络。打造理论宣讲、实境教育、法律咨询、文化惠民、便民服务、健康促进与体育服务、教育服务平台、科技与科普服务平台，有效提升服务广度、深度、精度。

二是居民学习新本领。打造近百平方米的失地农民就业培训中心，每年开展西式面点、健康调理、中式烹饪等6期失地农民培训班，有效促进失业人员再就业，并积极协调用工单位，举办多场失地农民就业专场招聘会，先后提供200多个岗位，形成了以创业就业培训为基础、政策帮扶为支撑的富民增收工作新局面。街道牵手南京艺术学院开展文化艺术合作，开设“美好生活·文化育民”全民艺术课堂，围绕“学一套礼仪、看一场电影、写一手好字、唱一曲好歌、拍一组美照、读一本好书、跳一支舞蹈、做一生文明交通人”育民项目，积极引导居民提升精神文明素养，更好融入新环境。

三是居民开展新创造。街道通过举办文艺活动、文艺比赛，鼓励居民写家园、说家园、唱家园，开展多种形式的文化艺术创作。近年来，江心洲借助南艺资源先后创作歌曲《一江水·洲岛情》《相约江心洲》、歌舞《舞动江心洲》、快板《党建引领谱华章》等一大批反映江心洲建设发展成果的文艺作品。积极举办群众广场舞大赛、原创节目大赛，吸引了来自社区众多文艺爱好者参与。

四是居民乐享新生活。街道积极倡导健康向上的生活方式，引导和鼓励辖区居民乐享美好生活。街道与南京艺术学院合作，精心打造“周末露天电影院线”，策划并成功举办了三届江心洲国际露天电影周、两届群众文化艺术节。洲岛绿园社区因地制宜，打造“书香社区”，催生了一批“爱读书、多读书、读好书”的居民和家庭。街道还举办领跑新时代全民健身跑、环岛半程马拉松比赛，内外兼修、同步发力，全面引导居民乐享全新美好生活。

奋斗没有止境，发展永远在路上。在决胜全面小康的2020年，江心洲按下进一步全面提升的“快进键”，工信部国家工信安全中心AI研发总部基地、未来水中心、金陵中学新校区等一批总投资约38.7亿元的重大项目开工仪式在新加坡·南京生态科技岛举行，以实际行动诠释了发展提升，永远在路上。江心洲各级党组织将始终牢记

“四新居民”培育工程之重阳节为百岁老人祝寿

■举办江心洲国际露天电影周

近平总书记的谆谆嘱托，拿出永不懈怠的精神状态和一往无前的奋斗姿态，让这座低碳智慧的永续城、产城融合的多元城、舒适便捷的高效城、人文创新的魅力城，跃起于长江之上，向世人展示一座更加凝聚活力、宜居、生态与智慧的现代化新城。

文字作者：刘策国（建邺区委组织部）
　　　　　陈　露（建邺区江心洲街道）
图片提供：陈　露、杜文双
责任编辑：曾永明、崇宗琦

配套视频

配套视频

“五心”共建和谐文明社区

南京市建邺区兴隆街道奥体社区成立于2007年9月，坐落于河西新城中心区域，紧临奥体中心、江苏大剧院、省妇女儿童活动中心、南京市档案馆、金陵图书馆，辖有海棠园、丹枫园、清竹园、翠杉园、木樨园、紫薇园6个高档小区，区位优势和资源优势得天独厚。

好风凭借力，送我上青云。在基础厚实、资源丰富的优越条件面前，奥体社区党委没有止步，他们积极探索实施文化传承引领，走出了一条文明和谐规范的社区管理与发展建设之路，打造出一个“环境优美称心、群众居住安心、国际友人舒心、志愿服务暖心、活动多彩欢心”的“五心”宜居和谐文明社区。先后获得全国最美志愿服务社区、江苏省文明社区、江苏省和谐示范社区、江苏省民主法治示范社区、共青团江苏省委青年文明号、南京市先进基层党组织、南京市优秀志愿服务组织等市级以上荣誉60多项，用实际行动塑造了一个更加立体的高质量全面小康样板。

深化服务管理　聚力建设“称心”宜居环境

环境美、生态优、管理好、服务佳，让辖区居民的幸福生活指数不断提升，是社区历届党委班子始终追求的目标和职责所在。

绿色建设强宜居。住宅小区景观绿化是城市建设的一部分，也是园林城市的一个亮点。社区党委始终把做好住宅小区景观绿化建设，作为完善小区功能、提升居民幸福感的重要环节。在小区规划时，就对绿化覆盖率、绿化苗木品种、绿化效果进行设计，保证小区景观绿化和周边城市环境相协调，绿化苗木品种适合当地的气候土壤环境，绿化面积符合规范要求。通过不懈努力，辖区内6个小区绿化覆盖率平均达到45.44%，其中丹枫园小区绿化覆盖率高达58.25%，清竹园小区为国家级绿化示范小区，丹枫园、海棠园、紫薇园为南京市园林式居住区，形成了春色满园关不住的美丽宜居景色。

红色物业强管理。社区党委积极打造“红色物业”管理模式，让“红色力量”成为推动形成小区治理合力。发挥社区党组织主导作用，探索建立“交叉任职”机制，搭建物业党建联建平台，打造物业党群活动阵地，培育物业党员骨干队伍，加强物业企业党组织标准化规范化建设；完善物业监管考评机制，加强业主委员会党建工作，严把业主委员会入口关，发挥党员业主示范作用，形成了党领导下的社区治理、物业服务和居民自治良性互动，按制度管理、按规范落实成为物业和居民自觉行动。针对兴隆大街沿线车辆乱停乱放问题，社区党委和物业党组织全力行动，大力进行停车场改造，积极实施常态化、规范化管理。通过两年的持续努力，兴隆大街沿线多个停车场改造工程顺利建成并投入使用，有效解决了困扰周边居民多年的乱停车、难停车问题，成为省级示范道路。

线上线下强服务。在兴隆街道奥体社区，24 小时奥体社区惠民便民服务中心十分醒目。服务中心共上下两层，第一层为 24 小时惠民服务旗舰店，第二层为文体活动中心。为了更好提升小区居民的生活质量，对接国际化社区建设的目标，惠民便民服务中心通过线上与线下、自助式和体验式相结合的方式，依托 24 小时政务服务、24 小时便民服务旗舰店、24 小时小区物业管家服务 3 个 24 小时，为居民开展家门口的贴心服务，让居民享受到 360 度的便捷生活。

突出尊老爱幼　合力创造“安心”幸福空间

老吾老以及人之老，幼吾幼以及人之幼。奥体社区党委积极弘扬尊老爱幼传统美德，大力开展关爱老人、呵护儿童相关活动，让老人和孩子们感受来自社区党组织的关怀与温暖，用心营造了一个让居民安心居住的社区环境。

24 小时奥体社区惠民便民服务中心

让“养老”变成“享老”。社区党委坚持以人为本，高度关注老年人生活需要和心理需求，深入开展助老服务活动。为了让退休居民重拾年轻时的爱好，社区与社会养老机构合作，用为民服务专项资金开设朗诵班、书法班、模特班、摄影班等，社区近 200 位老人在家门口“背起书包上学堂”，这就是奥体社区的乐享老年大学，也是南京第一家开在社区里的老年大学。截至2020年7月，社区乐享老年大学有学员218人，他们参加各类社区活动56场，提供志愿服务832人次。“老年大学＋社区服务”让老年人成为社区活动和社区建设的主力军，进一步提升了社区老年人的生活质量和幸福指数。

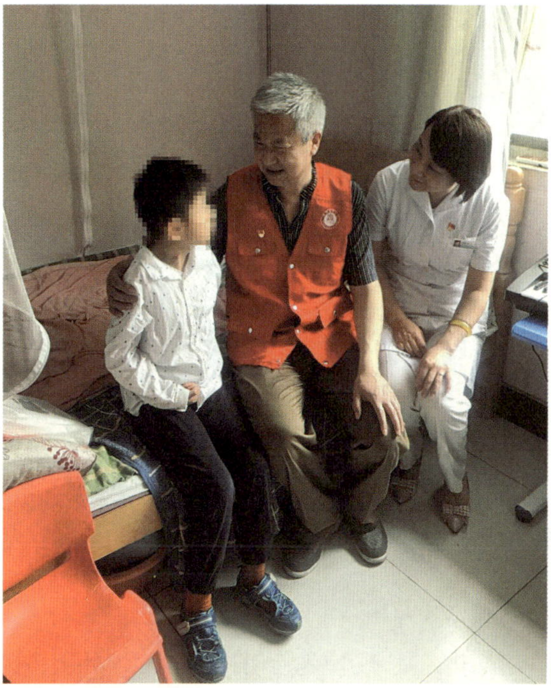
爱心传递，圆了飞飞的“微心愿”

让“关爱”成就“大爱”。孩子是家庭的核心，更是祖国的未来。奥体社区党委十分关注社区儿童服务工作质量，充分利用自身文化资源丰富的优势，与社会各界广泛开展交流合作。与宝贝家育儿园合作，成立奥体社区0至3岁儿童成长指导站；与省妇女儿童活动中心共建，开展科普夏令营活动；与致远外国语学校、奥体小学合作，成立红领巾志愿服务队；与金陵图书馆合作，为儿童提供借阅读书“一卡通”。2018年至今，奥体社区紧紧围绕“促进青少年健康成长”主题，开展儿童关爱帮扶38人次，青少年活动52场，获得区关心下一代先进集体荣誉。2018年5月，社区网格员在入户走访时，了解到一名叫飞飞的脑瘫儿想拥有一台平板电脑，用来加强认知方面的学习，由于家庭生活困难，希望有爱心人士能够帮助他实现这个“微心愿”。清竹园党支部书记得知这一情况后，认领了这一心愿，牵头组织献爱心募捐倡议活动，募集到善款3531元，为飞飞购买了平板电脑和学习书籍。清竹园党支部和兴隆社区卫生服务中心党员志愿者，还与飞飞家庭结成了帮扶对子，定期为孩子提供学习、生活、治疗等互助服务。把关爱温暖送进家门，得到了社区居民的广泛赞誉。

凝聚友人共识　融合构建“舒心”国际社区

截至2019年年底，奥体社区有外籍居民26人，侨眷侨属187人，其中户籍在本区域的83人。如何有效推进国际化社区建设，成为社区面临的一项重大“考题”。奥体社区党委因地制宜，明确国际社区建设定位及方向，制定详细的发展计划，以实际举措营造让国际友人“舒心”的宜居环境。

搭建共建平台。以社区“侨务人士服务站”作为侨法宣传服务点，为侨界人士提供政策咨询、医疗救助、邻里互助和家政服务等多项民生实事服务。坚持“以人为本、为侨服务”方针，切实维护海外侨胞和归侨侨眷的根本利益，累计向侨界人士发放《江苏省保护和促进华侨投资条例》《南京市华侨归侨侨眷权益保护办法》宣传册1000多份；在社区图书馆内专门设立了侨法知识专区，购置相关图书、画册和各种侨法资料等700多册。依托社区侨务工作站，利用周边10余家文体、教育、医疗机构资源，为侨眷和社区、企事业单位之间搭建了多向服务平台，密切对接针对外籍人员的服务信息，拓展和延伸服务范围和能力，保障外籍人员文娱、教学、医疗等生活需求，形成了党员带头、居民参与、侨眷参加、单位配合、左右联动的工作格局，着力将奥体社区建设成为世界了解南京建邺的窗口、弘扬中华文化的窗口、全球化合作的窗口。利用“红立方”志愿服务联盟，开展形式多样的志愿活动，吸引国际居民积极参与，外籍人士的参与意识、主人翁意识及对社区的认同感和归属感不断增强。

强化活动牵引。先后引进了专注涉外服务的建邺区华聚汇智外籍人士服务中心（FTA）、弘扬中国传统文化的建邺区君荷礼韵文化服务中心，以及建邺区现代社区研究院和南京理工大学等专业社会组织及高校研究团队。截至2019年，先后与江苏省、南京市中外文化交流活动中心开展国际社区建设及中外文化交流活动、论坛3场，与南京市众多企业商会的华裔企业家开展深度交流4次。充分利用辖区内江苏大剧院、奥体中心等配套设施，借助中外高端艺术团体交流、国内外博览展出、各类大小体育赛事举办等机会，深入进行社区国际化品牌传播，打造集文化、体育、艺术、交流于一体的时尚绿色“文旅港湾”。通过“社区搭台，中外同台，文化唱戏”的形式，举办一批走在国际前沿、符合时代潮流、体现建邺奥体人文特色的文旅活动，让中外社区居民“精彩365，快乐每一天”。制定双语社区公约，截至2020年，选举外籍居民担任居民代表，募集外籍志愿者82人，邀请他们担任社区的志愿者、视察员、信息员，参与平安巡逻、小区管理、社区自治，参加志愿服务286人次。

浓厚国际氛围。在社区党群服务中心二楼贴心打造以“一家、一室、一墙、一角、一站”为内容的为侨服务阵地，设立“侨文化”展示陈列柜，展示侨眷侨属的文化藏品；打造“侨文化”风采主题墙，让侨界人士有回“家”的感觉；设立“侨法”宣传角，将最新的涉侨政策传递给广大侨界人士；打造丹枫园“侨文化”宣传广场，集中宣传侨务知识、展示侨务工作掠影和侨眷侨属风采特色。为了更好地服务辖区内的境外人员，社区各类公共场所统一中英双语或多语标识标牌，健全国际视觉识别系统，让境外人员对小区内外的各种公共设施及商业配套都能"看得懂，用得来"。社区设立固定的外籍居民服务窗口，配备的专（兼）职社区工作人员，能熟练使用英语或其他小语种，为外籍居民提供公共服务和政策咨询。制定双语《中外居民公约》，开设具备双语或多语言服务功能的社区服务热线，通过QQ群、微信、社区APP等新媒体手段，推进社区服务智能化，线上线下开展双向互动，积极宣扬国际化志愿服务特色品牌，打造全方位社区服务智慧体系，为境外人员更好地融入小区生活提供了便捷。

倡导志愿先行 提升服务"暖心"社区治理

为更好地满足居民群众多样性、个性化的服务需求，克服社区服务中"人少事多力薄"等短板，奥体社区党委集聚整合区域优势资源，成立并打造了"红立方"党员志愿服务联盟，创新打造以党建引领民生服务和社区治理、现代社区治理创新与志愿服务深入融合模式，真正发挥社区党委的战斗堡垒、密切党群、示范引领和助推发展作用。

志愿服务无盲区。从社区成立到2020年拥有1690名社区志愿者，奥体社区的志愿者队伍建设得到了突飞猛进的发展。"红立方"党员志愿服务联盟已注册老党员老干部志愿宣讲团、红袖标幸福都市服务团等10支志愿服务团队，其中党员志愿者500多名，年志愿服务时间19000多小时。2016年，奥体社区获得全国宣传推选志愿服务"四个100"先进典型活动组委会颁发的"最美志愿服务社区"荣誉。在亚青、青奥、国家公祭日、"520"江苏发展大会、南京马拉松国际赛事、文明城市创建、学雷锋服务月等大型活动中，涌现了一大批省市"最美志愿者""南京好市民"等模范典型，实现了辖区网格党组织全覆盖，党员教育管理和志愿服务无盲区的目标要求。十大志愿者服务团体已经成为奥体社区的靓丽名片，在奥体社区已经形成了"有困难找志愿者，有时间做志愿者"的向上向善的良好社会氛围。

■外籍志愿者走进社区参与交流学习

群众满意处处现。奥体社区党委始终坚持全面推行"社区党建＋志愿服务"模式，瞄准让群

■社区举办“迎新春颂盛世——将军·书法家送福进社区”活动

众处处满意的目标，广泛开展服务活动，形成了“十全十美”志愿服务新格局。社区党员发挥余热，广大居民自发参与，“红立方”党员志愿服务联盟“从无到有、从小到大、从弱到强”快速攀升，围绕服务群众的活动层出不穷，得到了广大居民的充分肯定。2018 年以来，社区开展了 200 多场次服务居民的志愿活动，《人民日报》《新华日报》《南京日报》等媒体多次进行报道宣传，社区民意调查满意率始终位居全区乃至全市前列，和谐社区的建设向前跨越了一大步。2017 年 5 月，在党员干部大走访和“五微共享社区”实施中，部分外地来宁长期随子女居住的老年人反映，因户籍、劳动人事关系、社会保障等原因无法享受到本地居民免费的健康体检医疗服务，他们将这一情况发布到了“五微”平台上，引起了社区党委的高度重视，第一时间召开联盟成员单位联席会议通报情况，得到了建邺医院、市第一医院、明基医院、兴隆社区卫生服务中心等的大力支持，先后利用一个多月时间，分批分次为 300 多名外地来宁长期居住的老年人安排了免费体检。对那些行动不便的老年人，由社区党员、社会组织和医生等组成的志愿服务小组，进行上门服务并建立家庭健康档案，实施常态化跟踪服务，赢得了广大居民的纷纷点赞。

疫情防控显担当。2020 年年初，一场新冠肺炎疫情来势汹汹。在疫情阻击战中，志愿服务者身穿的“红马甲”成了奥体辖区内一道最靓的风景。社区党委通过“红立方”党员志愿服务联盟群，发布志愿者倡议书，号召并鼓励党员干部“亮身份、作表率”，居民群众“同呼吸、共命运”，广大志愿者纷纷行动，积极协助社区开展疫情防控工作。通过延伸工作触角，将防疫关口前移至街巷、小区、楼栋，切实担起了政策落地“执行员”、防疫知识“宣传员”、道路卡口“守门员”、后勤保障“服务员”等职责，较好形成了“上下联动、条块结合、齐抓共管、全民参与”的防控工作格局。抗击疫情期间，“90 后”网格员的防疫镜头被《人民日报》刊登报道，国务院督导组“四不两直”下沉社区督导时，对社区疫情防控工作情况明、底数清、举措实的做法给予了充分肯定和认可。

强化活动牵引　多元发展“欢心”社区活动

新时代，新文明。为切实增强居民文化认同感及社区凝聚力，丰富辖区居民的精神文化生活，奥体社区党委坚持把践行社会主义核心价值观融入日常生活，坚持把培育文明意识融入日常生活，坚持把真情关爱社区居民融入日常生活，让群众“欢心”随处可见。

文化活动层出不穷。社区党委注重以先进文化占领思想阵地，充分发挥社区文艺人才多、文艺队伍多的优势，精心组织开展丰富多彩的文娱活动，做到重大节日有表演、重大活动有配合、彩色周末经常化、文艺比赛月月有。充分挖掘整合社区文化资源，打造有品质、有内涵、有底蕴的适合奥体新城各小区的“六园”文化，进一步弘扬向上向善的社会风尚，满足居民群众精神层面的文化需求。老党员老干部志愿宣讲团、红袖标幸福都市服务团、奥体之声艺术团、清竹园胡老师古筝队、翠杉园王永清健身队等由退休党员牵头组织的志愿团体，让不同兴趣爱好的群众都能各展其长，各得其乐，充分展示了奥体新城居民群众的文明风尚，推进了城市基层党建创新发展，也丰富了小区居民的文化生活。

学习提升成为常态。在推进“国际社区”建设的工作过程中，奥体社区除了加强社区外籍人士对中国文化、生活方式的理解与体验，还对社区工作人员、志愿者、居民的国际礼仪素养进行培训和提升，先后获得江苏省文明社区和南京市文明社区荣誉称号。社区运用电子屏、宣传折页、海报等形式向居民进行宣传，动员全民参与阅读活动，墨香四溢、琅琅书声再次掀起全民阅读新热潮。全国防灾减灾日，社区组织开展了系列科普活动，宣传防灾减灾知识，提高社区居民避灾自救能力。开展机器人编程科技活动，让少年儿童积极感知科技，增强儿童的科技意识。邀请南京华为公司5G领域专家，开展“5G技术应用及其对人类社会生活的影响”专题讲座，让大家对未来信息技术的发展格局有了更为深刻的了解。

奥体社区党委积极以文化凝聚民心，以服务凝聚共识，以惠民提升幸福指数，在高质量全面建成小康社会的征程上不断实践，为我们勾画了一个和谐有序、开放包容、宜居宜业的现代化高品质国际社区范本，多元文化在此汇聚，国际水准在此引领，“强富美高”新南京的美好画卷正在这里展开。

文字作者：刘策国（建邺区委组织部）

王元媛（建邺区兴隆街道）

图片提供：卢雪玲

责任编辑：曾永明、崇宗琦

配套视频

“艾妈妈”和她的特殊家庭

建邺区兴隆街道积善社区位于南京极具现代化特色、人居环境优良的河西新城。因为社区内有个别小区是拆迁安置房小区，所以弱势群体相对集中。截至2020年6月，社区内共有残疾人居民57名，约占总人口的0.8%，其中视力残疾8人、听力残疾10人、言语残疾1人、肢体残疾23人、智力残疾9人、精神残疾5人、多重残疾1人。残疾人居民中，拆迁户占55%，一户多残占32%，困难残疾人占44%。因此，如何帮助失去工作能力的残疾人重拾生活信心，成为社区“助残帮残，决胜小康”工作的重心。

近年来，在建邺区委和街道的领导下，积善社区的帮残助残工作取得了丰硕成果。亮眼的工作成绩背后，缘于积善社区有一支生力军——以艾荣华为代表的助残志愿者团队。作为积善社区的一名普通居民，一个“新南京人”，“艾妈妈”是怎样走上这条爱心助残志愿者之路的呢？

缘起　一个人帮了一家人

今年64岁的艾荣华，2003年和丈夫内退后从沈阳老家来到南京，帮助女儿带孩子。十多年过去了，她从当初照看唯一的外孙女，到如今在社区看护大大小小一帮残疾“孩子”，是社区残疾人职业培训辅导老师兼生活老师。2018年，艾荣华家庭获得全国最美家庭荣誉称号。跟着她在社区转一圈，你会发现有人称她“艾大姐”“艾阿姨”，有人称她“艾师傅”“艾老师”，还有人亲切地称她“艾妈妈”。这其中，最特别的莫过于“艾妈妈”。或许，等你明白了这个称呼的来历，便能理解艾荣华和她的家庭凭什么能获此殊荣。

回首往事，艾荣华踏上志愿者之路，源于与刘志梅一家的相识。

那是2011年夏天的一个傍晚，艾荣华一如往常下楼锻炼。突然耳边传来一阵吵闹声，声音极大且言语含混不清。停下脚步，艾荣华惊呆了，眼前一对母女正在垃圾桶里翻垃圾，旁边一名40多岁的中年男子正手舞足蹈地冲她们吼着，不时拉扯着她们，似乎是想把她们从垃圾箱边带走。但母女俩并不理会，于是三人相互推搡拉扯，继而奔跑起来……四周围观的人不少，从邻居们议论中艾荣华得知，这是刘志梅一家，父亲是聋哑人，母亲和她都有智力障碍，一家三口人几乎不能互相照应，生活状况极为糟糕。

回家的路上，艾荣华心里沉甸甸的，她想做点什么帮助他们。不久在热心人的引导下，艾荣华来到刘志梅的家，刚走进楼道就闻到空气中裹挟着一股怪味，捡来的各种杂物乱堆乱放，挤占了楼道空间。家里更是遍地垃圾，杂乱无章。看到刘志梅一副憨憨的样子，脸上脏兮兮的，头发杂乱如草，衣服又脏又破，一双大眼睛无助无神，艾荣华心里五味杂陈、不是滋味……这个跟自己女儿年龄相仿的女孩，成长环境却大不相同，没有自己的生活，没有人生的追求，只能与父母一起靠低保维持生计，随着父母到处游荡，着实令人生怜。“我要帮助这一家人，我要把更多的爱给这个女孩，让母爱在这个女孩身上得到升华。”艾荣华暗暗下定决心。

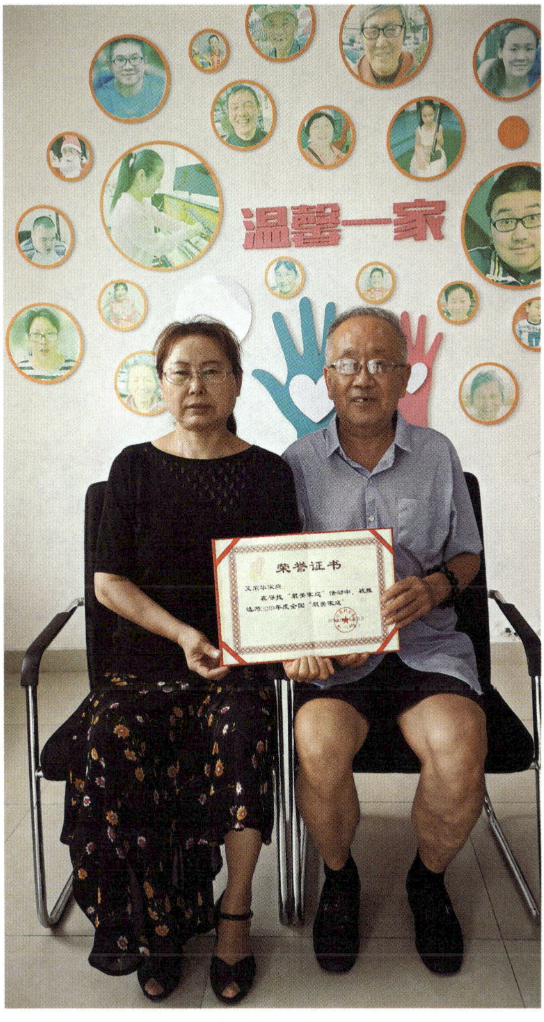

■艾荣华家庭荣获全国最美家庭

艾荣华清楚记得第一次到刘志梅家帮助打扫卫生的情景，她一个房间一个房间收拾，一扇窗户一扇窗户擦拭，就这样一个人前前后后忙活了好几天。特别是帮母女俩洗澡更不容易，澡还没洗，家里已弄得满地是水，艾荣华自己也从头到脚一身湿。为了不让母女俩着凉生病，艾荣华赶紧在附近的快捷酒店开了钟点房，带着母女俩痛痛快快地洗了一把澡。从此以后，艾荣华就成了刘志梅家的常客，她耐心地帮他们打扫卫生，教他们生活常识，还帮刘志梅梳妆打扮，教她唱歌跳舞。她还常常带上女孩喜欢吃的用的东西给刘志梅，用一颗真诚的爱心，给这一家人带去了久违的关爱与温暖。

托养　一家人帮助一群人

艾荣华热心帮助刘志梅一家的事迹很快传遍了社区。听到这件事，社区书记十分感佩，这跟社区的残疾人托养服务工作不谋而合。原来，在积善社区，有不少家庭与刘志梅家的情况相似，他们都属于因残致贫。尽管社区一直在想各种办法解决残疾人的生活问题，帮助各家解决了低保，让他们的基本生活有了保障，平时也尽可能照顾他们的生活，但是这些措施对残疾人家庭来说还远远不够。“照看一个人，致贫一家人，拖累一群人”，这是许多残疾人贫困家庭生活的真实写照。

2013 年，街道在积善新寓小区成立了兴隆街道残疾人托养服务中心，为残疾人免费提供营养午餐、午休等日间托养服务，不仅为残疾人贫困家庭的生活兜底，还给他们燃起了生活的希望。但是，照顾残疾人毕竟不是一朝一夕的事，尤其是集中照看，更需要大量的人力物力。由于社区人手不足、市场服务供给不足等各方面原因，托养中心的运营遇到了很多困难。

艾荣华的热心举动给了社区一个新的思路，能不能借助社区的退休人员，组建志愿者团队，开展残健互助，帮助托养中心更好地服务残疾人呢？如果能这样运作，首先需要找到的就是一个牵头人！如果这个人是艾荣华，那显然再合适不过。艾荣华经常参加社区组织的各种活动，热情爽朗的她跟很多邻居都很熟悉。

社区书记找到了艾荣华，在介绍完社区几个残疾家庭情况之后，艾荣华毫不迟疑，立即答应了到残疾人托养中心帮忙。在她看来，不就是费点心、出点力，白天帮忙照看几个“孩子”，多帮助几个家庭吗？

■艾荣华夫妇辅导残疾人编织手工艺品

在托养中心，一群“孩子”陆续与艾荣华见了面：苏培，24 岁，跟爷爷一同生活；周敏，30 岁，因为智力障碍从没有上过学；刘斌，21

岁，总爱到处乱逛、招来各路“朋友”……虽然他们的平均年龄快三十岁了，然而心智也就如同几岁的孩子而已。那一天，几个“孩子”见到艾荣华时，都格外安静，甚至有点腼腆。

然而回到家，艾荣华的决定却遭到了全家人的激烈反对。理由很简单，担心她太累，身体吃不消。“残疾人之家”在册人员25人，其中长期日托有8人，几乎都患有智力障碍和精神障碍，同时照顾这几个人，难度可想而知。然而，艾荣华却很坚持，“我觉得没他们说得那么难，我看那几个‘孩子’挺好的，顶多累点。”

可真正到“残疾人之家”接触“孩子”们后，艾荣华发现，这件事比她想象的要难得多。帮一个和帮一群，难度呈几何级增长。更何况，这个时候，她还是单兵作战，以一对八。就说吃饭这事，社区为他们安排了免费午餐，每次盒饭一送来，几个“孩子”就闹腾开了，这道菜不爱吃，那道菜一定要拿回家再吃，艾荣华安顿完这个又要帮助那个，等他们老老实实坐着吃完饭，艾荣华终于能回家稍微休息一下，但她常常已经累得连筷子都提不起来。

心疼妻子的劳累，希望她放弃但又劝不动她，丈夫刘正远很无奈。没办法，刘正远决定每天饭点去帮帮忙，照看一会儿，起码让妻子有空吃个饭、喝口水。可是没想到，这一帮，刘正远就再也离不开了，他一下子就成了“残疾人之家”的主力队员。有了刘正远的加盟，“残疾人之家”更像一个家了。

“孩子们”在“残疾人之家”的日间托养渐渐有了规律，在丈夫的帮助下，艾荣华也终于有了点空闲时间。她开始寻思，这群“孩子”每天出来除了吃饭，其他时间要不呆坐着，要不就是拌嘴打闹，能不能让他们学着做点什么，让他们的生活也更加丰富一些呢？跟丈夫一商量，艾荣华决定带着他们学做手工。之前几年带外孙女的时候，艾荣华和丈夫看过不少育儿书，都说手部精细动作能够刺激大脑发育，还能稳定情绪。说不定，做手工对于缓解他们的病情也有帮助。其实，艾荣华和丈夫还有一个更美好的期望，学会了手工，说不定哪天这些“孩子”能用自己的双手赚钱。

就这样，“残疾人之家”多了一个新空间：手工坊。然而谁也没想到，手工坊的第一个学员，竟然是刘正远。为了教“孩子”们做手工，刘正远只要有空就抓紧学习，折纸、粘花、涂色……刘正远说，真没想到自己退休了，还能掌握新技能。

得知艾荣华夫妇在照顾“孩子”们之余，竟然还想着教他们做手工，社区的工作人员感动不已。社区党委决定，一定要想尽办法给“孩子”们创造更好的活动空间。社区书记带着几名党员丈量社区办公用房，东挪西搬之下，终于从紧张的办公场地中空出了一间房，简单装修，添置了大大的手工台，专门给“孩子”们使用。此后，艾荣华和刘正远也对“孩子”们进行了重新定义：手工坊培训班学员！

从被托养到成为学员，这个小小的变化，给“孩子”们带来的却是惊人的改变。走进积善社区“残疾人之家”，映入眼帘的常常是这样一幅画面：一张长长的大桌上摆放着一摞摞明信片，十几个人围坐在桌边折叠、分组、装盒，看他们的动作明显不太协调，分工合作也不够顺畅，可他们都有着一模一样的神情，认真且专注。从此，在这间屋子里，他们不再是被帮助、被同情、被怜悯的角色，而是自立自强的手工坊学员。他们每天的生活被安排得丰富多彩：上午做手工，中午有午餐和午休时间，下午是娱乐活动，不仅有读写训练，还有歌舞排练。

说起歌舞排练，那是艾荣华家的另一个故事。自从丈夫刘正远正式加盟“残疾人之家”志愿工作，女儿家里的事，夫妇俩显然已经是无暇过问了。起初，女儿刘睿也有些想法，后来眼看着父母越来越起劲，精神状态、身体状态也都相当不错，刘睿也就释怀了。老有所乐，如果这件事能让父母感觉到成就感，让他们有精神寄托，让他们快乐，那么又何乐而不为呢?

有那么几次，“残疾人之家”做活动，人手紧张，刘睿也主动带着女儿去帮忙。渐渐地，刘睿也成了“残疾人之家”的志愿者，她开始主动思考能帮着做点什么。看到这群“大孩子”常常追逐打闹，艺校毕业的刘睿想，手工活动过于安静，他们的精力耗不完，自然想着打闹，如果让他们动起来，做做操、跳跳舞，既能锻炼身体，消耗精力，也能训练一下大脑。

于是，刘睿根据这几个学员的特点，用心编排舞蹈，晚上在家教给母亲艾荣华，白天艾荣华再去教给“孩子”们。有时候，有些动作艾荣华前学后忘，刘睿就让12岁的女儿彤彤出马。渐渐地，彤彤也成了一名得力“教员”，教手工、教舞蹈，彤彤的专业技能远超艾荣华和刘正远。而彤彤和学员们的关系，也不亚于艾荣华夫妇。这两年，彤彤去了外地读书，来“残疾人之家”的机会越来越少，好几个学员常常向艾荣华打听，彤彤为什么还不来。

就这样，一个接一个，艾荣华一家都成了“残疾人之家”的志愿者。就这样，一项接一项，“残疾人之家”的活动越来越多，来这里帮忙的志愿者也越来越多。大家的爱心在这里汇集成爱的海洋，让那些曾经暗淡的生命重新迸发出灿烂的光芒。

终于有一天，艾荣华接到了一份演出邀请，她怎么也没有想到，为了锻炼身体而排练的舞蹈，竟然要登台演出了！对这群学员们来说，这无疑是莫大的肯定。既然要出征，团队就不能没有名字，而这名字一定要能体现残疾人的风采。艾荣华考虑再三，最后和社区商定，团队的名字就叫“天使之翼艺术团”！

天使　一群人托起一片天

从参加社区表演活动，到参加街道、省市组织的残疾人公益演出，谁也没有想到，天使之翼艺术团一直演到了南京人民大会堂。从胡乱撕纸到能独立完成作品，谁也没有想到，手工坊的作品能进入总统府、中山陵“汇爱坊”的旅游纪念品专卖店……春去秋来，艾荣华给了“孩子”们很多鼓励和温暖；冬去春回，“孩子”们也回馈给艾荣华更多的惊喜。

在艾荣华一家的爱心带动下，积善社区越来越多的热心人陆续加入了“残疾人之家”志愿服务队伍。作为志愿者，她们有的年逾七旬，有的也身患疾病，但是他们都有一个信念，那就是能做什么就做什么、能帮一点就帮一点，不仅是帮助残疾人，也是帮助艾荣华一家分担。这么多年，大家看在眼里、记在心上，对待这群没办法变得更加懂事的“孩子”，他们也更多了一些包容，对于这群尽管成长很缓慢，但每天都有长进的“孩子”，他们也学会了欣赏。

正所谓众人拾柴火焰高，“孩子”们的公益演出感染和打动了许多社会热心人士，手工坊从模仿制作到接到定制订单，得到了社会各界的关心和帮助。2013 年以来，在区残联和兴隆街道的精心组织下，由积善社区牵头、艾荣华和志愿者们协助辅导，开展了多次职业技能培训，帮助残疾人实现就业 6 人（保洁 2 人、保安 1 人、服务员 2 人、插花师 1 人）；区残联和兴隆街道党组织还根据实际情况，多方联络，指导帮助搭建与企业或相关机构合作的平台，为残疾人提供就业机会，帮助积善社区残疾人实现庇护性劳动及辅助性就业，25 名残疾人成功实现就业。

艾荣华夫妻辅导残疾人排练文艺节目

“孩子”们得到了劳动报酬，也收获了劳动的喜悦与满足。毫无疑问，这一点看似微不足道的“获得”，成为每一个“孩子”

■天使之翼艺术团参加爱在金陵公益演出

面对生活时最大的勇气。“残疾人之家”背后的那一个个小家庭，也开始重拾生活的信心。

从一个人默默支撑，到一家人坚持守护，再到社区热心人群策群力。9年时间，积善社区“残疾人之家”从无奈走向无私，终于无畏！这真是爱心助残，加速社区决胜步伐；幸福传导，邻里共享小康芬芳。

积善之家必有余庆，艾荣华和志愿者们常常感慨，我们积善社区有“积善”的美名，我们不能辜负！在这里，人们充满善意，在这里，人们播撒善意。艾荣华和“残疾人之家”是一个故事，“敏姐帮帮团”又是另一个故事，在积善社区，这样的故事还有很多。

一个典型就是一面旗，一个好人就是一盏灯。艾荣华、敏姐，他们都是最鲜活的教材，他们引导和激励人们崇德向善，积极参加志愿服务。在他们的精神感召下，越来越多的社区热心人参与社区建设，越来越多的社会热心人加入爱心互助。让困难家庭不再困难，让全面小康真正全面。在经济发展创造新业绩之时，精神文化领域也在书写辉煌。

习近平总书记深情指出，“中国梦，是民族梦、国家梦，是每一个中国人的梦，也是每一个残疾人朋友的梦。”“让广大残疾人安居乐业、衣食无忧，过上幸福美好的生活，是我们党全心全意为人民服务宗旨的重要体现，是我国社会主义制度的必然要求。”党的十八大以来，中国残疾人事业取得举世瞩目的历史性成就，正是有无数像艾荣华一家一样热心公益、无私奉献的最美之人，8500万残疾人才会以平等、参与、共享的全新姿态，“迈步”在通往全面小康的幸福路上。

全面小康，残疾人一个都不会少！

全面小康，残疾人一个也不能少！

文字作者：刘策国（建邺区委组织部）
乔洪英（建邺区兴隆街道）
图片提供：乔洪英
责任编辑：曾永明、崇宗琦

鼓楼区

GULOUQU

以人民为中心　构建城市基层党建共同体

宁海路街道地处鼓楼区中心，是江苏省委、省政府、省政协及区委、区政府所在地，位于石头城之东，中山北路、上海路以西，南北分别以汉口西路、模范中西路为界，辖区面积 3.99 平方公里，设有 9 个社区居委会。辖区内有多家省级机关、企事业单位，以及河海大学、南京艺术学院、省委党校 3 所高等院校，并有多支驻地部队，极具民国风情的颐和路公馆片区也坐落于该街道。

宁海路街道工委始终坚持以人民为中心，以党建为引领，相继打造了组织共同体、治理共同体、行动共同体和先锋共同体，形成了共建共治共享的城市基层党建共同体，把党建优势成功转化为攻坚克难优势，转化为引领企业发展优势，为高水平全面建成小康社会提供了坚强的组织保证、资源保障与人才支撑。

成立党建联席会　建立组织共同体

宁海路街道辖区资源丰富，区域优势明显，辖区内驻有多家机关、企事业单位、高校和部队，社会知名人士多，高级知识分子多，居民文化素质普遍较高。如何整合这些资源，惠及社区建设，造福社区居民，一直是街道工委孜孜探索的工作重点。

1998 年，宁海路街道在进行充分调研后，牵头成立了宁海路地区党建联席会暨社区建设协调发展委员会，将辖区内相关单位的政治、经济、文化、教育等资源进行整合，每年定期召开成员单位代表大会，研讨、协调解决区域内的重大问题，有重点、分阶段地解决社区建设的难题，以及部分居民的实际困难，共同推动街道的全面发展。

这一举措在实施后达到了预期效果，在地区党建联席会暨社区建设发展协调委员会的协调下，宁海路地区的城市建设、社区建设，尤其是社区党的建设不断开花结果，显示出强大的生命力。

2002 年，南京市实施老城改造，宁海路地区的北京西路拓宽改造工程涉及 12 家产权单位、44 家住户，协调难度较大。街道工委在向党建联席会通报情况后，由其参与协调，省级机关率先拆除了一批门面房，在他们的带动下，北京西路改造工程得以顺利推进。现在，被称为“省城第一路”的北京西路，早已成为南京主城区的一条著名景观路。

在党建联席会运行过程中，街道工委发现社区内各单位的党组织少有往来，其所属党员也很少参与社区活动，为进一步加强党建联席会的横向协调能力，街道工委开始探索新的社区党建工作组织体制和运行机制。

经过一番调研学习，宁海路街道建立了不改变驻社区各单位党组织隶属关系、不干涉其内部事务的，由驻社区各单位党组织组成的联合型党委。2009 年，社区党总支全面上升为社区党委；2010 年，在街道党工委和社区党委现有委员的基础上，从驻地党政机关、大中型企事业单位、非公经济党组织负责人中聘任 1 名街道党工委兼职委员和 9 名社区党委兼职委员，成立了由驻地单位党组织负责人担任兼职委员的“大工委”和社区“大党委”。与以前建立的“三会一站”（即街道成立的地区党建联席会、社区建设发展协调委员会、各社区成立的党员议事会与党员服务站）共同构建了横向的联系纽带，健全了社区党建工作扁平化管理组织体系。

2018 年，宁海路街道建立了街道、社区党群服务中心，在整合调动各类党建资源、

宁海路街道街景

■ 2019 年宁海路地区党建联席会召开

实现资源共享方面，表现出突出的统筹协调能力。此后，街道工委又把着眼点放在了社区共建上，开始着力解决在 9 个社区中存在的“各自为政”、资源独享、缺乏互动融合等问题。

2019 年，街道工委分别以颐和路、北京西路、山西路社区党委为龙头，将 9 个社区划为南、北、西三个片区，建立片区联盟议事会制度，共建、共治、共享片区内的党建资源，共商区域发展、共抓基层党建、共同服务群众、共建美好家园、共引基层治理，构建起互联互通、力量强大的区域发展共同体。

在此过程中，街道工委逐步消除了区域内各党组织之间的“壁垒”，形成了街道、社区、辖区单位、楼宇“两新”（即新经济、新组织）党组织之间的共联、互通，构建了以人民为中心的“党建统领、区域支撑、主体多元、协同共治”的区域化党建共同体，走出了一条“区域统筹、条块协同、上下联动、共建共享”的城市基层党建工作新路径。

成立社区党员议事会　构建治理共同体

小区环境如何出新，老旧小区停车位怎么设置，违章建筑如何处理，居民纠纷、帮扶济困、小区文化建设、小区内养犬等问题如何解决……这一连串的小区居民的操心事、烦心事、揪心事、想要做的事，都关切到社区居民的福祉，关系到小区的安定。

2001 年，街道在所属社区成立了社区议事园，扩大居民民主，把解决居民诉求作为社区党组织工作的重心，推动社区自治向更高层次发展。议事园成立之初，社区党组织就社区中的难点、热点问题组织居民到议事园进行议事、协商，形成决议后由社区居委会执行，形成了“社区是我家，建设靠大家”的良好氛围。

如当时各社区内，因养犬造成的扰民或伤人纠纷越来越多，成为社区矛盾新的触发点。为把矛盾解决在社区，一场场关于文明养犬的居民议事会纷纷举行。其间，苏州路社区居民议事会首先形成了遛狗“四个不”公约，得到了社区居民的赞同并迅速推行，当时在南京尚属首次。

在社区议事园逐步取得成效的同时，其“短板”也显现出来，主要表现是社区缺少资金、专业人员、物资设备等软硬件的强力支撑，满足不了社区居民多元化的需求，导致一些在议事园决议中要解决的问题，在实际执行中不到位，甚至执行不了，让居民不满意。另外，街道的党建联席会自成立之初到 2003 年，成员单位不断增加，由当初的 48 家增加到了 85 家。如何整合这些优势资源，进一步为社区居民提供优质服务，成为街道当时工作的重点。

2003 年，以问题为导向，街道工委在所有社区成立了社区党员议事会和社区党员服务站。在社区党组织的领导下，社区党员议事会按照“整合、协调、参与、自治”原则，将社区内各条口党员和社区群众组织起来，主要围绕社区地区性、社会性、群众性、公益性等事务开展共同协商，由社区党员服务站负责落实执行。

依靠社区党员议事会，天目路社区解决了部分院落无物业管理、违章搭建多、环境脏乱差，以及存在安全隐患等问题；仙霞路社区解决了居民擅自破墙开店引起的社区纠纷；天津新村社区在社区内广泛开展形式多样的廉政文化建设……想群众所想、急群众所急，社区党员议事会和社区党员服务站为宁海路街道的和谐社区建设注入了新活力，带来了社区治理新气象，让辖区居民感受到了幸福与安康。

开展结对共建　创建行动共同体

开展结对共建是自治共治融合发展的“推手”，也是实施精准服务，提升服务品质的有效途径。在党建联席会的协调下，辖区内的驻地部队、机关、企业、院校以及民主党派等发挥各自优势，与社区开展结对共建。

2005 年，街道内各社区除与部队开展共建活动外，又与 26 家省级机关党支部开展结对共建。在共建工作进入常态后，街道开始依靠驻区单位力量，为社区居民提供就业信息，开展岗位技能培训。截至 2011 年，共建单位先后

■ 2019 年 5 月，宁海路街道召开南部片区小区出新协商议事会

帮助街道内2000多名下岗失业职工实现了再就业，与932个特困家庭结成帮扶对子，捐助资金20多万元，走访慰问200多户困难家庭。各社区与共建单位形成了“党的活动共同开展、思想教育共同抓、社会治安共同防、贫困对象共同帮、公益事业共同办、文明小区共同建”的良好局面。

随着结对共建工作的深入，街道开始创新性地开展工作。2011年，街道利用多方资源，创建了“大拥军”模式，设立双拥工作专项经费，在做好技能培训、常规慰问的同时，重点做好退役士兵安排和军嫂就业工作，并在社区开展“一居一特”（即每一个居委会开展一项特色活动）党建工作创新。两年内一次性100%安置退役士兵42名，安置56名军嫂就业，2012年，街道荣获“全国军民共建社会主义精神文明先进单位”的称号。

到2013年，“一居一特”党建工作品牌由当初的整合资源、探索途径发展到特色明显、品牌初步形成，以品牌引领共建活动向高质量方向发展。颐和路社区以“中国好人”张玉华为旗帜，建立了“集结号志愿者服务队”；苏州路社区打造了“阳光服务志愿驿站”；天津新村社区成立了“乐天俱乐部”；山西路社区组建了“科技健身小屋”；北京西路社区设置了“党员志愿服务站”等。以此为平台，汇集驻区单位各类人员为社区居民提供多元服务。

2014年至2015年，街道相继开展了在职党员进社区认领岗位活动；开通了“宁海党建在线”网站及微信平台，在网上发起众筹项目，征集微心愿，开展物品义卖活动等。

2016年，又开展了在职党员支部到社区报到活动，当年就有辖区内的在职党支部236个、党员5982名到结对社区报到，使“街道社区吹哨，各方组织报到”成为单位党组织、在职党员的自觉行动。同年，街道斥资2000多万元，对2009年建成的全国首家颐和路社区将军馆扩建，将2013年建成的全国第一家由城市街道建设的海洋国防教育馆搬迁，使两馆成为军民共建的重要成果，以及宁海路街道红色资源的“双璧”。

■山西路社区组织志愿者为辖区内老人送上生日祝福

街道的系列创新之举，

以提高社区居民的生活质量和提高整个地区社会文明程度为目的，盘活了驻地资源，满足了社区居民的多元需求，使居民感到服务有力量、有品质、有温度，让党旗在社区始终高高飘扬。

进入新时代，街道党工委以只争朝夕、不负韶华的精神姿态再出发。2018年，在街道“大工委”和社区“大党委”领导协调下，到社区报到的247个在职支部、6028名在职党员，运用自身资源优势为社区居民排忧解难，共认领社区服务项目达150余个，慰问社区困难家庭达600余次，驻区单位参与结对共建社区各类文体活动全年达120余场。活动中，各个社区不断挖掘优势资源，继续创造自己的服务品牌。

2019年，在“不忘初心，牢记使命”主题教育中，宁海路街道工委将“守初心、担使命，找差距、抓落实”的总要求落实到以人民为中心的各项事业中去，抓住党建这个“牛鼻子”，引领共建促创建，扩大服务领域，不断提升服务质量，获得了一系列荣誉。

创立“红创汇”党建品牌　打造先锋共同体

随着鼓楼区大力发展现代商务商贸、软件互联网、文化创意旅游和航运物流四大主导产业，街道依托辖区内众多的重点科研机构与企事业单位，构建起“中西南北”四大经济板块，形成了各具特色的功能性经济区域。

其中，中部是以颐和路片区为载体的民国历史文化特色经济发展区和以万谷·京东云智慧产业园为代表的软件互联网产业园区；西部是以南京艺术学院为中心的环南艺文化创意产业功能区；南部是以省电力公司为龙头的大型国企集聚区；北部是以和泰大厦等8座重点商务楼宇为核心的现代商务商贸楼宇集聚区。这“四大板块”是宁海路地区城市经济社会发展的活跃区域，也是非公有制企业、社会组织和党员群众的集聚区域。随着新业态不断产生，新经济、新组织不断涌现，街道工委开始把“两新”组织的党建工作作为全面从严治党向基层延伸的重点之一，着力消除党建工作上的“空白点”。

早在20世纪末，鼓楼区委就积极探索在“两新”组织中建立党组织，培养积极分子，培育企业文化，促进企业发展，取得了较好的成果。但是，随着改革开放向纵深发展，传统的党建工作模式未能充分调动和发挥“两新”组织中党员的先锋模范作用，不愿亮明身份、“口袋党员”等一些老问题依然存在。

面对新情况、新问题，街道工委在不断探索中意识到，只有将党群组织的政治优势、组织优势与园区、楼宇企业的产业优势、人才优势有机融合，以党建引领新兴产业发展，才能更好地打造富有活力的特色经济载体，为经济社会高质量发展注入新的活力。经过综合考察比较，2017年建成投入运营的万谷·京东云智慧产业园成为这一创新思路的试验田。

万谷·京东云智慧产业园是由万谷产业园集团与京东集团合力打造的南京智慧园区，以大数据、云计算、互联网、电子商务为主要业态。2018年6月，宁海路街道在万谷·京东云智慧产业园举办“红创汇”党建品牌发布会暨万谷·京东云智慧产业园“红创汇”成立仪式。发布会上，宁海路街道“红创汇”党建品牌正式上线，楼宇党群服务站也同时落地。以此为标志，鼓楼区的“两新”组织党建工作实现了新突破、新跨越，为推动城市基层党建工作提供了又一创新平台。

“红创汇”这个品牌蕴含着丰富的内涵与期望，总体来说就是“红色引领、创新驱动、汇聚发展”。红是指红色组织的引领、红色精神的传承、红色青春的绽放，尤以颐和路社区将军馆和宁海路街道海洋国防教育馆为代表；创是指思想理念的创新、组织机制的创新、业务实践的创新；汇是指创意人才的汇聚、智慧产业的汇聚、社会资源的汇聚。同步设计的“红创汇”品牌标识，分别由红、创、汇汉语拼音首位字母经艺术化组合而成，像一颗心、像一朵花、像一团火，寓意一颗红心永远向党、创新之美如花绽放、汇聚成焰如火如荼，寄托了对基层党建工作的所有美好期盼。

“红创汇”分线上、线下两个部分，设置了红创汇讲坛、政策直通车、公益梦工厂、慧生活课堂、菁英风采荟五大板块。线上是网络家园，通过党建在线网站、宁海路街道微信公众号和楼宇、园区微信公众号的互通互联，及时发布信息、新闻、活动公告及互动项目，打造网络红色阵地，宣传主旋律，汇集正能量。线下主要是街道、社区、园区党群服务站，为党员创业和党群组织发展提供服务，努力打造“党员示范岗”“工人先锋号”等窗口单位；园区建设党建长廊、党组织活动室、心情驿站等；组织开展政策课堂、知识讲座、文艺展演等丰富多彩的活动，加强楼宇园区内党组织和群团组织的凝聚力。无论是线上还是线下，都以党建为引领，以实干促成效，实现资源共联、共建、共享，更好地服务企业，提升园区、楼宇运营水平，为“红创汇”品牌增光添彩。

“红创汇”品牌标识

基层党建只有起点，没有终点，永远在路上。宁海路街道把“红创汇”这颗种子种下，开花结果之后，又把收获的“种子”撒向和泰商务楼宇、华侨大厦、金山大厦等8个主要经济综合体，实现了“红创汇”党建品牌全覆盖。2019年，和泰置业党群服务站、华侨大厦五星电器党群服务站和金山大厦牛顿

2019 年 4 月，颐和路社区将军馆举行“探寻将军家风　传承红色基因”主题活动

公园党群服务站纷纷建立，把“红创汇”品牌进一步做大。

一花引来百花开，2019年以来，华侨路街道相继创建了“金陵汇”，湖南路街道创立了“紫峰·红融”。最终，在鼓楼区建成了以“红创汇”“金陵汇”“紫峰·红融”等品牌为代表的各具特色的“鼓楼红驿”这个百花园，其共同特点都是以红色动能引领新兴产业发展，打造富有活力的特色经济载体，助推鼓楼区高质量发展不断跨上新台阶。

回首来路，才知道走出了多远；亲历奋斗，才明白付出的意义。展望未来，宁海路街道将继续以人民为中心，发挥党建引领作用，带领辖区人民奔向更加幸福、美好的未来。

文字作者：顾茂富（鼓楼区委党史工作办公室）

图片提供：鼓楼区委党史工作办公室

责任编辑：张兴中

莫谓桃园小　花开春满城

小桃园社区隶属于鼓楼区热河南路街道，东起明城墙护城河畔，西至热河南路，南到百花小区，北抵中山北路，辖区面积约 0.9 平方公里，因毗邻美丽的小桃园景区而得名。社区自然禀赋优越，人文资源丰富，截至 2019 年年底，共有常住人口 3100 户，8200 余人；辖区内有行政、企事业单位 49 家，20 个小区院落；下设 8 个网格党支部，25 个楼栋党小组，是鼓楼区首批党建示范社区。

进入 21 世纪以来，随着老城改造更新，小桃园社区的面貌发生了翻天覆地的变化。在打造宜居好环境的同时，社区党委不断完善和改进社区治理与服务，先后成立“有一说一”工作室，破解社区治理难题；建立“幸福敲敲门”活动机制，关爱弱势群体；启动“桃园映像”服务，打造“悦读”项目，繁荣社区文化。在此过程中，小桃园社区先后被评为省文明社区、省创业型社区、省健康社区、市文明社区、市“两学一做”好典型等，成为南京以人民为中心，全面推进基层社区建设的一个缩影。

整治换新貌　人在画中游

小桃园原是南京城北一块面积达10多万平方米的棚户区，房屋低矮简陋，“脏、乱、差”状况十分突出。“低头不见路、抬头碰屋檐”，是当时居民生活环境的真实写照。每逢雨季到来，这里又总是成为防汛防涝重点区域。为彻底改变小桃园面貌，打造宜居环境，进入21世纪以来，市、区两级政府多次投入巨资改造这一片区。

■小桃园旧景

2003 年，市政府决定投资 1.6 亿元对该地区实施老城环境改造，将其打造成一个全新的历史风貌区。小桃园东岸拆迁工作完成后，改造工程正式启动。工程北起中山北路，南至晏公庙，东依古城墙，西临护城河，南北长约 2.4 公里，

小桃园新貌

建成后景区总面积近30万平方米。

项目推进过程中，先后对1.96公里的明城墙进行了抢险维修，共加固7处危墙险段，耗用55万块古旧城砖，再现了明城墙的古朴沧桑；同时新建了桃园广场、丁香水榭等10处富有现代气息的新景点，运用多种新型造景手段，凸显时代气息；银杏、樱花、白玉兰、夹竹桃等近百种乔木、灌木被栽入景区，“四季有花，处处是景”的怡人环境开始显现。

全新的小桃园另一个亮点便是水景。在12万平方米的偌大水面上，点缀着由690个喷头组成的音乐彩色喷泉，还有从浙江、安徽运来的大块山石砌筑而成的生态驳岸和亲水平台，就连景区中2.4公里的道路每段也不尽相同，有的镶嵌鹅卵石，有的铺装青石板。建成后的小桃园北连阅江楼景区，南接外秦淮河风光带，充分展现了古城文化遗风。

2003年10月1日，小桃园历史景区作为南京老城环境改造中重点打造的三大历史风貌区之一，率先竣工并对市民开放。全新的面貌，使得社区环境发生了质的飞跃，一批高品质住宅小区相继在辖区内建成。

此后，为进一步提升小桃园风光带的品质，从2013年至2018年，鼓楼区政府又分四期开展了小桃园西岸游园工程建设。如今的小桃园护城河两岸，杨柳依依，百花盛开，到处生机勃勃。游园内设有儿童游乐场、运动健身区和文娱活动区，供游人休憩的亭台水榭一应俱全，特别是贴着水面而建的曲折景观便桥，为两岸居民过河散步、观景提供了极大便利。置身小桃园，能真切地感受到“山在城中，水在林中，楼在树中，人在景中”，面对焕然一新的宜居环境，居民的幸福感、获得感油然而生。

“有一说一”解难题　社区治理谱新篇

在打造宜居好环境的同时，社区党委不断完善和改进社区治理与服务，其中最具特色的要数建立“有一说一”居民说事制度，并开办“有一说一”工作室。

小桃园社区居住形态多样，既有中高档商品房小区，也有拆迁安置、房改房等老旧小区。随着居民诉求的不断增多，社区事务和各种矛盾也大量涌现，社区居委会基本功能和传统的社区治理模式都面临着挑战。

2014 年，热河南路街道以小桃园社区为试点社区，探索建立基层党组织领导下的具有协商民主特色的社区治理模式。根据“党组织引领、社会资源无缝对接、热心群众广泛参与”的总体思路，建立了“开放说事、分类理事、民主议事、合力办事、公开评事”的“有一说一”居民说事制度，力争通过“协商＋自治”的方式，来有效调动居民和辖区单位参与、监督社区工作的积极性。

为将“有一说一”居民说事制度落到实处，社区专门成立了“有一说一”工作室，按照“一室、一会、一日”操作模式，设立固定的说事场所，由轮值主任专门接待，确保居民群众在社区协商中唱主角。其中，轮值主任由居民个人报名、党支部推荐等方式产生，轮值期间，由其负责做好居民“面对面”说事接待，记录事由并进行初步分类。此后，社区又牵头组建了由社区、业委会、物业、社会组织、热心群众等多方组成的“说事理事会”，由理事会具体负责社区协商的筹备和组织工作。在每月 11 日的固定“说事协商日”，居民群众可通过信息栏、电话、微信、微博等方式，提前了解说事议题，参与线上协商，或到协商会现场进行观摩和研讨。

■ “有一说一”工作室组织社区居民参与说事

“有一说一”工作室成立后，其说事内容涵盖为民服务的实事、助人为乐的好事、社区发展的难事和邻里之间的急事，通过设立“说事”热线、“说事”专岗、“说事”网格，全方位收集民情民意；在充分汇集民情民意的基础上，通过“轮值主任定议题、理事会集体定思路、居民大会定方案”的“三级协商”程序，将政府、驻地企业、社会组织等各方资源通过“有一说一”工作室的平台，汇集到共同寻找具体解决办法上去；理事会按照“即时办理、协调化解、会商共处”的理事模式，“小事立马能落实，大事协商能解决”，使社会服务资源与社区需求的对接更加精准，实现了“社区的事大家办”。小桃园社区有了这个民主协商平台后，不少过去难以解决的民生问题都得到了圆满解决。

2015 年 6 月，热河南路 31 号业主委员会主任通过“有一说一”工作室向值班主任反映，该楼居民没有固定地方停放自行车、电动车，车辆随意摆放在楼下，经常被盗；另外有些人将车辆摆放在过道，既影响通行又存在消防安全隐患；该小区居民希望封堵商户后门，将空地整治干净后建一个公共车棚。

建公共车棚本是一件惠民的好事，没想到推行起来却意外受阻，阻力主要来源于一楼商户，他们强烈反对封堵后门，认为后门是逃生通道不能堵。一家小吃店老板更是情绪激动，表示当初自己就是看重后场有空地才租了门面经营的。顿时，建不建车棚陷入了两难的尴尬境地。

议题确定后，在当月的“说事协商日”中，由社区“说事理事会”牵头，将热河南路 31 号业主委员会成员、一楼开后门的 8 家商户店主、街道城管科科长、“两站一中心”办公室主任、综合办负责人、社区民警等一起请进“有一说一”工作室，就建公共车棚一事进行专题协商。

在“说事理事会”的主持和协调下，各方在充分协商后终于达成一致，同意修建公共车棚。之后，社区将此事列入了当年的“为民办实事”计划，并由居民大会通过。开工前，车棚工程预算、建设方案对小区居民进行了公示，充分征求意见；当年 9 月，车棚顺利完工并交付。这一案例，让社区居民们尝到了民主协商的甜头。

截至 2019 年年底，“有一说一”工作室共组织协商会 151 场，参与人次达 5700 余人，化解居民矛盾 83 件，完成“为民办实事”项目 37 项，组织大型群众文化活动 35 场，协调驻区单位认领服务菜单 48 项，真正实现了汇集资源帮助社区解决具体问题，社区的事大家想、大家办。

“有一说一”居民说事制度进一步强化了党组织的领导核心地位，党员骨干进入理事会，社区党员参与轮值，对协商议题、协商程序进行把关定向，协调推进说事成效，党建带社建成效凸显。同时，“有一说一”居民说事制度也为群众自我管理搭建了平台，真正实现了社区民主协商规范化、常态化、长效化，形成了有序参与、平等议事、凝聚共识的良好局面，进一步提升了基层社区的治理水平。“有一说一”居民说事制度也因此被评为2016年度南京市社会建设“十佳创新案例”，逐渐成为影响力覆盖全市的社建品牌。

社区自有温情在　文明和谐树风尚

服务群众、造福居民始终是社区工作的出发点和落脚点。社区一班人紧贴社区实际，不断创新思路和举措，努力提升服务品质，不断满足居民多样化、多层次的服务需求，打造了一个与环境同样出色的文明和谐社区。

一是用爱敲开“幸福门”，关爱弱势群体出新招。全面达小康，一个不能少。截至2019年年底，小桃园社区年满60周岁的老人有1700余人，其中空巢、独居老人达到335人；同时还有持证残疾人117名，特扶家庭10户。这些弱势群体大多缺乏精神慰藉，存在不同程度的焦虑、孤独等情绪，需要更多的关注和关爱。

“人民对美好生活的向往就是我们的奋斗目标。”党的十八大以来，小桃园社区通过建立社区网格社工＋社会组织专业社工＋社区、驻区单位志愿者“三社联动”机制，启动“幸福敲敲门”公益项目，以“一助一”或“多助一”的方式，为辖区年满60周岁的老人，特别是80周岁以上的空巢、独居老人，以及残疾家庭、特扶家庭提供“幸福家访”“幸福益站”“幸福乐活”三大类服务，努力实现老有所依、弱有所扶的社区愿景。

志愿者们将党和国家的惠民政策、医疗健康服务，以及真切的温暖和关怀带进千家万户，同时把百姓的心声及时传递上来，他们叩开了百姓的心门，成为群众的“贴心人”，用实际行动践行了党的群众路线。

“幸福敲敲门”项目开展以来，有300余名家庭志愿者、巾帼志愿者、党员志愿者、驻区单位志愿者参与活动，1900余人次的困难群众得到帮助。现在，越来越多的小桃园居民喜欢上了这充满爱心的敲门声和问候声，社区里也逐步形成了弘扬传统美德、邻里互助、助老扶弱的良好氛围。

■“幸福敲敲门”项目为老人提供免费理发服务

二是“桃园映象”记录美，幸福生活留光影。小桃园秀丽的景色，催生了社区居民对摄影艺术的热爱，然而很多居民不满足于简单的自娱自乐，他们很想有机会学习

■社区居民参加“桃园映象”组织的“帮拍”活动

构图、用光和调色等相对专业的摄影技巧。居民的期盼，就是社区努力的方向。2014 年 9 月，根据居民建议和调研结果，小桃园社区启动“桃园映象”摄影培训服务项目，长期为社区群众提供摄影辅导。

社区整合教育、残联、妇联、群众文体等多方面资源，牵头成立了“桃花源光影艺术社”，根据学员的不同需求，制定分层培训计划。其中，摄影教学培训班每周四进行固定培训，聘请专业教师为居民免费授课；“名家讲堂”借助鼓楼区白云亭文化艺术中心的师资力量，邀请摄影专家对社区摄影班学员进行免费的摄影指导。另外，“桃花源光影艺术社”经常组织丰富多彩的摄影采风活动，社区每年还举办一次摄影大赛，不仅让摄影爱好者有了自我展示的平台，也为社区居民奉上了文化“大餐”。

“桃园映象”服务项目推出后，许多摄影爱好者被吸引到社区，他们端起单反相机，将身边的美景拍摄下来；部分单亲、失独、残疾等特殊家庭的居民也走出家门，寻找生活的乐趣，重建生活信心；不少居民主动拿出家中珍藏的老相机、旧胶片等，无偿提供给社区进行展示；部分摄影骨干自发为社区居民提供“帮拍”服务，除了为社区困难群众义务拍摄证件照外，他们还积极参与社区各项公益活动，用手中的相机记录下发生在社区的美好瞬间。

“桃园映象”服务项目进一步丰富了文明和谐社区创建工作的内涵，使社区工作登上了新台阶。

三是“悦读”成为新风尚，书香浸润小桃园。最是书香能致远。小桃园社区不断完善居民阅读功能室建设，在有限的办公条件下，打造“悦读”室和“悦读”角，营造全民阅读的良好气氛。

“悦读”室里有哲学、政治、军事、科学、教育、文学、艺术等各类图书2000余册，有专门的社区图书管理员整理图书并帮助、引导居民选书阅读。此外，还配备10台电脑，方便居民在线阅读。“悦读”角则设置在办公大厅，配备立式书柜和书报架，书籍多为当下热销书或重点推荐书目，期刊、报纸更是及时更新。

“悦读”项目开展以来，在各种节庆或纪念日，先后举办了多次“经典咏流传”全民朗读活动；每年还组织开展一次“图书换绿植”活动，倡议居民将家中闲置的优质书籍捐赠到社区，社区再回赠一盆绿植；开展“‘青’你来读书”活动，在青年党员中开展好书分享交流和读书心得评比活动；在社区“跳蚤市场”上专门设置“图书漂流角”，供居民交换图书或申领图书，提高全民阅读兴趣。

并且，社区在“悦读”室专门准备了“爱书留言簿”，鼓励居民在借阅图书后，在留言纸上写下读书心得，分享感悟。年终，社区会组织评选出“十佳留言”，予以奖励，并给全年借阅书籍最多的居民颁发“悦读之星”证书。同时，积极利用辖区内的教育资源，定期邀请学校在职教师进社区开展“悦读”讲座，对居民进行阅读指导，循序渐进地提高居民阅读能力。社区还通过企业、社会组织和其他社会力量，以项目认领的形式，赞助捐赠书籍，开展读书沙龙活动。

“悦读”项目深化了社区的文化建设内涵，改变了居民的生活方式，在社区内逐步形成了远离酒桌、麻将桌，崇尚科学、亲近书桌的文化氛围。伴着书香，社区居民得到的不仅是知识的积累，更是精神层面的提升。同时，社区将全民阅读活动与培育、践行社会主义核心价值观结合起来，与创建文明城市结合起来，使得志愿服务蔚然成风，引领了社区全新的文明风尚。

■社区居民踊跃参与“悦读”活动

“山披林树秀，柳映担湖明。莫谓桃园小，花开春满

小桃园社区的美丽夜景

城。”小桃园社区发生的巨大变化，充分展示了鼓楼区积极践行以人民为中心的发展理念，在基层治理方面取得的丰硕成果，同时也折射出南京高水平全面建成小康社会所取得的辉煌成就。

文字作者：金　群、张兴中（鼓楼区委党史工作办公室）

图片提供：鼓楼区委党史工作办公室

责任编辑：张兴中

只有奋斗的人生 才是幸福的人生

清晨，一天的工作才刚刚开始，鼓楼区江东街道长阳花园社区里就已是一片忙碌的景象。社区党委书记兼主任张爱琴早已进入工作状态，周围的工作人员也是各司其职，井然有序。

“张书记，我家楼上漏水了，家里被弄得一团糟。”

“快来一下，张书记，你看看这车停得像话吗？”

“张书记，告诉你一件大喜事，我孙子结婚了！我特意来给你们送喜糖。”

……

从早到晚，一件件群众诉求，一串串家长里短的小事，让张爱琴很难有时间能坐下来休息。然而，面对社区群众时，她的脸上却始终挂着微笑。“我热爱自己的工作，也享受这份忙碌。作为社区带头人，我们自己的小家实现小康不足为道；只有通过不懈奋斗，带着社区群众都实现小康，才值得骄傲。”正是有了这份坚定的信念，无论工作再忙再累，张爱琴都乐此不疲，甘之如饴。

永不放弃的求学梦

1965 年，张爱琴出生在南通如皋的农村，家里共有三个孩子，她排行老二，上有一个大两岁的姐姐，下有一个小五岁的弟弟。张爱琴的父亲当时是公社广播站站长，一个月有十几块钱工资；妈妈是村妇女主任，靠在生产队劳作拿工分，挣一家人的口粮。

回忆起童年生活，张爱琴笑着说道：“那时候农村里各家都穷，我们家的条件和邻居们相比，还算是好的，虽然常常只能吃白米饭，没有菜吃，但总算没有挨过饿。小时候印象最深的，就是总是穿姐姐的旧衣服、旧鞋子。有一年为了一双新凉鞋，我还闹过离家出走呢。”

那时她上小学三年级，一天放学回家，看见爸爸给姐姐买了一双绿色的塑料凉鞋。她便立刻跑过去问爸爸，有没有给她买。爸爸说：“一双塑料凉鞋要两块钱，家里一个月总共就只有十几块钱，要省着用。你姐姐去年夏天穿的凉鞋还能穿，不能浪费了呀。”“我不要穿旧的，我就要穿新凉鞋！”年幼的张爱琴气得扭头就往外跑，爸爸一直追了她七八里路，才把她追到。

提起童年时的这件小事，张爱琴感触很多："现在想想，自己太不懂事了。那时爸爸、妈妈要养活一大家子人，他们省吃俭用，穿的衣服、裤子都打了好些补丁，但从来不舍得给自己添新衣服。"

张爱琴姐妹俩从小学习成绩优异，她们共同的梦想都是考上大学，去外面见识更加广阔的世界。然而，对于一个普通的农村家庭来说，要同时供三个孩子读书，负担还是太沉重了。

"你去考吧，我高中毕业后就去当代课老师，一个月能挣十几块钱，可以补贴家用。"1979 年的一天，正备战高考的姐姐突然对张爱琴这样说。懵懂的她以为姐姐怕苦，想偷懒才不参加高考了。果然，姐姐毕业后，就去当了一名代课老师。她拿到第一个月工资后，给张爱琴买了一条当时最流行的格子喇叭裤。

1982 年，张爱琴首次参加高考，却遗憾地落榜了。"那时，我在农村上的是两年制初中和两年制高中，教学质量和城里有差距，虽然很努力，但第一次高考还是差了几分。"找到差距后，性格坚韧的张爱琴决心复读，她给自己下了军令状：不考上大学决不收兵。然而，第二次高考，因为高度紧张，她又失败了。

为了圆一个大学梦，张爱琴决定再次复读，参加第三次高考。她仿佛和自己较上了劲一般，常常连续在校几个月都不回家，拼了命地学习。当时学校里的伙食不好，菜里几乎不见荤腥。爸爸得知后，省钱买了肉，做成咸菜炒肉丝后，走了十多公里送到学校，给她加餐补充营养。

功夫不负有心人。第三次高考，张爱琴终于以优异的成绩考上了当时的全国重点大学——镇江农业机械学院（今江苏大学）。"分数下来那天，爸爸在村里奔走相告，那一幕我一辈子都忘

幸福的一家人

不了。”张爱琴说，姐姐在那一刻眼里也闪着泪光，呢喃着说：“考上了，考上了！真好，真好……”

长大后，张爱琴才慢慢懂得了姐姐对自己的那份爱。“她把上大学的机会让给了我，如果她去考的话，一定也能考上。”张爱琴说，当时家里的经济条件，根本不可能同时承担两个孩子一起上大学。姐姐牺牲了自己的前途，为的就是让自己的妹妹能有机会去走一条不一样的人生路。因此，几十年过去了，张爱琴对姐姐依然心存感恩，姐妹俩的感情也越发深厚。

张爱琴有个青梅竹马的小伙伴名叫濮平，他们的父亲是相识多年的好友。按照当时的政策，濮平可以随父亲转为城市户口，将来找个体面的工作。因此，虽然濮平的学习成绩也很不错，但因为不用为城市户口发愁，他在是否参加高考的问题上，有点迷茫和犹豫。当他征询张爱琴意见时，张爱琴果断地给他加油鼓劲：“要靠自己的真本事去考，不仅仅是为了‘跳农门’，而是上了大学后，我们能学习到更多知识和本领，这才是我们的梦想。”

坚定信念后，濮平经过一番努力，也考上了南通纺织工学院，和张爱琴一样成了大学生。命运就是这样有趣，这两个年轻人当时都没有想到，几年后，他们将结成终身伴侣。

努力面对生活的考验

1990年，张爱琴大学毕业后，被分配到国有企业如皋机床厂工作，一个月能拿到97块钱工资。次年，濮平也从南通纺织工学院毕业，两人在不久后成了家。

濮平毕业时有两个选择，一是到南京进省纺织厅工作，二是留校当老师。当他犹豫不决时，张爱琴再次给他拿主意：“当然是去南京了，那可是大城市啊！”这样的选择，让两个年轻人在结婚后，便过上了两地分居的日子。

直到1993年女儿出生后，张爱琴才辗转从如皋机床厂调到了南京起重电器厂工作。初到南京，一家人蜗居在省纺织厅提供的一间只有6平方米的小房间里。房间小得只能摆下一张床和一张写字台。隔壁稍大的一间房里，还住着单位另外三个同事。

因为住在西桥，工作地点在夫子庙，上一趟班，张爱琴要骑四五十分钟的自行车，常常累得满身大汗。回忆过去，张爱琴说，生活中的苦都不算什么，最难过的是因为住的地方实在太小，他们不得不把孩子留在老家让老人照顾。女儿体质差，经常生病，老人把她送到医院，需要近一个小时的路程。有时碰到刮风下雨，雨衣罩不住，女儿淋了雨，到了医院后病情还会加重。每次听到女儿生病的消息，张爱琴都会急得直掉眼泪，恨不得马上飞到女儿身边去。然而，生活的重压，让他们只能屈服于现实，继续承受着分离之苦。

1995年10月，濮平终于有了参加单位福利分房的机会。全家人在艰难凑齐两万元钱后，在宁工新寓买了一套57平方米的住房。他们拿到房子后的第一件事，就是把女儿从老家接到了南京，一家人终于团圆了。张爱琴感慨道，也就是从那一天起，他们才真正觉得自己在南京扎下了根。

品尝过团圆的甜蜜，接下来需要面对的便是生活给予的更多考验。因为丈夫经常去外地出差，为了方便接送孩子，张爱琴将女儿送到了自己单位附近的幼儿园上学。每天一早，她要骑着自行车带着女儿从宁工新寓出发，把女儿送到夫子庙附近的幼儿园后再去上班，一个单程下来至少要一个小时。常常到了单位，她便累得话都说不出来。然而，这一段路程如果坐公交车，需要转两次车，花费更多、耗时更长，权衡过后，她只能一直坚持骑车上班。

回想那些年接送孩子的艰难，张爱琴一直清晰地记得一个夏日的傍晚，那天天气闷热，下着暴雨，她骑车载着女儿经过草场门，因为路面坡度大，她只能咬着牙奋力地踩着。然而，自行车在经过一摊油污时，失去了控制，她们连人带车，重重地摔了下来。剧烈的疼痛从膝盖处传来，张爱琴顾不得查看，连忙抱起摔在边上的女儿。雨水将两人彻底打湿，疼痛让她们几乎无法站立。即便这样，继续带着女儿骑车回家，仍是张爱琴当时唯一的选择。那一跤摔得非常严重，母女俩的膝盖上，都留下了伤疤，至今都没有褪去。每当回忆起那一幕，张爱琴都能感受到当时的疼痛，她说回家的路上，早已分不清脸上究竟是雨水，还是泪水。

职业生涯的华丽转身

然而，生活给予的考验远不止这些。20世纪90年代，在国有企业改革和经济结构调整过程中，部分企业的效益受到了很大影响。张爱琴作为技术人员，每天只能上半天班，一个月工资下降到不足200元。当时，孩子刚上小学一年级，正是需要用钱的时候。“不能再这样下去了，必须自己想办法来改善生活！”下定决心后，张爱琴每天和丈夫一起，在报纸上看各类招聘广告，寻找机会。

2000年的一天，濮平突然拿着一张《扬子晚报》给张爱琴看：“社区体制改革，正在招人，我觉得你可以去试一试。”张爱琴听了，脑中冒出许多问号：“是去当居委会大妈吗？我学的是机械，干社区，专业不对口啊……”

在家人的劝说下，张爱琴尽管不愿意，但还是去报了名，心里也没当回事。可没想到，作为一名具有全日制本科学历的党员，她的个人条件很受招聘方的青睐，多次打电话来劝说她入职。因为心有顾虑，张爱琴一直没有松口。

“专业是死的，人是活的，谁说一个专业就要干一辈子。我看你的性格耐心、细致，很适合干社区工作。”濮平的妈妈偶然得知后，这样劝说她。一语惊醒梦中人。2000 年 6 月，张爱琴来到鼓楼龙江宝地园社区入职，因个人条件优秀，她一来便担任了社区主任，兼任刚组建的社区党支部书记。

“要干，就一定要干好。”一上任，张爱琴便暗暗下定了决心。她一到社区，便积极走访群众、了解情况，很快得到了大家的信任。当时正值第五次人口普查，她经常要到辖区工地上核查人数，常常忙到晚上十一二点钟才能回家。上小学的女儿有时只能托付给在附近开杂货店的亲戚看管，店里地方小，孩子常常只能趴在货箱上写作业。

人口普查忙完后，张爱琴把工作重点放到了帮助困难群众脱贫上。走访中，她了解到社区里有一位老阿姨，3 个儿子因为各种客观原因都没有工作，整天待在家里啃老。一家人的生活十分困苦，老阿姨的经济、精神压力都很大。为了帮助这一家人脱贫，张爱琴代表社区，多次协调相关部门和企业，终于帮这位老阿姨的儿子们找到了工作，让他们实现了自食其力。此后，社区还对这家人进行了跟踪服务，及时掌握他们的生活状况。一家人的生活慢慢好起来了，老阿姨每次看到张爱琴都非常激动，称她为自己家的“恩人”。

这件事让张爱琴找到了灵感，她在社区内发起了“脱贫会诊”活动，并长期坚持了下来。到 2006 年，她调离宝地园社区到长阳花园社区任职时，已帮助辖区内十多户家庭脱离困境。

到长阳花园社区工作后，张爱琴遇到了一个大难题，那就是因为老旧小区的物业服务跟不上，居民和物业之间的矛盾很大。她在深入了解情况后，一方面协助物业加强小区硬件建设，努力提升居民满意度；另一方面牵头主持了业委会选举，增加双方的沟通。经过大家的共同努力，小区状况得到了很大改善。2007 年，由张爱琴倡导，在社区建立了互助合作社平台，开始为居民们提供更多的帮助。

■为辖区内家庭开展“脱贫会诊”活动

在张爱琴忙于社区事务的同时，濮平的事业也迎来了新发展，他先后担任了江苏省纺织集团同泰服饰公司副总经理、总经理。

■中华人民共和国成立70周年时，社区举办文艺演出

随着收入的提高，家里的日子也一天天好了起来。2008年，他们在桥北买了一套130多平方米的大房子。

“我们俩分工明确，濮平负责建设我们小家的小康生活，而我负责带领社区的困难群众一起奔小康。”张爱琴自豪地说。在对困难群众进行救助的过程中，张爱琴从来不是简单地去送些米、油、水果，她总是耐心地倾听他们的呼声，与他们进行心与心的交流。

2013年春节期间，她在走访一户困难群众时，发现户主身有残疾的儿子有个心愿，他想在过年的时候换一套新衣服。张爱琴偷偷记下了孩子的衣服尺寸，在精心挑选后，帮他完成了心愿。当看到母子俩脸上露出的惊喜笑容时，张爱琴同样感受到了这份快乐。

2014年，张爱琴在社区推动设立了“微心愿”服务，社区工作人员在平时走访中，会注意搜集居民们的小小心愿，仔细记录下来后，再发动各方力量来帮他们完成。截至2019年年底，已经有400多户辖区居民通过这项服务，实现了自己的“微心愿”。

幸福是奋斗出来的

要想通往幸福，除了靠自己一路奋斗，别无捷径。

2005年，为社区工作忙得焦头烂额的张爱琴依然没有放弃学习，她硬是抽时间去省委党校念了社会学专业的在职本科；2008年，她又继续在省委党校读完了研究生。那一年，全国社会工作师职称开考，江东街道总共只有两人通过，她就是其中一个。

她的丈夫濮平也没放松对自己的要求，从一开始单纯抓技术，到后来涉足生产经营，他深感需要学习的东西太多。2003年至2006年，濮平自费去读了MBA。周一到周五，他要在淮安金湖的工厂上班，晚上或周末赶回南京上课，后因工作太过繁忙，毕业论文申请了延期。但最终，他还是凭借着强大的毅力坚持了下来，顺利毕业。

那段时间，女儿正在备战高考。每到深夜，濮平在小房间里看工商管理方面的书籍，张爱琴和女儿在客厅里对坐，一个读社会学，一个温习功课。浓浓的学习氛围下，家里的

■与省级机关党组织开展结对共建活动（左一为张爱琴）

灯光显得格外柔和，寂静的深夜里，这灯光照亮的是一家人的希望。

经过多年奋斗，张爱琴家的生活条件越来越好。2015年，他们又在句容市买了套新房；2018年，女儿从南京师范大学研究生毕业后，顺利考取公务员；为了上班便利，家里先后添置了两辆汽车……

在家人的支持和理解下，张爱琴把更多的时间和精力放在了社区工作上。女儿参加工作后，到浦口区基层社区锻炼，实现了“女承母业”。小时候总爱抱怨母亲工作太忙的女儿，现在越来越理解母亲的工作，她在工作中遇到难题时，总会主动向母亲请教。

2020年春节，面对突如其来的新冠肺炎疫情，张爱琴第一时间投入到工作中。她带着社区工作人员，挨家挨户地走访、登记。因为当时的蔬菜供应还比较紧张，张爱琴还将家里储存的唯一一颗白菜，送给了被隔离的居民。

如今，张爱琴已经55岁了，她依然干劲十足。回望过去，她和家人从故乡一路走来，通过自己的不懈努力，在这个城市扎下了根；在实现职业生涯的华丽转身后，她又开始散发自己的光和热，帮助更多的人。这个家庭的奋斗历程，正是中华大地上千万家庭奔向小康的缩影。面对未来，他们一家人更是有着无限自信与豪情，因为他们始终坚信，新时代是奋斗者的时代，只有奋斗的人生，才称得上是幸福的人生！

文字作者：张兴中等（鼓楼区委党史工作办公室）

图片提供：鼓楼区委党史工作办公室

责任编辑：张兴中

栖霞区

QIXIAQU

小康生活　从养老开始

龙潭之美，美在底蕴；龙潭之殷，根在乡村。栖霞区龙潭街道是南京市最东郊的街道，由于地处远郊，地域狭长，农村老人居住分散，过去总是存在着城市社区养老模式与街道实际情况不匹配，与市区养老服务资源链接不畅的难题。为此，龙潭街道以党建为引领，把乡村振兴战略融入全面建成小康社会的大格局，全面绘制养老服务“路线图”，立足资源禀赋和基础优势，力求构建多元化养老模式。

2015 年，街道开始打造“好邻养老社”，发扬邻里互助精神，提倡老人帮助老人，大家一起安度晚年。截至 2018 年年底，街道已成功开设 1 个好邻养老社服务中心（4A 标准）和 20 个服务站点，其中 3A 服务站点 6 个，2A 服务站点 14 个，实现了全域覆盖。当前，一幅产业兴旺、乡风文明、共享小康、安度晚年的和谐画卷，正在龙潭徐徐展开。

内培外引　构建养老新模式

随着老百姓生活水平的不断提高，人口老龄化也越来越严重，养老问题成为社会关注的焦点。相较于城市居民相对完善的退休金、养老保险制度，农村则缺乏有效的养老保障措施。因此，农村老人的养老问题显得十分严峻。在龙潭，因子女外出务工，很多社区里的空巢老人与日俱增，没人做饭、没人说话聊天、独自出门看病不方便……很多基本的生活问题，成为摆在老年人面前的现实难题。

■老人们在好邻养老社服务点打乒乓球

龙潭街道下辖社区居委会 5 个（其中，纯居社区 1 个、经适房社区 3 个、厂居社区 1 个），村委会 17 个。据统计，截至 2019 年年底，龙潭街道总人口约 7 万人，60 岁以上老年人有 15640 人，约占街道人口总数的

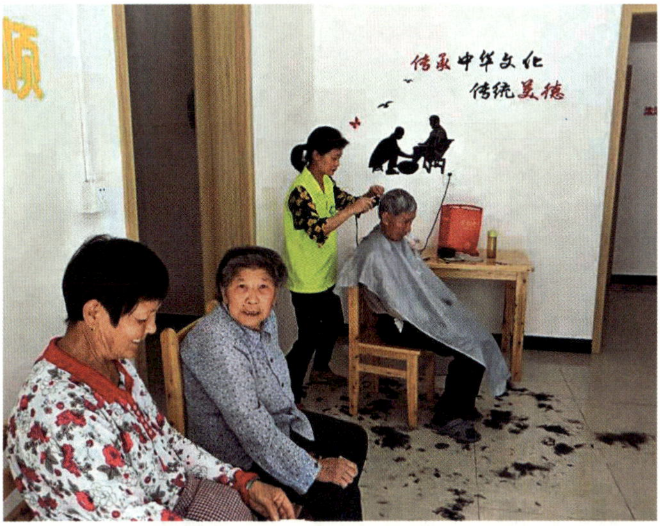

老人们在好邻养老社服务点理发

22.3%；其中空巢、独居老人有80人，约占老年总人口的0.5%。这些老年弱势群体在生理和心理方面，都亟待得到照顾和帮扶，他们对专业化公益服务的需求非常迫切。

然而，从南京新街口开车到龙潭，要一个多小时，从街道办事处到最远的马渡村，要近40分钟车程。地理位置偏远加上老人们居住分散，使得市区的养老服务资源很难延伸到这里，并且城市社区养老模式也很难在这里落地生根。龙潭街道在进行充分调研后发现，要做好农村的养老服务工作必须因地制宜，只有接地气才能得民心。他们最终决定，由街道牵头，为老人们量身打造本土养老品牌项目——好邻养老社。

作为龙潭街道重点打造的具有连锁品牌特色的为老服务项目，好邻养老社旨在为龙潭区域老人，尤其是涉农地区留守老人建立具有本土特色的为老服务体系，其基本架构是设立街道级居家养老服务中心，同时在17个村、社区设立村居居家养老服务站和好邻养老社服务点，其中个别村设有2个服务站点。

2016年10月18日，好邻养老社服务中心正式启用，该中心作为街道级居家养老服务中心，位于老年人口比较集中的中国水泥厂社区（原中国水泥厂小学内），中心内设有爱心理发、华滋舞苑、银发学堂、健康小屋、中心厨房等功能室10多间，主要为老人提供日间照料、文化娱乐、康复护理、心理慰藉等居家养老服务。与此同时，中心还为20个服务站点提供业务指导，共同为街道内15000多名老人提供服务。

与其他养老模式不同，好邻养老社在保留农村特色的同时，由街道从政策规划、基础设施、资金、管理培训等方面给予扶持指导，村（社区）委会组织实施，社会力量广泛参与，从而构建起邻里之间互帮互助的网格化养老管理模式，即利用现代技术手段，整合既有的家庭养老、机构养老、社区居家养老3种养老模式，充分发挥各自优势，建立统一的服务平台，编织以政府为主导、引入并整合全社会为老服务资源的养老网络。

若非春风吹着雨，如何万物尽葱茏？好邻养老社填补了龙潭地区养老连锁模式的空白，在服务站点全覆盖的基础上，开展老人喜闻乐见的各类活动，增加老人的参与度和满意度，

■好邻养老社服务点打造医养融合新试点

在推进邻里互助的同时，引入社会组织和志愿者团队，共同推进农村地区社会治理水平。因地设站、因人制宜，实现了辖区内“自我造血型”和“外来注入型”并行的身边养老服务体系。同时，街道做好“公益”和“效益”，让“养老事业”与“养老产业”相辅相成、相互促进，在完善公共养老事业的基础上，构建完善的养老服务体系，保障老年人群体不同层次的需求，从而激发养老服务业的活力。

在好邻养老社服务中心或服务点内，老人们可以切磋棋艺，打乒乓球，练习书法，读书看报，或者在幸福影院观看电影……除了这些固定的养老服务外，部分服务点还开设了一些特色服务，如马渡村服务点开办了互助理发室，为70周岁以上老人以及特困供养人员，提供爱心免费理发服务；陈店村服务点紧邻水一方风景区，该服务点全力打造了互助摄影服务；太平村则倾力打造互助影院，模拟真实影院效果，给老人带来不一样的体验；龙岸花园社区作为新成立社区，通过设立趣味互助棋牌室，使原先来自不同村落的老人很快融合到一起，在相互陪伴中共度幸福晚年。

除内培自身机构外，龙潭街道还与相关高校、社会组织开展长期合作，先后引入南京中医药大学的义诊、特色针灸、穴位按摩等服务；以及南京常春藤老年服务中心提供的免费缝补、保健护理等专业服务。并且，好邻养老社提倡有一技之长的低龄老人为高龄老人提供专项服务，提供服务的低龄老人除享有一定资金补贴外，还可免费享受服务中心提供的医疗服务等优惠政策。

2019年以来，街道通过对接江苏省中医院、南京市中西医结合医院及龙潭地区卫生服务站，为马渡村、南中村、太平村、中国水泥厂、江畔人家社区等多个好邻养老社服务点提供中医诊疗服务。2017年12月，街道好邻养老社服务中心成立了医务室，聘请1名医生和1名护士，重点开展上门医疗服务，为辖区老人解决基本医疗需求。马渡村、大棚村好邻养老社服务点与当地的卫生服务站相互融合，利用现有地域优势，打造医养融合新试点，让老人在享受各项养老服务的同时，也能便捷享受到医疗服务，以医养融合的形式，开启邻里互助的新篇章。

在推进村级（大棚村、马渡村、龙岸花园社区、中国水泥厂社区）好邻养老社服务点建设的过程中，街道通过财政专项扶持的资金、村（社区）集体经济、慈善捐助等多元化方式筹集互助养老资金，并做好资金定向使用的监督管理与绩效评价，努力实现互助养老服务资源选择的精准化，以及服务效果的最大化，确保互助养老事业健康持续发展。

互助共享　探索养老新特色

由于街道范围内的老年人口比例已经达20%以上，部分社区已进入深度老龄化阶段。如何让乡间留守老人安享晚年？龙潭街道在推进好邻养老社建设的同时，不断强化其“互助共享”特色，深入探索农村养老服务的新模式。

“在农村，邻里间熟悉程度比较高，互相了解彼此的家庭、性格、身体等多方面状况，开展邻里间的互助共享，有利于将各项服务落到实处。”栖霞区民政局副调研员于怀忠在参与项目调研的过程中深有感触。于是，街道以农村“熟人社会”为基础，通过创建村居居家养老服务站的形式，为村庄老年人提供活动场所，为生活不便的老年人提供低价午餐，鼓励村庄中身体好的老年人为生活不能自理的高龄老年人服务，互助照料，在提高生活质量的同时，改善精神状态。

“离家不离村，离亲不离情，养老在乡村，享乐家门口”，这是媒体对龙潭模式的宣传，形象展现了龙潭街道互助养老的居家和社区生活特征。这一模式，既保留了乡土味道，

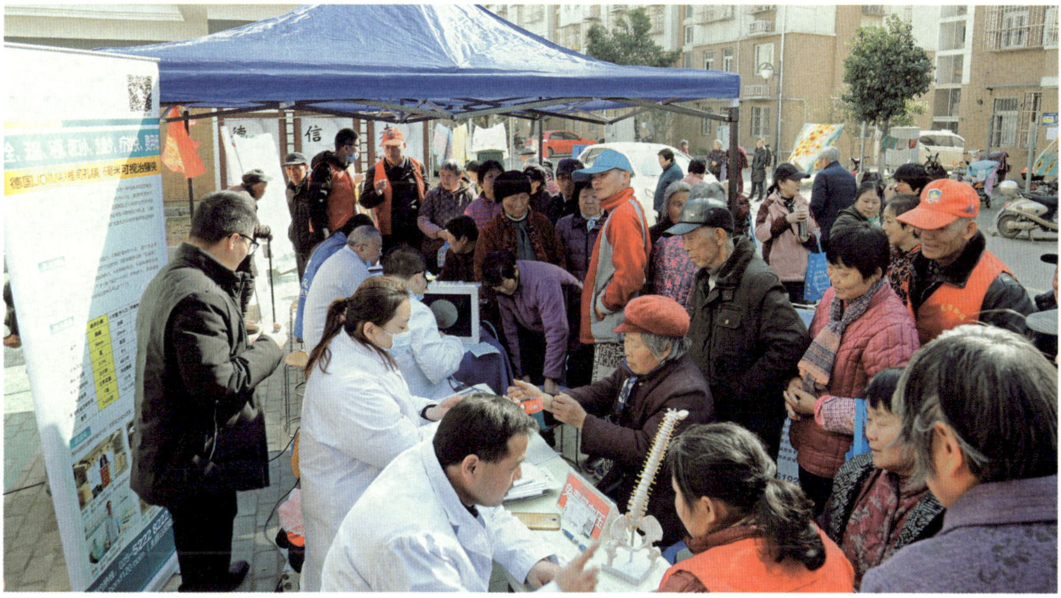

江畔人家社区好邻养老社服务点举办广场活动

■好邻养老社营防村服务点启用仪式

又凝聚了社区情谊。“全方位多层次特色养老”的服务模式，传递了“邻里互助”精神，打造出具有中华美德的和谐邻里关系，同时兼具分享经济的特点。在这里，传统和现代思想相互交融；街道在不断实践中，构建起互助型农村居家养老的连锁品牌模式。

在具体实践中，好邻养老社服务点的选址，也很有讲究。通常是在村民集中居住的小组开设服务点，租用村民房子根据实际情况布局改造，一般 4 至 5 个村民小组设 1 个服务点，方便老人到服务点活动。村（社区）里的老人经常来服务点下象棋、聊家常、打扑克，生活比原先自己待在家里时要充实快乐得多。

89 岁的陈秀英，每天都会走进栖霞区龙潭街道靖安佳园社区的好邻养老社服务点。在这里，她会和许多老朋友一起做艾灸、吃中饭、做手工、看电影……消磨一整天的时光。陈店村的好邻养老社服务点，就坐落在村干道边上，是一座两层农家小楼，门口有一块大晒场。“这是租用农民闲置房屋改造的，二楼摆放养老日间照料床位，一楼是图书室、棋牌室、影音室等公共娱乐空间，门口空地可以作为活动场地。”陈店村社工陈菲菲介绍，每天固定有十几个老人来这里活动，等到农闲时人就更多了，例如重阳节搞活动时，一下子就来了 100 多个老人。

这些好邻养老社服务点以不集中居住为特色，倡导邻里互帮，构建互助网格，通过设立互助聊吧、互助菜园、互助餐厅、互助缝补等互助项目，为老人们提供心理疏导、文化娱乐、生活保障等各种服务。其中，互助菜园和互助餐厅项目，尤其受到老人们的欢迎。

“我们服务点的房子西头有一块小菜地，虽然每家都有地，但这块互助菜园很受欢迎。”陈店村社工陈菲菲说，老人们在这个互助菜园里一起种菜、收菜，基本实现了家常蔬菜的自给自足。另外，有的老人还从自己家里带来食材，互助餐厅为大家提供柴米油盐，大家自己动手烹饪美食，集体聚餐时更是其乐融融。

服务多样　营造养老新环境

针对辖区家庭和老人们的实际需求，2018 年以来，好邻养老社各服务点在原有服务项目的基础上，又先后开发了“邻里小餐桌”“短期托养服务”和“志愿者爱心服务”等项目。

首先是开办“邻里小餐桌”。2018年，好邻养老社开始试点运行该项目，一个小餐桌，可以覆盖周边的4至6位老人。项目的设立初衷是为解决农村老人特别是留守老人的就餐难题。运行模式是鼓励、发动老人的邻居，为老人们提供助餐服务，在邻里之间搭起“邻里小餐桌”，由政府和爱心企业出资补贴，由社会组织来协助管理。助餐服务主要涵盖三类老人，即一是60周岁以上散居特困供养人员；二是低保及低保边缘的失能、半失能老人；三是经济困难的失能、半失能空巢独居老人。

吕本兰家是龙潭街道太平村的“邻里小餐桌”供餐点。每天临近中午时，该村的特困供养老人刘庆文就会和两三位老伙伴一起，慢慢散步到同村吕本兰老人家中就餐。“红烧鸡腿、生瓜炒肉片、家常豆腐、紫菜蛋汤，味道都不错，饭也做得软，太符合我们老人的口味了。”周末，刘庆文一边吃着可口的饭菜，一边夸赞厨师的手艺好。

吕本兰今年 60 岁，儿子在市区上班，他们家不仅为助餐点提供房屋，还主动充当了爱心志愿者。“我平时就在助餐点帮忙做饭，打扫卫生，日子过得挺充实，老伴和孩子们也都支持。” 吕本兰说，人人都会变老，现在给邻居提供一些力所能及的服务，相信自己年迈时也会有人来帮助自己。另外，由于太平村居民居住得比较分散，加上很多老人行动不便，更多的时候，志愿者会把“邻里小餐桌”制作的饭菜送到老人家里。

截至 2019 年 3 月，“邻里小餐桌”项目已在太平村、飞花村、南中村、陈店村 4 个村成功推行。龙潭街道民政办负责人表示，“邻里小餐桌不仅拓宽了好邻养老社互助餐厅的内涵，而且解决了村里部分老人的就餐难题，让好邻养老社

“邻里小餐桌”志愿者为行动不便的老人送餐

最初的互助理念更加深化。”

考虑到服务的专业性、安全性、规范性，“邻里小餐桌”项目特别委托了社会组织南京常春藤老年服务中心提供技术支持。该中心负责人王红梅自豪地说，“邻里小餐桌”项目实行统一规划设计、统一标准、统一施工，包括餐厅标识、布置、适老化设施、装饰风格等；助餐服务可刷助老卡或者二维码，进行服务记次并确保服务质量。龙潭街道负责人表示，下一步该项目将在街道内全面实施，力争实现22个村居全覆盖，让符合条件的老人们都能享受到政府这一托底服务。

其次是提供“短期托养服务”。2018年1月，好邻养老社服务中心在配备专业医务室，开设日间照料床位的同时，又开始试点提供“短期托养服务”。85岁的王爷爷不仅在好邻养老社服务中心享受助餐服务，而且住进了这里的“短期托养”床位。推着他在院子里溜达的护工介绍：“他儿子这段时间经常出差，家人精力顾不上，担心老人一个人在家出意外，所以就送过来短期住一段时间。”

承接好邻养老社相关运营项目的南京常春藤老年服务中心负责人王红梅介绍说：“像王爷爷家人这样的需求，如今在农村也越来越多了，最近就有很多子女来咨询，下一步我们准备扩大床位数量。”王红梅说，偏远村庄有了这个服务平台之后，农村老人养老就找到了“组织”，各种送医、助老服务进村就有了长期对接的平台。在这个互动的过程中，农村养老的真实需求正不断浮出水面，亟待全社会的关注，更需要政府政策、社会资金等多方力量的注入。

一个四通八达，立体式的新农村康养网络正在龙潭形成，通过积极引导，龙潭街道先后引进了南京常春藤老年服务中心、龙潭街道餐饮商会、飞龙艺术团等社会组织参与其中。政府扶助与社会各界的积极参与，有效解决了老人衣食住行和文化娱乐需要，真正建立起了“家门口的养老院”，实现了“让老百姓在家里开心养老”的愿望。

■中秋节，志愿者和老人们一起做月饼

再次是提供“志愿者爱心服务”。2018年1月，好邻养老社引入了龙潭街道爱心百分百志愿者联盟，各村居的党员和年轻人在加入志愿者联盟后，充分发挥先锋模范作用，开展了各项志愿助老服务，服务项目涵盖各个方面，小到修理电灯、疏通下水道，大到送医陪护等。

与此同时，街道还多方对接高校志愿组织，招募和吸纳高校的年轻志愿者，定期组织开展技能培训，不断为好邻养老社注入新鲜力量。并且，设立爱心助老积分超市，通过志愿服务时间通存通兑的激励方式，鼓励更多的爱心人士加入志愿者队伍中来。在此过程中，许多低龄老人也成了志愿者，他们主动为高龄老人提供服务，这些举措大大提升了老人之间的自助、互助意识。

此外，为了实现更大范围的互助，好邻养老社还在服务中心和各服务点设置了邻里互助墙，大家可在上面发布“微力量”和“微心愿”，进一步将老人的服务需求，以及政府、社会组织、志愿者可提供的服务资源对接在一起。

小康生活，从养老开始。解决农村家庭的后顾之忧，就是解决农村的发展之忧。龙潭街道以建设好邻养老社为载体，开启了社会养老的创新之路，他们不断建立和完善农村互助养老专项政策，加强养老服务人员动员、引导和培训；进一步完善农村养老保险、医疗保险、老年津贴等基本保障体系，将养老设施配备纳入村（社区）建设规划；健全完善政府养老服务保障体系，努力做到老有所养、老有所依、老有所乐、老有所为、老有所学。

美好梦想，只能在创新实干中铸就。好邻养老社作为龙潭街道打造的连锁品牌项目，2017 年获得全区重点项目一等次；2018 年获得全区重点创新项目二等次。同时，这一创新之举，先后被南报网及《南京日报》《金陵晚报》《老年周刊》等多家媒体专题报道。

高水平全面建成小康社会，让人民群众实现了在家门口养老的美好愿望。然而，历史的大潮奔涌向前，时代的进步永无止境，面对新机遇和新挑战，龙潭人必须以新思想引领新征程，用新举措应对新问题。唯有振作精神再出发，才能在这片土地上创造出新的辉煌！

文字作者：倪宝明、朱利虎（栖霞区龙潭街道）

图片提供：栖霞区委党史办公室

责任编辑：高　燕

居民事　无小事

“干净整洁的路面、颜色统一的墙体……”老旧小区金尧花园经过综合整治后，发生了令人惊艳的改变。休闲广场上，许多老人聚集在一起，闲聊休憩。他们欣喜地评价：记忆中的老小区，已然从“丑小鸭”变成了“白天鹅”。改造后的小区，犹如脱胎换骨一般，焕发出新的生机和活力。眼前的一切，让居民们切切实实得到了实惠，增强了幸福感和获得感。

迈入新时代，金尧花园社区党委在街道领导下，深入推进“党建+”模式，发挥党建引领作用、党员先锋模范作用，在改善居民生活环境、加强民生服务等方面着重发力，在高水平全面建成小康社会的道路上，披荆斩棘、奋勇前行。社区先后被评为全国节俭养德先进单位、全国防灾减灾示范社区、江苏省和谐示范社区、江苏省科技示范社区，以及省、市绿色人居环境社区，区先进基层党组织。

加强基础设施建设　构建宜居新环境

金尧花园社区位于栖霞区尧化门金尧路 6 号，下辖 5 个居民小区，包含 1 个拆迁安置房小区、1 个厂居房小区，以及 3 个商品房小区；占地面积 47 万平方米，有 96 幢住宅楼，分 10 个居民小组，常住人口 3260 户 6480 人，暂住人口 1460 人，社区服务用房 1100 平方米。

由于辖区内居民小区建成年代普遍较早，或多或少都存在设施老旧，小区环境差的问题。为解决这些困扰居民的老大难问题，自 2013 年以来，金尧花园社区相继实施楼道出新、路面修复、绿化补种等环境综合改造，全面加强辖区内的基础设施建设。2014 年，社区通过街道文体部门向体育局申请了一批全新的健身器材，将原来金尧花园小区小广场的破旧健身器材全部更新，并铺上了塑胶，防止居民锻炼时滑倒；2015 年、2016 年，应辖区居民要求，社区又先后申请了两批健身器材，协调物业分别装在了上城风景南苑、北苑小区的合适位置，满足了小区居民日常户外锻炼的需要。

与此同时，金尧花园社区还压缩办公空间，腾出部分办公用房，打造了各种功能室，有心理咨询室、亲子活动室、观影室、科技辅导室、阅读室、亲子图书馆、四点半课堂等，供居民日常读书、活动之用。其中，四点半课堂所使用的教室，由社区会议室改造利用而

街道与社区联合举办广场文化活动

来。社区将大会议室用屏风分割出一部分，使之成为孩子们每天下午放学后的课业辅导教室。这一举措，切实解决了辖区家长们无法照顾放学早归的孩子们的后顾之忧，也让孩子们在轻松愉悦的氛围中学到了许多知识，让居民们真切地感受到了来自党和政府的温暖。

金尧花园小区广场目前是社区辖区内较大的小区广场，每逢重大节日，社区都会在这里举办大型的文艺汇演活动，组织居民开展围棋、乒乓球、书法、广场舞、柔力球等文体比赛，为辖区居民营造丰富多彩的文化生活。2019 年春节前，社区联合栖霞电视台在金尧花园小区广场开展“遇见‘栖霞’送福到家”惠民文艺汇演活动，为居民送去新春祝福。整场活动中，居民们欢歌笑语不断，纷纷称赞这场活动举办得好，为大家营造了和谐的邻里氛围。

改造老旧小区　提升居民幸福指数

金尧花园小区是社区下辖的拆迁安置房小区，也是尧化街道最早的拆迁安置房小区。该小区建于 2001 年，建筑面积 11 万平方米，包括 36 栋房屋、1296 套住房。小区交付时，入住的都是原地拆迁的老尧化人，或是新港开发区一带拆迁安置的农民。73 岁的居民赵立全回忆说：“不少居民还有种菜的习惯，他们把小区绿化带里的草坪绿植铲掉，种菜、养鸡的现象比比皆是。楼上的人家随手扔垃圾，甚至是从窗口直接丢下楼。小区内的各处小空间堆满了杂物，很多地方都搭起了大大小小的违建。”

■金尧花园小区的垃圾分类投放点

由于建成年代较早，小区老旧化严重，环境脏、乱、差，部分路牙石缺失、道路破损；垃圾桶破败不堪；违章建筑较多；车辆乱停、阻塞消防通道；无房屋维修基金，房屋质量问题多发，管道漏水、线路老化……为此，不少老住户甚至卖了房，彻底搬出了金尧花园小区。

打造优美舒适的居住环境，是建设全面小康社会的应有之义。2017 年年初，尧化街道将金尧花园小区列入专项整治工程，项目总投资 4348 万元，2017 年 9 月进场施工，2018 年 12 月竣工验收。按照商品房的标准，重点针对小区环境、停车场所、无障碍设施等方面进行综合整治。

一年多的综合整治结束后，小区犹如脱胎换骨。整治后小区的安全性得到大幅提升，108 个单元门都装上了门禁系统，配备 230 多个探头，实行 24 小时监控。小区的楼栋外墙刷着红色的真石漆，加上整齐的太阳能桥架，统一位置的空调外机，给人感觉就像走入了高档商品房小区。小区里的道路铺上了黑色沥青，对部分“断头路”进行了打通、拓宽，停车位划分更加整齐合理；广场上的健身设施齐全，并针对小区老人多的特点，设置了无障碍通道及标志。

金尧花园小区整治出新结束后，在最新的居民满意度测评中，大家的满意度超过了 90%，不少已外搬的老尧化人又有了重新入住的打算。小区的一位老居民感慨说：“小区整治后，这么好的地方，再也不能乱堆垃圾、践踏绿化了，大家都应该好好爱护它。”碧蓝的天空、心醉的绿茵、扑鼻的花香，错落有致的建筑在满目的绿色中若隐若现。整洁大气、焕然一新的小区催动了文明之风，如今，乱停车、乱搭建、乱丢垃圾等不文明现象已经在小区内绝迹。

关爱老人　建设居家养老服务站

金尧花园小区 60 岁以上的老人有近 700 人，其中独居、困难老人也很多。年过八旬的王奶奶正是这些老人中的一员，老伴过世后，孩子们陆续外出打工，每年只有春节的时候才能回来看看，平时家里就只有她一个人。

孤独，是老人们觉得最难熬的。现实生活中，由于老年人大都故土难离，加之费用方面的顾虑，许多人不愿意去养老院，而待在家里又太孤独。社区网格员在入户走访时发现，很多老人孤单一人在家，吃饭也总是凑合。他们在心里暗下决心，要为老人们办实事，再难也要办好！为此，社区召开两委班子会议研究，同时组织居民议事会进行讨论，广泛征求居民意见。

然而，要在社区建养老院却不是个简单事儿，加之金尧花园小区建设交付时，没有建设配套的公共用房。经过一番集思广益，社区将小区还算宽敞的自行车车棚“一分为二”，其中一部分通过改造建成了如今的社区居家养老服务站。虽然面积有限，但温馨的布置、配套的服务，让老人有了第二个家！有了这个家，老人们的午餐变成了三菜一汤；有了这个家，老人们每周都能获得专业的健康问诊；有了这个家，老人们的闲暇时间变得充实起来，社区影院、寿星喜乐荟、手工课、老玩童梦想之旅……丰富多彩的活动成为老人们的新期待。

余奶奶今年 94 岁高龄了，虽然不能常常来站点参加活动，但她却可以享受社区志愿者们的各种上门服务，如心理慰藉、健康指导、爱心午餐等，每次志愿者上门，老人都会拉着他们的手说：“有你们真好，你们比我的儿女们还要亲！”

2015 年、2017 年，社区又在计算新村小区，上城风景南苑、北苑分别建立起居家养老服务站点，让小区老年人有了一个可以遮风避雨的室内活动场所。居民调查显示，在机构养老、居家养老、社区养老、智慧养老等众多养老模式中，社区居家养老服务站受到老年人及其子女的普遍认可。居家养老服务站点作为老年人的第二个家，被称为没有围墙的养老院。老人在得到照料的同时，又可以每天回家，同时享受到天伦之乐。

■整治出新后的金尧花园小区环境

关爱孩子　引导和谐新家风建设

■孩子们参加社区组织的科技活动

“一老一小”，是每个家庭关心的重点。除了为老服务，社区为小服务的需求也在日益凸显。孩子的教育问题如何解决？孩子放学没人接谁来帮？社区网格走访中家长们的头疼问题，也成了社区为居民服务的头等大事。经过广泛征求意见，社区决定提供服务场所、引进专业组织（南京市翼知航青少年服务中心、南京爱众社会工作服务中心、悠贝亲子阅读图书馆），开展为小服务。社区将工作思路向街道汇报后，也得到了大力支持。

2013年，街道第一家“青春加油站”在金尧花园小区诞生。在这里，未成年人心理辅导室、活动室、观影室、阅读室、科技室等功能室一应俱全，悠贝亲子阅读、四点半课堂、机器人志愿服务项目等在站点落地。截至2020年8月，社区的“青春加油站”开设的服务项目已达到10多个，累计开设各类活动近2000场次，服务青少年3万多人次。

服务实打实，才会被认可。2019年年初，团中央和团省委、团市委的调研组一行，到达金尧花园小区“青春加油站”，实地了解站点建设与活动开展情况。调研中，团中央领导说，金尧花园社区充分发挥了资源整合的优势，开展了多样的青少年法制宣传教育活动，在密切联系青少年、预防青少年违法犯罪方面发挥了重要作用。“青春加油站”先后被评为全国社会力量参与青少年专门教育试点、江苏省青少年维权岗、江苏省成长护航工程示范项目、南京市优秀社区家长学校等。

与此同时，社区大力引导和谐新家风建设，先后引进了优良家风从心开始、阅读越幸福、心灵使者等公益项目，开展了“寻找靠谱好邻居”活动，也正是在这些活动中，社区发现了李美华与董永红的故事。

李美华，是金尧花园社区的一名居民。十多年前，她家对门搬进来一户新邻居，便是小董一家三口。他们从安徽搬来南京，人生地不熟，一时也没找到工作，家里生活比较困难。一天夜里，孩子的哭声惊动了李美华，敲开门后才得知孩子生病了，小夫妻没钱去医院。李美华说："钱，我这儿有，你们先拿着，带孩子去看病！"

再后来，小董夫妇做起了摊点生意，孩子没人照顾，只能寒冬酷暑也跟着出摊，在摊点边的小书桌上看书写字。李美华不忍心看着孩子受苦，主动提出帮他们照看孩子。就这样，从白天到夜晚、从幼儿园到小学，李美华每天接送孩子上下学，照料吃喝，如同自家孩子一般，尽心尽力，一照顾就是十几年。有一年春节，小董夫妇意外出了车祸，两人都受了伤。在小夫妻俩最困难无助时，又是李美华夫妻俩每天主动照顾他们。

小董夫妇说："孩子跟李阿姨夫妇特别亲，就像亲爷爷奶奶一样，有什么好吃的好玩的，第一个就是送到对门的爷爷奶奶家。我们远离家乡，没有父母可以依靠，却拥有了这么好的邻居真情照顾，让我们觉得很温暖。"李美华一家无私奉献、主动帮助邻居的故事在金尧花园小区被传为佳话，并且作为典型在社区首届寻找"靠谱好邻居"活动中受到了表彰。

关爱困难群众　打赢脱贫攻坚战

"凤声与箫声，唱和如一，宫商协调，喤喤盈耳"，这是明朝冯梦龙在《东周列国志》中的描写，说的是宫音与商音协调配合，便能产生美妙的音乐。在乐曲演奏中，"协调"是成功的重要因素。同样，决胜全面建成小康社会，"协调"也是制胜的法宝。

金尧花园小区由于是拆迁安置房小区，困难群众较多。为带领困难群众共同奔小康，社区积极为困难群众提供民政救助、红十字会救助和劳动就业帮扶。经社区党委研究，社

■社区组织的首届寻找"靠谱好邻居"启动仪式

区设立了临时救助项目，为临时陷入困难的居民提供紧急帮扶；同时，为失业居民提供培训和就业保障，尤其加强对社区残疾人等弱势群体的帮扶，为残疾居民提供免费辅助器材，帮助残疾人再就业，带领贫困居民打赢脱贫攻坚战。

对于打赢脱贫攻坚战所取得的成绩，很多居民感同身受。一位居民在接受采访时说："不仅小区更美了，我们的日子也越来越好，不少原来困难的家庭还开上了小轿车。"面对生活发生的巨大变化，脱贫后的群众同声称赞，打心眼里感谢党的扶贫好政策。

王华（化名）是金尧花园小区的一位居民，因患有精神疾病，在与单位协商后离职。此后，小王全家尤其是小王陷入了痛苦之中，全家都不愿意出门，不愿意与人交流，更不愿意去医院就诊，接受别人帮助。张海霞是金尧花园社区的一名劳动协理员，也是社区全科社工，她知道这件事以后，便试图打电话与小王及其家人沟通，想帮助他们尽快走出困境，但都一次次被他们拒绝。

当张海霞了解到小王符合失业保险政策，可以申请领取失业金后，她便开始上门找小王沟通。在被拒绝十几次后，小王被张大姐的诚意感动了，终于愿意与她坐下来聊聊。在征得小王同意后，张海霞带着小王的证件来到栖霞区政务服务中心，帮其办理失业金审批手续；拿到审批表后，又立即赶往尧化街道为民服务中心，为小王办理失业金申领手续。

■社区志愿者在元宵佳节为老人包元宵

次月，小王第一次主动联系了张海霞，并告诉她说："失业金的钱我收到了，谢谢你，姐，非常抱歉我当初对你态度不好，现在知道你都是为我好。"一句亲热的"姐"，让张海霞瞬间红了眼眶，她觉得一切努力都值了。

后来的日子里，张海霞经常去小王家走访，与小王及其家人聊天沟通，关心他们的生活状况，互相之间也越发信任。在张海霞的建议下，小王的父母带着他开始了就医之路。在此过程中，街道、社区都给予了他们力所能及的帮助。小王的身体状况稳定以后，开始愿意与人交流。

张海霞建议小王找一份临时工作，在充实自己生活的同时，也能增加家庭经济收入。在张海霞的鼓励和推荐下，小王到一家餐饮店当了洗碗工，每天工作 4 小时。他工作得很开心，老板对他也很满意。小王的父母拉着张海霞的手说："多亏了社区，多亏了你们的帮助，你们真是我们家的救星。后面我们也想好了，好好过日子，有困难就慢慢闯，一切都会好起来的。"锲而不舍的上门走访，真诚贴心的关心爱护，社区社工们用一颗颗真心敲开了一个个孤独者的心门，为一个个困难家庭送去了阳光雨露。

居民事，无小事。这是金尧花园社区的服务承诺，也是社区全体工作人员一直遵守的工作准则，他们用实际行动践行着"人民至上"的宗旨理念。高水平全面建成小康社会的成就由人民创造，其成果也必将由人民来共享，愿生活在这里的人们，能得到越来越多的幸福感和获得感！

文字作者：王燕燕、王香云（栖霞区尧化街道）

图片提供：栖霞区委党史办公室

责任编辑：高　燕

配套视频

“头雁”引领高飞　合奏田园交响

隆冬时节，颗粒归仓，乡村田间、农家小院，仍然一派繁忙景象，蔬菜基地孕育着新的希望……走在美丽的八卦洲，这样的场景比比皆是，一幅幅秀美的乡村新图景愈加清晰。栖霞区八卦洲素有“江中绿岛”和“中国芦蒿第一乡”之称，近年来，八卦洲又出了个“葡萄大王”。这个名叫周福安的“60后”，是乡亲们眼中的能人。从学校毕业后，他就外出打工，做过搬运工，帮人开过车，从事过土方工程和绿化工程。难以割舍的故乡情怀，让他最终回到家乡投身于现代生态农业，成为一只带领乡亲们勤劳致富的“头雁”。

创建品牌　成立蔬菜专业合作社

“村里一草一木我都觉得亲切，虽然已有了比较成熟的事业，但在外漂泊总是会想家。”乡贤往往都有浓浓的“乡愁”，故乡之于他们，是割舍不了的精神家园。60年代出生的周福安，是土生土长的八卦洲人。虽然常年在外打拼，却一直关心关注着家乡的发展。

有一次和朋友聊天，周福安发现这样一个问题：电商时代，消费者在网上不断下单，对生态绿色农副产品的需求越来越多，而农村却有很多田地荒废，种田的农民也越来越老龄化。经过一段时间的考察和调研，周福安认为：留住农民，留住土地是关键。只有发展特色农业，才有可能改变农村的产业结构，实现农村的振兴。

深思熟虑后，周福安做出一个重要的决定：回家务农。2009年，周福安回到被誉为“芦蒿之乡”的老家八卦洲。先是创立南京派缘蔬菜种植中心，种植蔬菜50余亩，建大棚、改渠道、清理废水池；紧接着聘请农业专家上门指导，引进蔬菜新品种。随着种植中心现代化水平逐步提升，蔬菜销路也逐渐打开。他着力把“绿色蔬菜”这篇文章写得有声有色，而这样的“生态文章”，也逐渐在八卦洲的土地上铺陈开来，呈现一派生机。

一个人富不是真的富，大家好才是真的好。周福安始终认为，自己富裕的同时，带领周边农户共同富裕，才是真正为群众解难。他更明白，自己做农业离不开乡亲们的支持与帮助。于是，2010年，在村组织的帮助下，周福安组织周边农户，成立了南京派缘蔬菜专业合作社，由他担任理事长。合作社采用“基地＋农户”模式，实施“六个统一”：统一种植技能培训、统一土地布局、统一种苗、统一防治、统一包装、统一销售，使农产品的品质更加优秀，管理更加规范。以基地为核心，带领全体社员共同发展，插上互联网的“翅膀”，实现了集体经济和农民致富的双丰收。

通过一两年的稳步发展，社员收益不断增加，农田年租金从原来的每亩100元提升到每亩1000元，短时间内翻了10倍，社员既能在家门口的合作社上班，每月还能领到2500至3000元工资，大家都十分支持和认可这一方式。此外，种植户的卖出菜价明显提高，根据年销量还实行二次分红奖励。入社的农民得到了实实在在的收益，也吸引了更多农户加入了合作社。依托当地土地资源优势，周福安引导村民积极种植蔬菜，力争形成规模发展，丰富产业结构，为村里的经济振兴注入了“绿色活力”。

“我们的特色农副产品很多，但没有自己的品牌不行。”周福安决定成立公司，整合资源，把特色农副产品用公共品牌推销出去，与大型副食品企业对接，打通农副产品销售“最后一公里”。公司成立后，创立八卦洲派缘农产品品牌并加大宣传，采取自种自检，

周福安带领农户在大棚里忙碌

■派缘居农家乐

配合各级农业部门抽检等方式，构建多元服务平台，强化延伸增值服务，进一步拉长产业链。他们将检测后达到无公害标准的自产蔬菜，经过注册品牌、加工、包装生产为“礼品包装蔬菜”面向全市配送。在大家的共同努力下，没过多久，合作社创立的集体品牌“派缘”便深得顾客喜爱。

“做农业要讲究良心，食品安全重于泰山。”这是周福安经常挂在嘴边的一句口头禅。为了让市民放心品尝无公害蔬菜，自2012年起，他在南京市区逐步开设了4家蔬菜直销店，把最低价格、最安全的蔬菜供应给广大市民。直销店采用会员制度管理，每天将新上市的蔬菜品种、价格用微信公众号等方式，推送给广大消费者，不定期组织消费者到基地实地参观生产、检测等环节，让消费者吃得明白，吃得放心。

眼下，周福安领衔的新型农业合作组织——南京派缘蔬菜专业合作社生意红火。这位敢于吃螃蟹的“掌门人”，带领大家经过短短几年的努力打拼，推动合作社不断发展壮大，如今已成为南京实行产销研一体化、最具标杆性的现代专业合作社，一跃成为南京市供销系统的佼佼者。目前，合作社通过线下实体店销售，已发展会员800多户、固定供货单位400多家，年销量上千万元，产品供不应求，深受市民青睐。

为突破传统农业科技含量低的弊端，周福安积极联系南京蔬菜研究所、南京农业大学、扬州大学等科研院所和高校，向他们学习现代农业种植技术，积极引进新品种。基地先后成为南京市供销合作社总社农产品生产示范基地、南京农业大学新农村发展研究院分布式服务站、南京农业大学葡萄专家工作站、南京市蔬菜科学研究所科技服务基地。对于这些，身为市人大代表的周福安深有感触，他希望能建立起更为长效精准的人才帮扶机制，让高校院所专家能够常驻农村，更好地帮助农民解决技术难题。

农业强，必须依靠科技进步。走中国特色现代化农业道路，更要播下创新的“金种子”。科技和创新能让农作物更饱满、土地更丰收、农民更富有。在充满希望的八卦洲土地上，一片片生机勃发的“果蔬板块”，在灿烂的阳光下，演奏出一支支美丽动人的田园交响。

生产转型　采用“农业＋”种植模式

金秋，农业嘉年华正在栖霞区八卦洲陌上花渡园区如火如荼地开展，派缘合作社的新型职业农民们正忙碌着，他们或向游客推荐新鲜果蔬配送业务，或介绍洲上采摘基地和特色农业技术，义务当起了导游。他们说：“嘉年华是农民的节日、市民的盛会，最开心的就是我们这些热爱农业的人。”在嘉年华电商馆里，周福安正在向游客介绍配送业务，上手机淘宝，就能购买到八卦洲新鲜蔬菜，城区两小时配送到家，现场不少人拿起手机扫码下单。周福安又领着大家参观他的展区，“阳光玫瑰”葡萄、草鸡蛋、葡萄鸡……琳琅满目、应有尽有。

农业，早已不是单一的种植方式，“农业＋”模式也为乡村振兴提供了一条可持续发展之路。目前南京已有不少农场主把传统农业与休闲旅游深度融合，不仅带来了人气，还带来可观的经济效益。为了增加乡亲们的收入，拓展业务，周福安通过规模化的生产方式大力发展农业观光旅游，开创了“派缘居”农家乐，让市民在基地观光的同时，也可品尝到合作社种植的无公害果蔬，让更多市民吃上了“放心果蔬”。

2014 年，周福安考虑合作社生产转型，由传统的单一种植蔬菜，扩展种植水果，经过多次调研、走访，与专家探讨，最终决定，合作社与南京农业大学合作，引进葡萄种植，不仅引进新的葡萄品种，还采取了新的种植模式，新建 108 亩高效农业设施避雨大棚，采

首届中国农民丰收节暨第十四届中国南京农业嘉年华开幕式

■周福安指导农民修剪和采摘葡萄

用垄式栽培模式。

此后，周福安邀请南京农业大学教授进行现场教学，每年教学可达3000人次，学员都是来自南京周边的葡萄种植大户。周福安为他们推广现代化葡萄种植模式，增加效益，同时带动周边农户共同发展。

在葡萄种植过程中，周福安发现，越来越多的人热衷于休闲采摘，于是他决心致力于打造现代化休闲观光葡萄园。可是常规的地面栽培模式，垄面低，费时费力，不适合休闲采摘；而各种架式基质栽培模式虽然省工省力，适合休闲观光采摘，但成本太高。经过反复的试验研究，他通过有机肥改良土壤，亩均种植九株葡萄，采用H型整架，旨在生产优质葡萄。前期合作社引进葡萄十余种，由于采用科学的管理模式，在第二年就有部分葡萄上市销售，新品种葡萄“阳光玫瑰”，更以特殊的玫瑰味口感和高糖度的品质走红市场。同时，园区采用立体化种植模式，生态养殖家禽。走进葡萄园里，一眼就能看见大小各异、形形色色的鸡鸭鹅，不停地穿梭于葡萄架下，各自悠闲地觅食。周福安说：“园子里散养的土鸡肉质紧实、营养价值高，客人都喜欢吃。现在我们的鸡鸭鹅长大了，不仅可以供应许多小饭馆，多余的一部分还能对外销售。”他深信，在不久的未来，随着乡村的崛起，当下的“城市病”也许会有所缓解。那时的乡村，将不再是凋敝的、落后的“空巢”，田园梦将更加深入人心。

回馈社会 带领乡亲脱贫致富

午后的八卦洲中桥村，突然迎来一场阵雨，村民房前屋后的瓜果蔬菜被雨水激出了活力，西瓜、水蜜桃，看着就鲜嫩可口；“阳光玫瑰”葡萄颗颗晶莹剔透，即将成熟……给自家门前的两棵葡萄藤除草后，扶着枝干休息的75岁村民熊少山眼中充满了希望，别小看这葡萄，它们可是老熊的掌上明珠。

老熊参加了村里的“一棵葡萄，一个梦想”精准扶贫项目，等葡萄到了丰产期，就能给他这个贫困家庭带来增收。熊少山笑眯眯地细算，“阳光玫瑰”葡萄个头大、口感甜，地头的收购价能达到20元一斤，一棵藤上能产葡萄300斤。他们家光葡萄这一项，一年就能增收1.2万元。可以说，门口的葡萄藤就是老熊家的摇钱树。

做给农民看、带着农民干、帮着农民赚……几年间，周福安任劳任怨、矢志不渝，像一粒种子，无怨无悔地在八卦洲的土壤中生根开花。周福安在原有葡萄园基地通过不断培育、选种、试种，取得一定效益后，积极带动八卦洲贫困户共同发展，实施“一棵葡萄，一个梦想”项目，帮助贫困户精准脱贫。合作社与八卦洲街道中桥村 11 户贫困户对接，利用贫困户房前屋后的空余场地，进行葡萄种植。村委会负责设施搭建，合作社提供葡萄种苗、技术指导、栽培管理、销售服务。贫困户们在合作社的技术指导和帮助下，葡萄种植情况良好，收入稳定增加。从“靠天吃饭”到“产业兴农”，致富经走进了乡亲们的心里，让大家尝到了务农的甜头。大家总是笑着说：“有问题就问周福安！”

周福安还发现，发展“庭院经济”不仅可以拓宽农民增收渠道，还可以改善农村人居，让困难百姓不仅脱贫致富，实现长期持续增收，还美化了乡村环境。为此，合作社制定了实施方案：每年 12 月至次年 1 月进行葡萄冬季剪枝；2 月至 5 月进行物理、生物防治，花芽处理以及枝条处理；6 月至 7 月进行技术培训及现场指导；8 月至 10 月采收；11 月进行秋季施肥。阳光玫瑰每株产量可达 300 斤，每株收益在 5000 元左右，每户贫困户年增收可达 6000 至 10000 元，并能实现持续增收。截至 2019 年年底，周福安在中和村利用庭院经济带动贫困户发展，致富脱贫，直接受益人数达 24 人。

利用好农村土地，吸纳贫困村民脱贫致富，让庭院经济开出“致富花”，为全面建成小康社会目标添一份力，这一模式或将成为农村贫困人口脱贫的又一样板。为带动更多贫困户共同致富，在理事长周福安牵头下，派缘合作社与八卦洲街道办事处，及街道所辖

派缘蔬菜专业合作社的大棚

上坝村、中桥村、新闸村、东江村、七里村、下坝村、外沙村7个村共同成立扶贫基地。基地坐落于八卦洲街道上坝村大同九队，土地租赁面积200亩，实际设施覆盖种植面积173.7亩，全部用于葡萄种植。根据三方协议，扶贫基地成立专业合作社，优先为各村贫困户提供工作岗位，实现岗位脱贫，勤劳致富。扶贫基地的成立，为八卦洲街道提供了长期的造血能力，为贫困户实现了长期的收益。

作为全国劳动模范，周福安从未忘记关爱员工，回馈社会。为了丰富社员文化生活，合作社每年组织社员及社员家属集体外出旅游、参观学习。2017年以来，连续3年，合作社为栖霞区900名环卫工人在炎炎夏日送上合作社自产的精品葡萄、西瓜，为他们送上一份清凉。在市供销社的联系和支持下，周福安多次在端午、中秋佳节为社区里的困难户、老党员送上自产的农产品，为他们送上节日的祝福。助力青少年健康成长，鼓励优秀学生不断进步，周福安个人先后资助了八卦洲中桥小学、中心小学、中桥中学的7名困难学生，不仅在资金上给予帮助，更注重学生的全面发展，多次组织学生外出参观学习，年资助额达8万元。同时，他作为栖霞区慈善总会成员，每年向社会捐款2至3万元，并每年为八卦花园社区助老活动提供资助1万元。

蓝天如镜，沃野铺金，美丽乡村孕育出新的希望。作为致富带头人，周福安也先后获得了一系列荣誉：2010年度，被评为南京市星火科技带头人；2012年度，被授予江苏省创业之星、南京市劳动模范、“南京市创业明星”称号；2014年度，被授予江苏省五一劳动奖章和“栖霞最美劳动者”称号；2015年度，被授予全国劳动模范，荣登江苏好人榜，合作社被评为全国示范合作社、江苏百强合作社、江苏省巾帼示范合作社；2016年，被评为南京好市民；2018年，当选为南京市优秀中国特色社会主义事业建设者。

使命在肩，初心不改勇往直前；山高路远，砥砺奋进风光无限。面对未来，周福安信心满满，他将继续发扬“头雁”精神，力争带动更多农户共同发展，引领大家共同奏响一曲新时代的田园交响！

文字作者：祁　峙（栖霞区八卦洲街道）

图片提供：栖霞区委党史办公室

责任编辑：高　燕

雨花台区

YUHUATAIQU

配套视频

“初心+铁心” 同心架起幸福桥

“有桥冶铁为之，广尺许，长丈许，名铁心桥”，这是《牛首游记》中记载的有关铁心桥名字的来历。然而，现实中的铁心桥原为南郊韩府山东麓一条小河上的石桥，民国初年拆建成为一座水泥桥。1979年，挖掘秦淮新河时从此通过，在附近又建成了一座跨度75米、高15米的双曲拱形水泥桥，仍取名为铁心桥。从历史深处走来的铁心桥，40年间历经“三拆三建”，它真实见证了铁心桥人踏平坎坷成大道，斗罢艰辛又出发的豪迈情怀。

铁心桥周边的老人在回忆几十年前的生活状态时，感慨万千：“那时家家户户都很困难，靠山居住的村民为维持生计，将山上的树木不管大小，竭尽砍伐，挑进城里出售，即便如此也很难缓解生活的窘迫。再看今天的生活，真的是一个天，一个地，想都不敢想，我们还能过上这样的好日子。”

初心连宗旨，铁心见行动。改革开放以来，特别是党的十八大以来，在27平方公里的热土上，铁心桥街道各级党组织带领广大干部群众爬坡过坎、攻城拔寨，积小胜为大胜，交出了一份干事业、奔小康的满意答卷。如今，这里已成为中国（南京）软件谷的核心区和雨花台区“两桥”（铁心桥和西善桥）地区改造的主战场。2019年，在南京市“不忘初心，牢记使命”主题教育推进会上，铁心桥街道作为唯一的街道代表，做了主题教育经验交流，“晒”

■曾经的铁心桥

2017年改扩建竣工后的第五代铁心桥

出了街道发展获得的“真金白银”。“一条大河波浪宽，风吹稻花香两岸”，正是“初心+铁心”，为铁心桥两岸人民架起了通往高质量全面小康的幸福桥。

一根接力棒　全力谋发展

1988年，当时的铁心桥乡党委组织编制了铁心桥乡经济社会发展的“三年规划，十年蓝图”。三年规划是拟开辟乡镇工业园基地建设的核心区，打造社会公共设施配套建设的一条龙服务区，建设副食品生产供应基地，因地制宜地搞好副食品深度加工与销售工作，尽快使农民脱贫致富；十年蓝图是全乡力争实现财政税收突破800万元大关，社会总产值达到20亿元，其中工业17亿元，农业0.5亿元，三产2.5亿元。这份“三年规划，十年蓝图”，成为铁心桥开启新征程的起跑线。

2020年，一份《基于产城融合理念的园街融合高质量发展体系研究》的可行性报告，摆在了街道党工委的会议桌上。这份报告详细论述了铁心桥街道的特性，指出了街道服务科技创新的支点所在，并为如何实施“园街融合”提供了理论支撑。“街道位于软件谷核心区，软件谷的大部分经济活动都在铁心桥，这注定了我们必须全情投入服务软件谷。”

两份蓝图，时隔32年；从公社—乡—镇—街道的转变，成为铁心桥街道发展历程中的重要时间节点。在这条“接力赛道”上，每一任接力者都秉持着初心与使命，解放思想、勇闯新路，不约而同地跑出了“加速度”，打出了“组合拳”，他们不断向贫困开战，跟困难叫板，以发展为“钥”，朝小康奋进。

今天的铁心桥街道马家店社区高楼林立，道路宽阔明亮、畅通整洁，一派繁华。76岁的老人蒋长明回忆说："40年前的马家店大队，是铁心桥乡南边最贫困、经济发展最落后的穷大队，在整个雨花台区乃至南京市都挂上了号。"说起40年前铁心桥周边的道路状况，九旬老人郭金鉴颇有感触："农户挑担菜进城去卖，走过石子岗要歇几歇，才能有力气继续往前走；有的农户用小板车拖车柴草进城去卖，路过石子岗，上坡要拼尽全力往前背，下坡要用尽全力抵住小板车，慢慢向下滑，稍有疏忽，就会人仰车翻。如果遇上雨雪天，要想翻过石子岗，更是苦不堪言。"

穷则思变，正是当初艰难的生存环境，激发出铁心桥人逢山开路、遇水搭桥的决心。为彻底摆脱贫穷落后，各级党组织带领干部群众进行了不懈奋斗，特别是近十年来，呈现出奋力冲刺的姿态。蒋长明指着一片片高楼喜笑颜开："这里就是过去马家店大队的黄泥岗，谁能想到，软件谷科创城会在这里落户，并生根开花。"

再看南京绕城公路铁心桥段闸道口，看起来非常普通，但退休干部程明友介绍说，这个闸道口来之不易，很有故事。1995年，南京市启动修建绕城公路工程，政策规定如果要在铁心桥留一个闸道口，需要投入资金800万元，费用由属地自行负担。当时的铁心桥镇党委经过调研后下定决心，一定要开辟这个闸道口，否则有可能会延误铁心桥的发展。下定决心后，街道发动每个干部到辖区单位、驻地部队做工作，大家齐心协力凑齐了开辟闸道口的费用，募捐"化缘"，闯过了一道关键的发展关。同样，20世纪90年代，街道利用修建南京禄口机场以及埋设自来水管道经过铁心桥地区的契机，又克服重重困难，一举解决了铁心桥街道居民和全部企业用水的问题。

进入21世纪后，随着"三通一平"（电通、水通、路通，场地平）问题的解决，铁心桥地区的发展进一步提速。2013年，街道以促进园街融合发展为目标，推动成立了改革创新工作领导小组暨铁心桥街道研发中心，旨在聚焦发展遇到的新问题，蹚出改革创新之路。研发中心成立后，围绕党建、经济、民生、城市治理、平安和谐五大方向，系统排出27个子课题。截至2019年12月，已有22个课题形成初步成果，其中雨花"中心荟"商圈党建、物业管理改革、"同心桥"公益帮扶项目等创新课题已落地运用，相关经验做法被《新华日报》《南京日报》等多家媒体报道。

进入新时代，卓有成效的党建工作，更是成为铁心桥地区发展的底气。从"两学一做"学习教育到"不忘初心、牢记使命"主题教育，街道党工委认真落实工委班子成员挂钩联系点制度，在解决问题、推动发展中检验学习成果。其中，景明佳园社区"1345"党建工作法进一步深化了社会治理功效，在全市范围内进行推介；定坊社区党总支书记彭健林被

■雨花“中心荟”商圈中的楚翘城

评为江苏省农村基层党建先进工作者，为大家立起了干事业、做表率的标杆；街道培养树立了高家库夕阳红党支部、“农阳大家庭”与“夜间 110 队伍”等先进典型，形成了党建引领的强大势能。2020 年，在抗击新冠肺炎疫情阻击战中，一个个急难险重任务更是对党建工作成效进行了“抗压式”考验。

一支协奏曲　展现新作为

2019 年 12 月上旬，铁心桥街道软件谷内的企业天数智芯在 2019 环球趋势大会上，成为国内唯一获得年度智能开拓奖的 AI 芯片企业。消息传来，看到中国企业“牛”气冲天，街道的干部群众格外振奋。与“谷”为邻、伴“谷”共舞，为 20 多万软件人才安居乐业做好后勤，为上千家软件企业创新创业看好后院，为软件谷高质量发展提供稳定后方，已成为街道上下的远见共识、主课主业。

回首软件产业在这片土地上的飞速发展，其中也饱含着许多铁心桥人所作出的“牺牲”。2001 年，中兴通讯股份有限公司入驻雨花，开启了雨花软件产业发展的序幕；2005 年，随着华为软件技术有限公司的入驻，软件产业链逐步形成；2008 年，雨花软件园成立；2011 年，中国（南京）软件谷揭牌。随着中国（南京）软件谷不断发展壮大，对土地利用的需求也越来越大。为此，街道从 2014 年开始，把剩余土地使用权限全部划归给中国（南京）软件谷管委会统筹规划。这一重大决策，为软件谷的发展插上了腾飞的翅膀。

三江学院的一名学子望着校园恋恋不舍：“下一步，随着软件谷的扩建，目前的校区必然面临搬迁。等我们离开后，这红砖绿荫的校园，必将永远留在大家的记忆里。”作为软件

■ 20 世纪 90 年代的铁心桥小学

谷核心区和“两桥”改造主战场，拆迁让地，已成为铁心桥人的共同选择。据统计，2016 年至 2019 年期间，街道范围内共计完成拆迁总面积约 68 万平方米，涉及 36 个拆迁项目。

除了拆迁让地，街道还推动重建铁心桥，并开工建设了一批中小学校、社区医院，进一步完善了排水改水设施等。同时，深入开展企业安全生产督导，全面加强平安街道建设等，为产城融合提供基础性关键支撑。2017 年，街道对照高质量发展“路线图”，助力创新创业，打造了 200 平方米的青创基地，新增了一批省级创业示范社区，完成了 2000 平方米的文体服务中心改造。另外，加快整合街道各类载体平台，为研发机构和科技成果企业化、项目化落地做好服务。

街道的硬件条件跟上来后，如何做到“善管善治”，同样是一篇大文章。为此，铁心桥街道围绕城市治理、环境优化、物业管理等方面，全力打造宜居宜业的良好环境，为辖区内的企业搭建贴心栈桥。

在城市治理方面，面对占道经营、渣土运输、乱搭违建、乱贴小广告等顽疾，街道迎难而上，见招拆招，采取了网格化城市管理创新模式。2017 年至 2020 年，街道先后对辖区内的 22 条背街小巷道路实施精细化整治，其中春熙路、和苑西路被评为区级精品示范街区；全面推行“路长制”，确保环境管理整治到底到边；运用“执法记录仪＋无人机＋电子大屏幕”，打造大数据“扫街神器”，及时发现环境问题。2019 年，街道在全区城市治理工作综合考核中排名第一。另外，街道还积极推行垃圾分类先行先试工作，2020 年 5 月，率先在韩府雅苑小区建立垃圾房，垃圾分类集中处理率达 86.8%。

在环境优化方面，2011 年以来，街道先后对铁心桥大街、宁丹路等 14 条主次干道进行整治与复绿，把将军山后庄的湿地公园打造成美丽乡村；对定坊高架桥、小村、牛首福园附近以及相关待建工地进行平整与覆盖；强力推进水环境治理工程，下大力气抓好黑臭河道治理工作，黑臭水体整治达标率达 100%；推进铁心桥北片区雨污分流项目，完成积淹水片区改造工程，努力构建完善的城市排水体系，2019 年基本实现雨污分流全覆盖；完成大定坊规划路建设、罐子山森林防火通道和韩府山防火通道及绿化种植等重点工程；创新运用“3+3”

工作法（三前置，即隐患排查前置、数据采集前置、舆情引导前置；三精准，即进度精准追踪、安全精准保障、矛盾精准化解），多部门参与联动全力助推春江一期老旧小区出新工作，利用10天时间完成158处违建拆除，5个月时间完成全部施工。

在物业管理方面，积极推进物业改革，制定《街道自管物业规范化管理改革实施意见》，对6大类20项工作进行规范，以德研物业、和坊物业为试点，聘任物管顾问团，梳理经营管理方面问题，制定完善物业管理的各项标准和考核机制。2017年，这项工作被《新华日报》《南京日报》等媒体报道。

种好梧桐树，才能引来金凤凰。在全力打造宜居宜业良好环境的同时，街道还致力于为辖区内的企业搭建贴心栈桥。在深化服务推进产城融合的过程中，街道充分发挥网格服务功能。小小网格员，展示大能耐；人在网中走，事在格中办。

发端于社会治理领域的“网格化”，被中国（南京）软件谷与南京雨花台区铁心桥街道联动推出“经济版”。2016年年底，街道与软件谷正式签署协议，由街道担纲软件谷多项“服务工作”；2017年4月，街道成立了经济网格化办公室，软件谷把辖区划分为10个网格，街道负责为1至8号网格内的57个园区、80多幢楼宇、2600多家中小微企业提供相关服务。

从此，网格员们便成了信息收集员、政策宣传员和生活服务员，高企申报、专利申请、经济普查、税务服务、证照代办、楼宇租赁、贷款服务、人才公寓代理……十来个年轻的网格员，每人对接两三百家企业，每月最少要上门一次。这张“网”很大，企业无论大小都能享受到更加均衡充分的服务；这张“网”又很细，诸多关系企业生存发展的关键小事都能一网打尽；这张“网”还很温暖，它把被动式等待企业来办事，改变为主动把服务送到企业门上。

现在的铁心桥小学

■ 2018 年复绿后的宁丹路

一个同心圆　精准画和谐

高家库社区书记曾自豪地说："别看我们是涉农社区，但与我们结对的企业全是'大咖'，运满满、新立讯这些大公司都是'自家人'，有啥困难可以随时招呼。"作为在线平台拥有 650 万大货车司机的独角兽企业，运满满公司党总支书记朱怀成说："软件业都是每周六天工作制，但只要社区有活动，我们肯定准假，让青年员工们有时间走进社区做服务。"

这便是街道与软件谷内企业互帮互助、互促共融的生动缩影。从画好园街同心圆、干群同心圆，到画好新老铁心桥人同心圆，街道党工委始终坚持为人民服务的理念，勇于创新破解工作难题，千方百计谋求群众福祉，让发展成果共享，让美好生活可期。

位于街道辖区内的景明佳园，是南京市第一个大型解困经济适用房小区。截至 2019 年年底，小区已发展成为一个拥有 6700 余户居民，近 2 万人的大型城市社区，其中有 499 户 918 人为低保对象；居民中夫妻单人下岗的占 35%、双下岗的占 8%；残疾人达 3%。困难群众相对集中，使得社区内的各类矛盾纠纷层出不穷。对此，历届街道党工委知难克难，迎难而上。2013 年以来，通过重整社区党的组织体系，让社区 282 名党员找到了"组织"，近 2 万名群众有了"主心骨"，建立了联系群众的长效机制；引入社会组织，推行居民自治，完善服务功能，实现了由乱到安、由管而治的嬗变，蹚出了一条多元共治、共建共享的"幸福之路"。

在推进社区治理的同时，铁心桥街道深入开展大走访活动，重点锁定低保户、大重病户、空巢老人等九大重点走访对象，"三色标注法"（2017 年铁心桥街道春江社区在大走访中采用的色标管理方式，红色标注常住户、蓝色标注出租户、绿色标注空住户，并对每走访的一户用圆点标记，每产生一条问题在菜单上标注）工作模式受到省委主要领导的肯定。另外，春江社区总结出小区出新中的群众工作法、景明佳园社区建起党建引领民情协商的红旗广场、尹西社区提出科技民生手拉手、新河社区拿出自管物业的改革创新办法……这些举措使得社情民意监督有成效，件件有落实，事事有回音。

为进一步把工作做细做实，做到群众的心坎上，街道党工委始终坚持做好辖区内低保困难群众的帮扶工作，不断提高群众生活质量。2019年，街道社区事务服务中心牵头搭建了“同心桥”公益慈善路演平台，筹集企业善款20余万元，为困难群众提供点对点的精准帮扶；出台《铁心桥街道医疗救助方案》，提升困难群众的获得感、幸福感。

25万新旧铁心桥人，都是一个命运共同体。进入新时代，街道在促进软件企业与社区融合共建，推动软件人才和本地群众融合互助方面频频发力。

为解决企业员工租房难、租房贵问题，2018年下半年，街道整合辖区内春江新城等大型安置房小区内的闲置房资源，在新河社区试点开展“居住创新”。“真没想到，月租金800元就能在南京住下来，而且房子离公司特别近！”街道坚持以精准服务为出发点，有效运作闲置房屋，让软件人才在半小时工作圈内找到了舒适、宜居、便利、便宜的承租房，打造出有温度的“蜗居”。“似水流年，芳华正茂。就在铁心桥，留下我的青春年华吧。”一位28岁的谷内企业员工在微博上这样写道。

与此同时，在大走访过程中，街道发现子女教育问题，已成为保障房居民的共同“痛点”。为此，街道向软件谷企业中的爱心人士发出邀请，请他们义务担任社区的“社会家长”，

2019年出新后的春江社区

铁心桥雨花客厅夜景

为学生提供课程教育，帮助孩子们解决成长中遇到的问题。截至 2017 年年底，已有 19 名软件谷企业家、机关干部、驻区单位领导成为“社会家长”。

江苏润和软件股份有限公司党委副书记、副总裁邓玲说：“润和有 8000 多名员工、637 名党员，公司定期组织员工与结对社区高家库共推民生服务，许多‘码农’已成为社区困境儿童的‘社会家长’，他们逢年过节会给孩子送礼包，寒暑假带孩子来公司体验，平时会帮助孩子们辅导功课或是进行青春期心理抚慰。”

回首铁心桥人在高水平全面建成小康社会征途上的奋斗历程，其中蕴含着一代代建设者接续奋斗的不懈努力，更承载着一个个家庭勤劳致富的辛勤汗水。初心引领实干，使命呼唤担当。铁心桥人正以时不我待的奋进姿态，为建设激荡青春活力、闪耀科技魅力、展现组织亲和力的新铁心贡献力量。展望未来，他们必将在高质量建设“强富美高”新南京的征程上，迈出新的更大步伐。

文字作者：雨花台区铁心桥街道

图片提供：刘　晶、张　强、杨胜园、雨花台区铁心桥街道

责任编辑：严明英、王　嘉

配套视频

璀璨人文开盛宴　和谐古雄拓新天

古雄社区位于雨花台区西南部，东接江宁区荆刘社区，南靠古雄街道大方社区，西依宁芜铁路，北邻古雄街道柿子树社区。板桥系古雄的别称，著名诗人谢朓、李白、杨万里、鲍照等都曾留下有关板桥的著名诗篇。千年以来，古雄历经沧桑，盛名不衰，这里既是商家云集之地，也是人文荟萃之所，苏盐陶瓷、木材竹器在这里聚而又散、流通四方；区域内的青石板桥、板桥老街、华兴村、古雄火车站等历史文化古迹，见证了古雄源远流长的历史。

2012年以来，随着原板桥新城（现古雄街道）的快速发展，尤其是实施“村改居”后，原先的村民小组不复存在，农民成为板桥新城的“新市民”。同时，随着多家新楼盘的建成，“外来市民”逐步成为社区的新成员，打破了原有的农村“熟人社会”形态。如何在“老与新”“传统与现代”的融合与碰撞中，不断增强居民对社区的归属感和认同感，如何带领大家齐心协力奔小康，成为社区工作的重要命题。在此过程中，古雄社区依托深厚的历史文化底蕴，持续打造民俗文化、志愿文化、家庭文化等活动品牌，用传统文化优秀基因浸润居民的“心田”，让社区建设焕发出勃勃生机。

1922年的华兴村

传承民俗文化特色　凝聚社区人心民心

位于古雄的华兴村是江苏省著名侨乡。1921年，广东籍爱国华侨李殷宏、邓仙石、李端伟、李雨洲、曾石泉等人在美国旧金山创办了华兴农业股份有限公司；1922年，为了响应孙中山先生实业救国的号召回国，他们在古雄创建华兴村（俗称广东村），并将公司落户于此，促进了当地的经济发展。这些爱国华侨中的很多人都参加了南侨机工，在滇缅公路帮助军队运送战斗物资。为纪念这段历史，2010年，由街道牵头，古雄社区对华兴农业公司办公大楼旧址进行了修缮，2017年社区进行了深层次资料收集，做了新的布展，建立了华侨史料陈列馆。

为将古雄悠久的历史传承下去，社区深入挖掘民俗文化资源，不断加强民俗文化人才队伍建设，高度重视民俗文化宣传，取得了一系列丰硕成果。例如找准民俗文化与和谐社区建设的结合点，细致梳理社区的各类民俗文化资源并建立档案；选拔社区社工，将其作为重点培养的传承民俗文化的带头人；发动社区党员和居民，借助社会力量，成立社区文化团队，先后建成口述历史古雄馆、社区戏剧工作坊等多个特色民俗文化场馆；举办社区特色民俗文化展示月，开展春分养生、上巳踏青、端午粽夏集市、立冬嘉年华等活动，将娱乐趣味与民俗记忆有机融合，引起社区居民共鸣。同时，在社区微信公众号开辟民俗文化平台，联合龙虎网、《金陵瞭望》等媒体，加大宣传力度，扩大古雄社区民俗文化影响力。

在社区开展的各项活动中，居民参与度最高的要数大家自发成立的各种文化队伍。社区里的胡元琴阿姨热爱生活、能歌善舞，她牵头成立了古雄社区旗袍队，带领一群姐妹排练，定期举行公益演出。队伍成立初期，互不熟悉的队员们容易产生矛盾，她便主动发挥“黏合剂”的作用，化解矛盾，增进大家的友谊。现在，旗袍队已成为社区民俗文化特色的一张名片，也给大家提供了一个展现自我的舞台。

■华侨史料陈列馆

2019年七夕节，在古雄社区举办的“和美雨花，

■2018年11月，古雄社区举行家风家训分享会

爱在七夕，讲述你我身边的爱情故事”活动，受到了社区居民的一致好评。活动现场邀请了8对夫妻进行访谈，其中有40多岁的中年夫妻，也有80多岁的老年伉俪。他们带来了许多照片，有已经泛黄的老照片，有后来拍的全家福、金婚纪念照，还有全家一起出游时留下的快乐瞬间。他们在展示照片的同时，向现场观众娓娓道出他们动人的爱情故事。

姜奶奶为了参加这次分享会，特地提前写了文稿，她深情地对老伴说：“咱们年轻的时候，家里穷得叮当响，日子苦、矛盾也多，两个人常常为了一点小事争吵；吵着吵着，把孩子们拉扯大了，我们自己也变老了；大半辈子过去了，现在家里的生活越来越好，我们都要保重身体，这样才能相伴到老。”老人的讲述，引起了许多观众的共鸣，之后讲述的那些相濡以沫的往事，大家更是悄然湿润了眼角。

社区开展的类似活动还有很多，它们在展示传统节日深厚文化内涵的同时，引导大家传承中华民族的优秀文化，在社区中营造出家庭和美、邻里和睦、社区和谐的良好风尚。

打造志愿文化品牌　提升社区自治水平

古雄社区是传统的集镇社区，随着板桥新城开发建设的迅速推进，辖区内的流动人口日益增多。部分居民的素质参差不齐，参与社区事务的积极性不高，导致社区在治安维护、环境卫生整治等方面的管理难度增大。针对这一状况，社区重点加强了“志愿文化”建设，通过广泛宣传，吸纳有意愿、有渠道、有能力的居民参与社区建设与管理，着力构建以社区志愿文化为引领的社区自治模式。

首先是完善志愿功能网络，先后打造了“社区志愿者中心、志愿者服务站、志愿者小组（服务队）”三级志愿者服务网络，实现社区志愿服务在社会治安、环保、扶贫济困、法律援助、精神文化生活等方面全覆盖。其次是打造志愿服务品牌，在社区志愿者服务中心和志愿者服务站开设24小时热线电话和值班备勤窗口，开通古雄社区志愿服务QQ群和微信公众号，及时收集和处理社区求助信息。每年组织“文化古雄”“文明古雄”“大爱古雄”等公益服务 70 余场次，受益群众千余人次。再次是提高志愿服务效能，积极开展分类技能培训和指导，提升志愿者服务水平。同时，完善志愿者管理机制及考评激励制度，要求每个志愿者每年至少参加 36 小时的义务服务，并登记和确认义务服务内容、时间及效果。

顾宗美是古雄社区和家居家养老服务中心的员工，也是社区志愿者队伍中的优秀一员，一直负责社区尊老、助老、爱老方面的志愿服务。她家距离工作单位不远，即便步行也就十几分钟。但她每天早晨都会提前出门，不是怕路上堵车迟到，而是想利用这段时间与老人们打打招呼，拉拉家常。顾宗美家住 6 楼，从楼上走到楼下，基本每层都有老人守在门口，就为和她说说话。

人与人之间的信任是相互的，老人们之所以对她如此依赖，把她当成自家儿女，正是因为她在志愿服务中，也把老人们当成了亲人。她真心诚意地与老年人做朋友，了解他们的需求，为他们开展定向服务，帮助他们解除生活中的实际困难。小顾最常说的话是：授人玫瑰，手有余香。真诚帮助他人，自己也能得到同样的快乐。

2020 年年初，在新冠肺炎疫情防控的关键时刻，古雄社区党总支向全体党员居民发出倡议：“为了保护父老乡亲，为了自家人的健康，让我们一起冲锋在前！”此后，广大党员、群众闻令而动，主动请战，奏响了一曲感人至深的抗疫之歌。

“王书记，听说咱们社区防疫工作缺少人手，我是受党培养多年的老党员，我申请加入此次防疫工作中去，这是我的请战书，我志愿冲在第一线！”除夕夜，古雄社区党总支书记王保武在办公室里，接待了 2020 年春节的第一位访客——党员志愿者程试富。程试富是一名土生土长的古雄人，在这片土地上生活了 73 年，也是一名有着 34 年党龄的老共产党员，曾多次参加过社区组织的抗洪抢险工作。

他的请战书得到社区批准后，从 2020 年 1 月 28 日起，在老街的街头巷尾，都能看到程试富的身影。2 月 1 日，古雄社区疫情检查点开始执行 24 小时轮班制，得知夜班人手不够，程试富又主动申请参加夜班值守工作。夜间的南京，气温接近零度，程试富的老伴担心他的身体，多次劝其回家休息，都被他劝回。“寒风中，看着灯光下的程老疲惫的面庞和他老伴憔悴的身影，我们都快感动哭了。”值守的年轻队员们哽咽道。

另外，在古雄社区抗击疫情一线，还活跃着一对兄弟志愿者，他们是社区党总支党员王宝龙和志愿者王部龙。两兄弟一直生活在板桥河边，社区倡议发出后，兄弟二人都积极响应。王宝龙，今年 60 岁，曾多次参加板桥河抗洪抢险工作，多次被社区党总支评选为优秀党员；2008 年非典期间，他也曾积极参加社区组织的防疫工作；每次社区和群众有需要，他总是冲在最前面。他常对家人说：“我是一名退伍军人，一名党员，虽然脱下了军装，但只要人民需要我，我就应该义不容辞地冲到前面，做好表率。”受到哥哥王宝龙“亮剑”精神的直接影响，弟弟王部龙也做到了冲锋在前。他虽然是一名癌症患者，但病愈后并没有意志消沉，反而以更加积极的心态参加社区的志愿服务，“哥哥一直是我的榜样，我已向社区党组织递交了入党申请书，志愿加入中国共产党，成为一名党员。”

■党员志愿者程试富（左一）参加抗疫执勤

突出家庭文化建设　促进社区和谐发展

家庭是社会的细胞，是构成社区的基本单元。建设良好的家庭文化，有助于形成文明、健康、科学的社会生活方式，有助于营造优良的社区文化氛围。为此，古雄社区以家庭文化建设为抓手，积极培育好、传承好、弘扬好家风家训，传承家庭美德，共谱文明新风。

首先是树立典型，传承家风家训。2017 年，社区投资近 20 万元，对原来的社区医院大楼进行改造，将其打造成为全市首个社区级家风家训教育馆。2018 年年底，又投资 60 万元，兴建了占地 1800 平方米的二期新馆，包括家风家训教育主馆及华兴侨史副馆。在建馆的同时，社区定期邀请典型家庭举办家风家训故事分享会，让社区居民从身边优秀家庭中汲取优秀家训，传承优良家风。家风家训教育馆建成后，被《新华日报》《南京日报》《中国妇女报》等多家主流媒体广泛报道。其次是以建设“书香家庭”为切入点，深入开展文明素质、道德素养、法制观念和开放理念教育实践活动，培育新时代的新型市民。为推进全民阅读工作，社区每年举办家庭读书分享会 5 场，亲子阅读活动 9 场，并评选 3 户书香家庭。再次是推进“和谐家庭”“最美家庭”建设，每年开展“家和万事兴”社区活动 6 场，引导社区群众提高处理家庭社会关系的能力，共建幸福之家。

在社区推进家庭文化建设的过程中，涌现出许多具有典型意义的家庭，周德英家庭，便是大家有口皆碑的“模范家庭”。他们夫妻二人共同经营着一家礼仪用品店，生意做得红红火火。周德英婆家有兄弟姐妹 6 人，作为长嫂的周德英以出众的德行，为大家作出了

■家风家训教育馆

榜样。她嫁过来时，丈夫的兄弟姐妹都没成家，婆婆已去世，公公的身体也不好。在兄弟姐妹们相继到了婚嫁年龄时，周德英像一位母亲一样挺身而出，为他们张罗婚事。2013 年，排行老二的小叔不幸患了胰腺癌，住院看病用了十几万元。危急时刻，周德英组织家中所有成员共同商量，建议每家出两万元给小叔看病，她自己则另外多给了两万元。小叔出院回家后，她又和弟媳共同担起了陪护的重任。然而，无情的病魔最终还是夺去了小叔的生命。在一家人悲痛欲绝时，周德英真诚陪伴左右，她的举动让家人、邻居深受感动，无不佩服这位“一家之主”。

“老吾老以及人之老，幼吾幼以及人之幼”，是中华民族的传统美德。1987 年，古雄社区居民纪民的婆婆中风，瘫痪不起。婆婆一时难以接受，常耍性子、发脾气。怕婆婆想不开寻短见，纪民一直耐心细致地照顾着婆婆，这一坚持，就是 30 多年。现在，婆婆已经能在家人搀扶下慢慢走动。纪民的孝心感染着周边群众，她的事迹更是传遍了板桥周边的人家。在纪民的带动下，她的子女也都十分孝敬老人，尊老爱幼已成为这个家庭的家风，代代相传。

再如，社区居民盖振河家，以浓厚的学习氛围享誉社区。盖振河的妻子李桂娥退而不休、勤奋好学，在 50 岁时还拿到了曲阜师范大学的自学本科学历。并且，她利用空闲时间在老年大学学习国画，部分作品入选全国老年书画展，在社区老年群体中起到了很好的示范带头作用。她的女儿、女婿深受家庭影响，也通过自身努力，拿到了博士学位。社区中这样的优秀家庭还有很多，他们在潜移默化中营造出文明和谐的社区氛围。

千年梦想，百年奋斗，今朝梦圆。面对即将开启的新征程，古雄人充满斗志，信心百倍。他们共同期盼，未来的古雄能如这副楹联所写：

携古镇烟霞，铺陈历史画卷，璀璨人文开盛宴；

依板桥之韵，蕴孕物华天宝，和谐古雄拓新天。

文字作者：展海燕、童海剑（雨花台区古雄街道）

图片提供：童海剑、刘　晨、雨花台区古雄街道古雄社区

责任编辑：严明英、王　嘉

失业不失志　共闯新天地

“多少事，从来急；天地转，光阴迫。一万年太久，只争朝夕。”在雨花台区赛虹桥街道龙福社区有这样一家人，他们在生活陷入困境后，不等不靠，自强自立，辛勤劳作，在街道、社区和亲朋好友们的帮助下，全家经营的面馆生意越来越红火。家里经济条件改善后，他们又满怀感恩，开始帮助身边的人一起奔小康，谱写了一首“失业不失志，共闯新天地”的奋斗之歌。

历经风雨当自强

陶华一家原本是南京本地的农民，土地被征收后，丈夫便去了东方无线电厂打工。日子虽不富裕，但一家人省吃俭用也还算过得去。然而，1998 年随着企业改制，丈夫下岗了，家里的经济支柱顿时倒塌。面对年迈多病的婆婆，嗷嗷待哺的孩子，以及情绪极度低落的丈夫，从未上过班的家庭妇女陶华，感受到了巨大的压力，一家四口的生活面临着前所未有的困难。

陷入困境的陶华一家，成了当时雨花镇工农村村委会（今赛虹桥街道龙福社区）的重点帮扶对象。村委会先是主动上门慰问，接着又为他们申请了相应的政策补贴，总算是解决了一家人的基本温饱问题。扶志以自强，扶智以自立。在村委会干部的鼓励和政策支持下，陶华一家人开始重拾生活的希望，她下定决心要凭着自己的辛勤劳动，带着家人一起走出困境，撑起自己的小家。

2017 年，出新招牌后的陶记面馆

在陶华的记忆中，1998 年的冬天特别冷。出摊的第一天，天刚蒙蒙亮，路灯下，陶华推着她的小吃摊往前走，寒风吹得人耸肩缩背，瑟瑟发抖。到了街口，她停下脚步，开始烧火起灶，一阵忙活后，小吃摊上开始升腾起热气。

不知不觉中，天亮了，过往的行人也多了起来。天冷，大家都想吃口热乎的，陶华的柴火馄饨看着既温暖又干净，吸引了很多来往的行人。不一会儿，小吃摊前便排满了人，人们有的把馄饨装进饭盒里带走，有的捧着热气腾腾的馄饨一边走一边吃。对于馄饨的口味，大家都交口称赞。

口口相传中，小摊的生意一天比一天好。看到妻子忙不过来，陶华的丈夫也振作了起来，开始跟着陶华一起出来摆摊。为了留住顾客，他们在摊子边撑起了几张小桌子，供大家坐下来慢慢品尝。就这样，日子一天天地过去，夫妻俩披星戴月，每天早晨天还没亮就起来出摊。陶华爱干净，她总是把小推车、桌椅都擦得干干净净；她也细致耐心，有时天黑了，她还在准备第二天的食材，就像做给自己家人吃一样，挑选的都是最干净、最新鲜的食材。

在夫妻俩的苦心经营下，虽说生意不错，但由于小吃摊是露天的，常常受到天气的制约。天太冷或太热，很多人都坐不住，更不要说下雨下雪的，常常连摊子都出不了。

另外，由于婆婆身体不好，孩子没人带，夫妻俩只好每天天蒙蒙亮，就拖上睡眼惺忪的女儿一起出来摆摊。小姑娘当时才三四岁，正是好动的年纪，有时一会儿不盯着，就跑不见了。陶华回忆说，有一年夏天的早晨，来吃早点的人特别多，他们俩忙得热火朝天，就没顾得上女儿。等缓下来才发现女儿不见了，他们吓得摊子都来不及收，让街坊帮忙看着，就急匆匆跑出去四处找女儿。两人找了好半天后，终于在附近的草丛里发现了熟睡着的女儿。抱起女儿后，陶华心疼地哭了，孩子稚嫩的皮肤上被蚊子叮的满是红包，小手在身上挠来挠去，眼睛却还紧闭着贪婪地睡着。每次回想到这儿，陶华的眼里都噙满了泪水……

■正在后厨制作菜肴的陶华

经营流动小摊遇到的各种困难，都让陶华暗下决心，一定要努力改变经营环境，争取早日有个自己的店面。

在小吃摊经营了几年以后，陶华的手上终于攒下了一点钱，也积累了很多固定的食客，她开始谋划着自己的开店之路。功夫不负有心人，2003 年，陶华看到一家不大的店面着急转租，租金也非常优惠。虽然店面不在闹市区，位置不太好，但陶华想，酒香不怕巷子深，只要用心做，不怕没生意。深思熟虑后，陶华鼓足勇气，找了刚成立的龙福社区工作人员咨询开店的相关事宜。在社区的帮助下，他们很快办齐了相关证照，一番简单装修后，陶记面馆诞生了。

正在后厨忙碌的陶华丈夫

开业那天，很多以前的老顾客闻讯而来，街坊邻居们也都赶来捧场，店内座无虚席、十分热闹。为了这一天，夫妻俩提前做了很久的功课，还特地向专业的面点师傅学习，提升手艺。面对丰富的菜单，老顾客们挑花了眼，菜品的味道也较从前更胜一筹。

眼前的陶记面馆再也不是从前那个风吹雨淋的馄饨摊了，面馆里安装了空调，冬暖夏凉，环境舒适。店内的食客们吃着聊着，谈笑风生；店外等位的客人们盼着瞅着，满怀期待。再看看陶华夫妻俩，灶台旁的丈夫左右开弓，动作行云流水，汗流浃背；穿梭在人群中的陶华端碗擦桌，还要负责收钱，连喘口气的功夫都没有。

陶华回忆说，开业第一天，夫妻俩累得快散架了，晚上回到家里，连说话的力气都没有。但是等坐下来认真一盘算营业额，内心的喜悦却让他们忍不住相视而笑。再苦再累都不怕，只要生活有奔头，一家人就能看到希望、鼓足干劲。

阳光总在风雨后

在全家人的努力下，小店的生意越来越红火。然而，2006年的一天，陶华的丈夫突然病倒了。

为了开店，夫妻俩跟亲戚朋友借了不少钱，东拼西凑才支起了这个小店。为了节约成本，夫妻俩一直没有雇人，全靠自己每天起早贪黑地忙碌。正是在这样高强度的劳作下，丈夫的身体被透支，病倒了。经过医院检查，还算万幸，不是什么大毛病，做了手术后，陶华丈夫开始住院休养。

面对开店欠下的外债和丈夫的医药费，陶华一天也不敢停下来，因为小店能否经营下去，将决定着一家人的生计。丈夫做完手术的第二天，陶记面馆便重新开张了。老顾客们

■面馆环境整洁，食客众多

听说她丈夫生病了，纷纷前来问候，在得知没有大恙后，大家才安心坐下来吃碗面条。店里的客量有增无减，陶华一个人应接不暇，大家便耐心等着，没有人抱怨。有些老顾客甚至在吃完饭以后，还帮着陶华收拾桌子和碗筷。

此情此景，让陶华看在眼里，暖在心里。她想，生活虽给了她磨难与波折，但也给了她希望和指引，有这么一群“家人”的支持，再难她也能克服困难，勉力前行！抱着这样的信念，陶华独自一人支撑了快一个月，终于盼到了丈夫的康复。归家的丈夫，看见妻子憔悴的模样，很是心疼，他不顾妻子的规劝，马上套上围裙又忙碌了起来。

有了丈夫的帮衬，陶华一直紧绷着的弦终于能松一松了。本以为日子又回归平静，没想到厄运又接踵而至。之前可能真的是靠意志力在咬牙支撑，精神一放松，陶华又接着病倒了。丈夫带着她四处求医，但都查不出具体问题，她只觉得浑身瘫软无力，疼痛难忍。陶华看着丈夫每天疲于奔命，忙得焦头烂额，而自己缠绵病榻什么忙也帮不上，内心充满了痛苦和自责。

庆幸的是，陶华生病以后，婆婆的身体有所好转，店里顾客多的时候，她也能来帮忙收钱、上菜、打下手，时不时地还煲汤给陶华补身子，陶华从心底里感激婆婆。就这样，日子虽苦，但一家人互相帮衬着，努力往前走。

龙福社区负责民政的社工了解到陶华家的情况后，鼓励她说：“陶姐，你这么坚强，之前遇到过那么多的困难，都没能打倒你，这次也一样。好好养病，大家都在等着你！”简单的一句话，却饱含真情，陶华紧握着社工的手，哽咽着说不出话。此后，社工又多次登门，帮着照顾和安慰陶华。

面对病痛，除了好好养病，没有他路。与其在自怨自艾中煎熬，不如坦然乐观地调理身体，陶华的心境顿时豁然开朗。两个月后，在家人的悉心照料以及朋友们的帮助鼓励下，陶华终于痊愈了。经过全家人的商量，他们决定雇一个服务员，大家各司其职，争取把店里的菜品做得更加可口一些。

重整旗鼓后的陶记面馆更加整洁，陶华一直坚持着自己的信条，那就是采购干净、新鲜的食材，让大家吃得放心，吃得满意。由于店面的租金相对低廉，陶记面馆的食物价格也比别家的低一些，更适合小区里过日子的老百姓们。“物美价廉”，成为老顾客们给予陶记面馆的最高赞誉。附近的居民哪天要是懒怠，不想做饭了，第一个想到的便是陶记面馆，一家人来店里吃点东西，方便又舒心。就这样，在新老顾客们的关照和帮衬下，陶记面馆平平稳稳地开了十余载，陶华一家人在还清开店欠下的外债后，生活也变得越来越宽裕起来。

师徒结对共创业

如今，陶华的女儿已经长大了，一家四口其乐融融，令人欣羡。但在陶华的心里，始终铭记着一点，那就是吃水不忘挖井人。她非常感谢社区和邻居们，在他们一家最困难的时候雪中送炭，给了他们生活的希望。现在家里的经济条件好了，她也想靠自己的力量来帮助更多的人。

店里有一些老顾客，从开业到现在，光顾面馆十几年了。空闲的时候，陶华夫妻俩很喜欢和他们聊聊家常，一来二去就成了朋友。他们或多或少也都有着与陶华一家相似的经历，比如中年失业，生活窘迫等。陶华很想帮助他们，却不知从何下手。

一天，聊天中陶华突然灵光一现，可以收学徒，开分店呀！这样既可以帮到店里的几位老顾客，又可以扩大店面的知名度，可谓是一举两得！在深思熟虑之后，陶华联系到几个熟悉的失业的老顾客，跟他们谈了自己的想法。大家听了跃跃欲试，但同时也表达了自己的担忧。开店需要成本，万一要是做不好赔了，无疑是雪上加霜。陶华理解他们的难处，她用自己的亲身经历，鼓励他们勇于创业，走出困境。

陶华一家的奋斗故事振奋人心。终于，有人下定决心，开始上门学徒。夫妻俩手把手地教着，大到经营理念，小到一碗面里加多少克盐，他们都倾囊相授，毫无保留。没半个月，两个徒弟就

■徒弟在梅山集贸市场开的店

■陶记面馆获得的各类奖牌

游刃有余了。看到他们进步这样快，陶华决定尽快安排两个徒弟进行实际操作。

第二天，店里开门后，陶华向顾客们介绍：“今天由徒弟掌勺，大家多提宝贵意见。”徒弟们一阵忙活，美食上桌，大家一顿风卷残云后纷纷点赞，都说味道快赶上老师傅了！接下来的两个月里，两位徒弟在店里继续摸爬滚打，无论是烹饪技艺还是待客之道都愈发成熟。陶华想，是时候放手了。手艺学成后的两个徒弟，开始走上了创业之路。无论是开店前的筹备，还是开店之初的经营，陶华夫妻都很上心，一得空闲就赶过去帮忙。很快，在大家的共同努力下，徒弟店铺的生意也好了起来。

到 2020 年，陶记面馆已经开了 17 年，很多老食客也在店里吃了 17 年。在他们看来，陶记面馆的食物就像自家人做的饭菜一样，仿佛一辈子都吃不厌。

虽然生意这么红火，但陶华夫妻俩从未改变初衷，他们还是坚持亲力亲为，尽心尽力。尤其是陶华的丈夫，特别能吃苦，他总是竭尽全力地劳作，想为妻子多分担一些工作。陶华说：“丈夫他心疼我，为了让我多睡一会儿，他每天清晨独自一人出去买菜、和面，等准备工作都做好后，他才喊我起床。”说这番话时，陶华脸上露出了幸福的笑容。

在共同奋斗的这 20 多年里，陶华一家人始终保持着乐观向上的心态。困难的时候，他们守望相助，彼此鼓励；生活宽裕了，他们也从不奢靡，依然保持着质朴的生活习惯；致富后他们心怀感恩，无私地带领身边的人一起致富奔小康。小小的店面虽然简陋，却充满温馨，有着浓浓的人情味儿，它让每位进店的顾客都如沐春风，感受到家的温暖。

陶华一家人的成功绝不是偶然，而是他们把握时代机遇，凭借自己的勤劳和智慧，实现美好生活梦想的必然。他们的故事，深刻诠释了幸福是奋斗出来的真谛。愿有更多的人能从他们的奋斗历程中，得到改变命运、实现自己价值的勇气和信心。

文字作者：贺　琳（雨花台区赛虹桥街道龙福社区）
图片提供：贺　琳
责任编辑：严明英、王　嘉

江宁区

JIANGNINGQU

以为梦里　原来谷里

习近平总书记强调，中国要强，农业必须强；中国要美，农村必须美；中国要富，农民必须富。在此精神指引下，江宁区谷里街道借助乡村振兴战略的东风，带领人民不懈奋斗，踏上了高水平全面建成小康社会的征途。从昔日坐落于山谷中的穷乡镇，到今天名副其实的“绿富美”（生态绿、产业富、环境美），谷里已然成为镶嵌在江宁西部美丽乡村核心区的一颗璀璨明珠，成为全省实施乡村振兴战略的样板明星，成为全市乃至华东地区乡村旅游的靓丽名片。“以为梦里，原来谷里”，让我们一起走进这里的绿水青山，去感受这片独具魅力的诗与远方。

直面挑战出新招

“靠山吃山，靠水吃水”，是几千年中华传统农耕文明的智慧和经验。但是，往日的谷里人，习惯于在土里刨食，却没能够吃出山水的丰盛，看着绿水看着贫，守着青山守着穷，外出打工成了一时之风，日渐空心的村落令人叹息忧心而又无可奈何。绿水青山不会自己变成金山银山，如何打开二者之间的转化通道，成了谷里人上下求索、亟须破解的命题。

发展之要，谋定后动。以谋划为先，如成竹在胸，谷里街道始终坚持规划引领，一张张图纸构筑成愿景明晰的宏伟蓝图，一笔笔线条交织成宽阔壮美的康庄大道，五彩斑斓的色块化为宜业宜居的粉墙黛瓦，片片绿色代表的良田美池变成清新绰约的特色田园。

致富之要，绿水青山。要金山银山，也要绿水青山，绿水青山就是金山银山。在“牛首山——云台山”绿色廊道上，谷里新市镇如同一株卓然耸立的生态大树，以画龙点睛的绝妙姿态，将这条无比珍贵的绿色走廊装点得灵韵沛然。生态优了，产业兴了，经济强了，人民富了，新市镇持续外溢的生态价值，滋润着越来越多的农业创业者。

成事之要，人才为先。新时代，新梦想，谷里新市镇以前所未有的开放姿态，着力营造出共赢、共生、共享的人才培养和引进氛围。高质量发展需要高质量人才，高水平全面建成小康社会必先打造创新创业的人才高地。新一轮发展的关键便是吸引人才、留住人才和用好人才。当下的谷里，比任何时候都渴求人才。

2011 年，江宁区启动“五朵金花”乡村旅游点打造工作，新的转机悄然来临。谷里上下解放思想、抢抓机遇，本着人民至上理念，立足涉农街道实际，挖掘自身资源禀赋，以世凹村为试点启动美丽乡村打造。

宁静的小山村迎来了脱胎换骨的洗礼。泥土路变成了柏油马路，平房小洋楼再现了江南水乡模样，外出的打工仔回乡后成了笑脸迎客的小老板，地道的农家菜刺激了城里人的味蕾。老百姓数着票子，买了车子，脸上笑出了褶子。世凹村由“穷乡僻壤”摇身一变成为远近知名的“世凹桃源”，“白墙青瓦马头墙，人面桃花笑颜开”成为最美的风景。该村的成功经验也为谷里接下来全面推进美丽乡村建设，摸索出了一条新路子。

解放思想架金桥

通往高质量全面小康的道路，从来不会一帆风顺，会伴生许多新的问题，需要不断去解决。世凹村在发展过程中也渐渐遇到了瓶颈，例如菜品不够精致、住宿条件一般、玩乐项目匮乏等，一些农家乐的忠实粉丝开始慢慢撤退，新生代的年轻人因为农家乐缺少互动体验而没了兴致，农家乐经济遇到了未曾预料的挑战，甚至出现了萎靡。街道的美丽乡村

正在崛起的谷里新市镇

建设也遭遇了相似困境，旅游吸引力不够、经济效益转化不明显、农民腰包鼓不起来、同质化严重等问题日渐浮现，这些问题制约了谷里乡村的进一步发展，也让谷里的干部群众忧心忡忡。

格局决定眼界，思路决定出路。2017 年，习近平总书记提出实施乡村振兴战略，如洪钟大吕敲醒了迷茫的谷里干部群众，“产业兴旺、生态宜居、乡风文明、治理有效、生活富裕”的总要求更是指明了方向。谷里上下坚持以习近平新时代中国特色社会主义思想为指引，按照全区“四变兴农、五新强村”部署，解放思想再出发，勇于创新再起步，聚力打好“产业、人才、文化、生态、组织”振兴的组合拳，以内涵为重、以特色制胜，矢志搭好通向高水平全面小康的金桥。

立足“产业兴旺”，建设品质谷里。只有产业兴旺，“里子”功夫下足了，农民才能有好的就业、高的收入，农村才有生机和活力，乡村振兴才有强大的物质基础。首先是注重做优特色产业，省级特色田园乡村徐家院按照庭园、果园、菜园“三园共建”、三产联动的产业发展思路，以互联网＋有机瓜果蔬菜为主要业态，建设绿色安全农产品生产基地。其次是注重组团联合打造，其中金谷田园综合体立足农田田园化、产业融合化、城乡一体化的功能定位，建设特色鲜明、宜居宜业、惠及一方的田园综合体；张溪社区组团依托金谷田园综合体，重点塑造田园社区、农业功能拓展、特色风光及旅游产业开发等功能板块；双塘社区组团围绕大塘金香草特色小镇，重点打造香草文化、婚庆产业等功能板块，“因地制宜”走适合村庄实际的发展模式。

世凹桃源

深耕“生态宜居”，建设颜值谷里。良好的生态环境是农村最大的优势和宝贵财富，现在不少城里人之所以向往农村，就是因为在这里可以体验到回归自然的快乐。因此，谷里提出要像保护眼睛一样保护生态。首先是全面推进绿化工作，截至 2019 年年底，谷里完成绿化造林 1080 亩，建成林荫大道 69 公里，森林覆盖率达 31%，建成绿地率达 35%。其次是全力实施污水革命，推动污水管网全覆盖，全面深化河长制，科学治水，一河一策，完成 17 条农村河道疏浚整治工程，基本消除黑臭水体，省市水质断面考核达标率 100%，切实解决了农村污水横流、池塘恶臭的现状。再次是不断提升村容村貌，例如实现农村垃圾分类全域覆盖，积极推行二次四分法、积分兑换等分类经验，切实改变垃圾围村的乱象；鼓励农户打造特色庭院，开展美丽庭院评选活动，进一步提升农村居民生活环境和质量；深化“厕所革命”，大力推动户厕改造；不断完善优质公共服务供给，共完成农村公厕标准化改造 17 座，建成农村“四好公路”102 公里、体育活动场地 173 处、农家书屋 11 个，完成农路提档升级 14 公里。

弘扬“乡风文明”，建设和谐谷里。乡村振兴，既要塑形，更要铸魂。为此，街道多措并举破解农民守旧思想。首先是以乡风旅游文明建设为切入点，立足全域旅游样板区，致力于让热情好客、文明待客成为谷里美丽乡村的靓丽名片。经过不懈努力，乡风旅游文明已成为谷里旅游新的吸引点之一，乡风文明软实力成为旅游产业硬发展的新助力。其次是以谷里街道新时代文明实践所为主阵地，宣传党的政策，传递文明风尚，打通宣传群众、教育群众、关心群众、服务群众的“最后一公里”。该所自 2018 年 12 月创办以来，已开展各类活动 1000 多场，服务人次约 4 万人。再次是以网格化治理为重头戏，广泛发动一切能够发动的力量，突出党员干部带头，引导乡贤、模范典型、“五老人员”等群体积极加盟，共同营造共建共享的乡风文明新格局。

提速“治理有效”，建设善治谷里。乡村治理是实现国家治理体系和治理能力现代化的基础和重要内容。要实现乡村治理有效，就必须进一步提升基层党组织的治理能力。首先加强党建平台建设，街道在建成集行政审批、便民服务等功能于一体的党群服务中心后，对 11 个村（社区）的党组织服务阵地进行了提档升级，同时打造了乡村振兴学习堂、支部书记工作室等平台，完善了功能架构；做精全要素网格，累计建成 28 个党群微家，全域形成“1+11+N”党群服务体系，构建出党员五分钟“组织生活圈”。其次是营造干事创业好氛围，落实鼓励激励、容错纠错、能上能下“三项机制”和“村书记八条”政策，为基层干部担当作为、干事创业鼓劲撑腰，破除后顾之忧。再次是推动“三治”（自治、法治、德治）融合，依托村民会议、新乡贤参事会等，修订村规民约，持续抓好制度落实，

■银杏湖乐园

形成自治共治共享新格局；以法治建设定纷止争，建立健全街村公共法律服务平台，学习借鉴和运用“板凳法庭”等接地气手段，让群众学法守法；以提升德治水平促进文明，借助“道德讲堂”弘扬真善美，选树典型传播正能量。

聚焦“生活富裕”，建设幸福谷里。首先是整合旅游资源，做大做强农旅市场。谷里充分依托南北两大景区和江宁美丽乡村核心区的区位优势，形成了“北部牛首山佛教文化、西部现代农业、东部香草特色小镇、南部银杏湖生态休旅”的乡村旅游精品带，在华东地区打响了知名度，成为周边地区乡村旅游的首选地。其次是赋能景区运营，加快美丽经济转化，坚持把实实在在的美丽生态转化为经济收入，积极探索乡村景区运营管理模式，从最初的 1.0 版本的农家乐经济到蓬勃的 2.0 版本的民宿经济，再到现如今火热的 3.0 版本的乡村旅游经济，已经形成完整的旅游产业链条，让游客吃有特色、玩有精品、住有佳处，切切实实把游客的胃拴住、钱留住、心牵住。

芝麻开花节节高

近年来，谷里紧抓乡村振兴机遇，深耕全域旅游、全域美丽乡村、全域旅游小镇三个全域建设，先后打造了诸如大塘金、徐家院、西湖王家、新塘蜜蜂村、公塘头等一批网红乡村。2018 年，谷里街道荣获中国最美乡村振兴榜样奖这一重磅奖项。2019 年，徐家院村获评江苏省特色田园乡村；大塘金村更是一举获得中国美丽休闲乡村和 2019 年度中国最美乡村生态宜居成就奖这两项国家级重磅奖项。谷里在迎来知名度和影响力的双丰收后，年接待游客量由 2018 年的 390 万人次上升到 2019 年的 475 万人次，旅游收入由 2018 年的37亿元上升到2019年的55.5亿元，经济效益得到明显提升。同时，街道坚持从创业就业、精准扶贫、改革红利等方面挖掘潜力、培育动能，确保农民有效增收。截至2018年年底，建档立卡的659户1296名低收入农户和4个贫困村均已实现脱贫；2019年，农民人均收入达28473元，与2018年相比增幅达9.3%。

紫色浪漫小镇——大塘金。芳香谷里地，浪漫大塘金。谷里因大塘金的薰衣草闻名遐迩，大塘金因谷里的青山绿水卓尔不群。大塘金村南临绿树成荫的正方大道，西接宽阔整洁的清兴东路，蔚然安守在“牛首山—云台山”生态廊道的黄金地段，似一颗熠熠生辉的紫色宝石，镶嵌在谷里这片波澜壮阔的美丽土地上。香草谷工程从规划论证到竣工运营前后历时五年，数千个日夜的努力，编织出一个规模宏大、美到极致的浪漫梦想；除了优美的景色，还围绕芳香文化主线，对薰衣草进行了深度开发，形成了手工精油皂、薰衣草小熊、单方精油、复方精油、日化用品、香囊香包、护眼眼罩、助眠枕等八大品系50余种芳香产品；一望无际的薰衣草让一条独具特色的浪漫产业迅速崛起，美丽的田园薰衣草景观也助推香草特色小镇成为江苏省四星级乡村旅游点。

特色田园乡村——徐家院。徐家院作为江宁区首批特色田园乡村建设试点，突出了“樵读传家”这一具有深厚历史底蕴的农耕文化特色，努力打造“生态优、村庄美、产业特、农民富、集体强、乡风好”的特色田园乡村，彰显人与自然和谐发展的生态理念。为了实

■紫色浪漫小镇——大塘金

现望得见山、看得到水、留得住乡愁的建设初衷，徐家院在保留并提升现有生态环境上下足了功夫，坚持不搞大拆大建，集约化用地，充分利用好区域内的 32.1 公顷农田、9.1 公顷水面及茶园、花卉、果树等现有资源，以改建原有集体房屋为主，合理布局村史馆、文化大院、医疗站点、农业电商平台、社会组织活动室等公共服务场所，统筹布局村内功能空间。重点发展特色产业，将现有田地，按照地形、水文、走向进行合理划分，发展田园蔬菜、经济林果、林下经济、水生蔬菜与水产品套养、种养结合等高效农业产业，同时无缝对接大生农业科技园，借助线上线下平台优势，促进农业生产、农作物加工、农产品销售、民宿、餐饮等多产业和谐共生、融合发展。仟佰交通，阳光和煦，砥砺奋斗终结硕果。如今，这里的村民生活越来越富足，心中充满了幸福。

花海中的美丽乡村——西湖王家。如果说大塘金是紫色的浪漫之地，那么与之遥遥相对的花之海洋，当属西湖王家示范村。西湖王家拥有总面积逾 5.3 公顷的花海，在湛蓝湛蓝的苗庄水畔，各色花朵迎风摇曳，随着绵延起伏的地势，形成了一道道跌宕起伏的彩色波浪。西湖王家的美，不仅美在得天独厚的自然生态环境，更美在特色产业和文化内涵上。西湖王家的干部群众始终把做强特色产业放在首要位置，以此作为村庄可持续发展的重要支撑。经过不懈努力，形成了以当地传统手工艺作坊“七坊”（糕坊、糖坊、酒坊、油坊、豆坊、茶坊和米坊）为亮点，以及“荷香阁”为代表的农户创业型“农家乐”。另外，充分发挥毗邻庙庄水库这一天然优势，开辟了近千平方米的宿营烧烤基地，借助水边起伏的

■特色田园乡村——徐家院

花海中的美丽乡村——西湖王家

地貌地势，合理开发卡丁车赛道，有效丰富了旅游休闲项目内容，为新农村建设事业增添了一抹扶贫助农、创业富民的温情。

进入新时代，山清水秀、天蓝地绿、村美人和的谷里，正在创造性践行“两山”理论，凭借那份独有的乡愁韵味，发展起属于自己的文旅产业，并以此为支撑撬动三大产业融合发展，铺就了一条康庄大道。回望这一路走来的深深足迹，小康承载初心，小康属于人民；展望未来的雄关漫道，唯有奋力拼搏、永不懈怠，方能带领谷里人民继续驶向更加广阔的梦想彼岸！

文字作者：王　宁、张　洁、赵英男、蔡　明（江宁区谷里街道）
图片提供：江宁区谷里街道
责任编辑：鲁　华、陈治平

配套视频

“五个振兴”齐发力　共建幸福新茅亭

地处江宁区禄口街道的茅亭社区，始终坚持以习近平新时代中国特色社会主义思想为指引，按照党中央和省市区委、街道党工委的统一部署，扎实推进乡村产业振兴、人才振兴、文化振兴、生态振兴、组织振兴“五个振兴”，带领万名村民用自己的辛勤劳动实现了脱贫致富。

小康不小康，关键看老乡。截至 2019 年年底，社区居民人均可支配收入达 3.28 万元，8 户贫困户实现全部脱贫。在这片充满希望的土地上，人们满怀对生活的热爱与激情，他们正以毫不懈怠的精神状态和一往无前的奋斗姿态，撸起袖子加油干，苦干实干拼命干，努力续写新的辉煌。

产业振兴——强化产业支撑　促进村强民富

在振兴上作文章。乡村振兴的基础在产业，只有产业振兴，经济基础才能扎实，才能实现农村繁荣、农业壮大和农民富裕。茅亭社区紧紧围绕发展壮大集体经济和促进群众增收致富两大目标，不断创新经营理念，盘活集体经济资源，实现集体资产保值增值。同时，积极为群众提供就业岗位，增加群众收入，助力群众奔小康。截至 2019 年年底，社区集体资产构成主要包括资源性资产和服务类资产两大部分，净资产总额 2545.6 万元，经营性资产总额 144 万元，近年来以平均 10% 的速度持续增长。

在经营上创新路。茅亭社区作为“城中村”，过去集体经济来源相对单一，主要依靠固定资产出租及上级补助。面对发展空间小、经营平台少的劣势，茅亭人不等不靠、主动出击，确立了提升集体资产品质、发展“房东经济”的思路，努力走出一条发展壮大集体经济的新路子。社区利用靠近空港、周边商业配套逐渐成熟的区位优势，对原有的 1200

平方米集体门面房进行了重新规划和整修，在招商过程中进一步明确了对入驻企业的资质要求，成功引进了一家中高端餐饮企业进行统一经营。这些举措一方面提升了集体资产的品质，改变了过去由零散招租造成的装修风格杂乱及环境卫生较差的问题；另一方面盘活了集体经济资源，经济效益得到大幅提升，实现了集体资产的保值增值。

在服务上下功夫。茅亭社区根据群众日益增长的生活需求，积极拓宽服务领域，扶持、壮大社区生活、物业、养老服务和文化教育卫生体育等产业关联度高、渗透性强的现代服务业，使其逐步实现产业化，从而带动第三产业全面发展。社区成立了百逸物业公司，服务管理百利华府一二期的居民群众，截至 2019 年年底，物业费已收取 30 余万元，用于小区公共管理，同时也带动了村民的就业。另外，在区级民政支持下，增设福利彩票销售点，引进残疾人公益岗位，给残疾人提供就业机会。社区还全力以赴抓好“六稳”、抓牢“六保”，帮助村民就业创业，社区居民陶跃生、陶宏亮、陈小兵、吴怀忠、邓国宝、张忠华等人通过自主创业，开办了企业。

在改革上敢尝试。为真正实现乡村振兴，茅亭社区不仅向发展要活力，更向改革要动力，深入推进集体资产股份制改革，努力释放更多发展新动能。从 2018 年 6 月启动集体资产股份制改革，到 2019 年深化集体资产股份制改革，再到 2020 年为农村集体经济股份合作社成员颁发“身份证书”，茅亭社区已全面完成深化集体产权股改任务，量化了集体经营性资产 144 万元，确认农村集体经济股份合作社成员（股民）3468 人。此后，每年村民均可享受分红带来的发展红利。

■茅亭社区党群服务中心

■社区组织召开股份经济合作社股民代表大会

人才振兴——把好思想“总开关” 提振发展精气神

支持扶持创业型人才。在全社区形成“双创”的良好氛围，推动全民创业，社区被评选为2018年度省级创业型社区。同时，社区志愿者服务站和社工服务站成功申报街道公益创投，为居民提供服务。另外，设立了标准化、规范化的劳动保障站，在为创业、就业者提供创业和职业技能培训的同时，为创业者提供政策咨询、注册登记、创业贷款、政策落实的“一站式”服务模式，初步形成了以综合服务为主体、专项服务为配套、服务站点为补充的社区服务网络，有力地促进了劳动就业和社会保障公共服务的均等化和优质化发展。社区还加大宣传力度，充分发挥社区宣传栏、社区微信群、QQ群等宣传平台作用，及时张贴有关活动的宣传资料，宣传创业典型，对有创业愿望、创业需求的劳动者做好创业培训报名登记，为辖区内各类人员提供绿色通道，大力支持创业。

培育新型农民人才。农民既要富口袋，也富脑袋。2017年成立的茅亭社区乡村振兴学习堂成为实现乡村振兴的助推器。学习堂在引导村民转变思想观念，改变生产生活方式方面发挥了重要作用，有效改变了部分村民主体责任意识淡薄、文化传承意识模糊、家园自豪感欠缺的状况；凝聚了社区群众的精神力量，满足了大家的精神文化需求，实现了传统文化与时代新风的无缝对接。

吸引集聚服务型人才。乡村振兴，需要基层党组织发挥战斗堡垒作用，需要强有力的“领头雁”担当有为，更需要靠得住、有本事、肯干事、群众公认的优秀人才来到第一线，带领村民想办法、干事情，为村民更好地服务。为此，2018年以来，茅亭社区进一步深化用人机制，着力破除体制机制障碍，依托上级部门公开招聘、招录了6名高素质的网格化社会治理专职工作人员，并吸纳了一些专业的社区工作者力量，充实社区工作一线队伍，让各方面人才各得其所、尽展其长。

文化振兴——文化铸魂进活力　乡风民风美起来

习近平总书记强调指出：“乡村振兴，既要塑形，也要铸魂。”乡村振兴的灵魂是文化振兴。走街串巷的“红喇叭”理论宣传队，道德讲堂、农家书屋的开办……各种文化活动与设施覆盖了所有自然村，村民或观看文艺活动，或在善行义举榜前感受榜样的力量……行走在茅亭社区，到处都能感受到扑面而来的文明乡风。2017年以来，社区充分整合辖区文化资源，投资了100多万元建设了3个村民活动广场，深挖社区各类文艺人才，锻造社区文化精品，同时通过村规民约、“文明户评比”等方式，坚定村民文化自信，丰富村民精神文化生活，让茅亭人更有精气神。

让村规民约深入人心。文明居住，不乱占乱建；文明行车，不争道闯道；文明用语，不吵闹谩骂……翻开茅亭社区村民自发签署的村规民约，这些实实在在的条款，成为村民自我管理、自我教育、自我约束的道德标尺，更成为社区村民自治、善治、德治的助推器。村规民约上了墙，更要入心入脑见行动。走在茅亭社区的小道上，塑料垃圾、纸屑、烟头全都不见了踪影。保洁员俞红娣介绍说，自从有了“自觉维护社区环境的整洁、美观，共用部位、通道的畅通，共用设备、公共设施的完好”这条公约，几乎没有村民乱丢垃圾了。村规民约不是喊口号，而是要实实在在地改变村民的生活习惯。如今，村规民约已成为茅亭规范村级事务管理、提升村民行为标准的指南，极大地调动了村民参与文明乡村、美丽乡村建设的主动性。

■社区组织开展创业、就业培训

用文明创建输入“正能量”。社区积极推进各类文明创建，先后开展文明户、文明示范户、文明商户等一系列文明评比，制定详细标准，明确打分规则，以此调动群众参与环境整治的积极性，促进村民

■社区举办的第二届“茅亭杯”象棋比赛

观念转变。环境美不算美，人心美才是真的美。社区以开展文明创建、文明评比为抓手，不断创新社会管理方式，加强基层法治建设，引导村民树立科学的消费观和健康文明的生活方式，为乡村振兴不断输入“正能量”，让文明成为社区最美的风景。

深入实施文化惠民工程。近年来，茅亭社区深入实施送文化下乡、送戏下乡、建设邻里书屋等一系列文化惠民举措，让群众的业余文化生活变得更加丰富多彩、有滋有味。2010年，社区创办了老年学校，建有固定教学场所，方便社区老人进行日常学习、开展文娱活动。其中，多媒体教室配备了先进的教学设备和远程教育系统；图书阅览室可供老人上网浏览新闻，并拥有各类藏书近3000册；综合娱乐休闲室、棋牌室、健身室，可让老年人放松休闲、锻炼身体。另外，社区还建有篮球场，并在旁边的健身广场内配备了各种健身器材，为村民们提供了茶余饭后的休闲好去处。为调动村民参与文化活动的积极性，社区先后举办了两届“茅亭杯”象棋比赛，成立了广场舞团队、书法协会以及老年乐队。细心的村民总结说，茅亭社区出现了“三少三多”现象，即村民纠纷少了，走出家门参加文体活动的人多了；打麻将赌博的人少了，参加唱歌跳舞和读书看报的人多了；搞封建迷信的人少了，讲文明树新风的人多了。

生态振兴——改善人居环境　绿色底板描绘“最靓颜值”

生态振兴是乡村振兴的重要支撑。乡村振兴，生态宜居是关键，良好的生态环境是农村的最大优势和宝贵财富。为此，茅亭社区深入贯彻习近平生态文明思想，把改善人居环境摆在重要位置，严格落实“三清一改”（清理农村生活垃圾；清理村内塘沟垃圾；清理畜禽养殖粪污等农业生产废弃物；改变影响农村人居环境的不良习惯）政策，建设美丽庭院，改变村容村貌，擦亮生态底板，让全面小康的成色更足。

从环境抓起。社区党支部书记邵金荣介绍，2017年以来，社区加大了对环境整治的投入，每年都投资超过百万元用于村容村貌建设，相信随着道路环境的不断改善，以及其他基础设施的不断完善，村民们的生活环境会越来越好。让大家住进公园里，将成为茅亭人未来可期的目标。

从身边改起。“三清一改”的主体是村民，为帮助村民养成良好的生活习惯、营造社区良好的人居环境，社区除了发放文明倡议书外，还挨家挨户上门宣传“三清一改”政策。为给村民树立榜样，社区首先对公共区域的环境卫生进行了整治，村民广场和村民小区焕然一新。另外，社区安排文明志愿者及网格员，定期巡查辖区内的各个小区、街巷、主支干道，发现卫生死角及环境问题时立即汇总上报，迅速组织清理，力求做到“有垃圾即清理、有隐患即排除”。

从观念变起。茅亭社区牢固树立绿水青山就是金山银山的理念，号召广大村民像保护眼睛一样保护生态环境。社区组织成立了新时代文明实践志愿服务队，常年开展公益环保活动。每年的五四青年节，社区都会组织主题为“致青春，做努力奔跑的追梦人”的公益环保活动。在溧水河茅亭社区段，志愿者们手拎垃圾袋，沿着河道岸线，弯腰捡起丢弃的包装盒、食品袋等各种生活垃圾，甚至下河道进行捡拾。志愿者杨益美表示：“虽然捡垃圾很脏很累，但我们可以用实际行动来引导更多的人保护环境，守护我们身边的绿水青山，这样的青年节才过得更有意义！”

组织振兴——党建引领践初心　筑牢乡村振兴“主心骨”

办好农村的事情，关键在党，关键在党组织的引领带动。基层党组织是实施乡村振兴战略的“主心骨”，茅亭社区在党支部的坚强领导下，带领社区人民实现了勤劳致富，也拼出了“敢为人先、主动作为、艰苦奋斗”的茅亭精神。

支部带头干。村子富不富，关键看支部。茅亭社区的变化，根本原因在于全社区干部群众齐心协力、团结奋斗，关键在于有一个好支部、有一批好党员、有一支好队伍。首先是加强社区党组织对集体经济组织、共青团、妇联、民兵等的领导，加大对党中央大政方

■ “三清一改”让村容村貌焕然一新

针的学习和宣传。每天的"两委"碰头会和每周的党员学习会上，茅亭社区党支部都会组织学习党中央的最新会议精神，并要求党员积极在普通村民中进行宣讲。其次是党支部始终坚持发挥主导和引领作用，在加强内部交流的同时，主动外出调研，学习借鉴兄弟社区的先进经验，不断完善为民服务的工作措施。

党员冲在前。社区始终坚持政治引领，以"党建引擎"助力乡村治理。首先是按照禄口街道党工委的部署，以"格"为基础，以"网"为依托，将党支部建在网格上，充分发挥辖区党员作用，要求党员参与网格化管理服务工作。其次是创新党组织建设工作，在百利华府一、二期设立党群微服务站，持续推进"红色物业"建设，要求党员参与社区管理服务工作。2020年，茅亭社区把疫情防控作为检验基层党组织凝聚力和战斗力的"试金石"，在实践中提升基层党组织应对挑战的能力，充分发挥基层党组织在抗击疫情一线的中坚作用。从居民家中到小区出入口，从重点交通卡口到交通主干道……党旗始终飘扬在一线，党员始终战斗在一线，以实际行动赢得了上级党组织和社区群众的高度肯定。

人民放心间。茅亭社区党员干部广泛开展结对帮扶工作，党员、村民手拉手，齐心脱贫奔小康。"房子维修后有没有再漏雨？""儿子毕业后有没有找到工作？""家里最近有没有什么困难？"看似唠家常，却是社区党员干部每天必做的功课。以人民为中心，就是要时刻把群众的安危冷暖放在心上，多为群众办实事、解难事。当得知社区一户困难群众家的房子漏雨、无力修缮时，与这户家庭结对帮扶的党员干部立刻上门查看，并以最快的速度协调施工队，完成了屋顶修缮。"太麻烦你们了，又送来这么多东西，真让我过意不去！"韩奶奶中年丧子，老伴去世后一个人生活，生活来源只有一点拆迁补助生活费和

■社区组织志愿服务队清理河道垃圾

尊老金。社区党员干部与她结对帮扶后，定期上门看望慰问。2019年，在茅亭社区拍摄庆祝中华人民共和国成立70周年微视频时，奶奶一直对着镜头说：“感谢共产党，共产党好，没有忘记我们老人，对我们这样关心照顾。”淳朴的话语中，饱含着对党和政府的感恩之情。

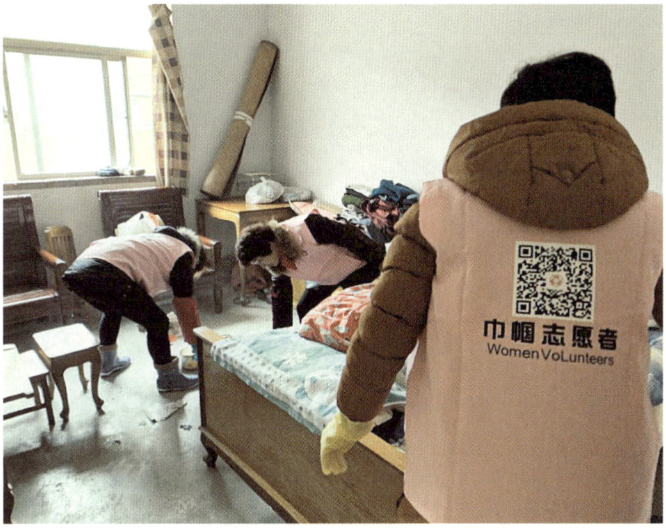

社区组织志愿者帮助独居老人打扫卫生

走进茅亭社区会议室，这里陈列着社区获得的各项荣誉，从“全国综合减灾示范社区”到“南京市绿色社区”，从南京市“最佳平安志愿者组织”到“诗化南京诗教工作先进单位”，从“江宁区工人先锋号”到“区武装工作先进单位”……这一个个奖杯，一面面锦旗，见证着社区在带领群众奔小康历程中留下的足迹。幸福都是奋斗出来的，茅亭社区将沿着“五个振兴”的大道继续奋力前行，为建设“强富美高”新南京而不懈奋斗！

文字作者：胡方玉、俞金金（江宁区禄口街道茅亭社区）

图片提供：江宁区禄口街道茅亭社区

责任编辑：鲁　华、陈治平

配套视频

让青春在石塘热烈绽放

横溪古镇，灵秀福地，董永与七仙女的经典爱情故事便出自这里。在江宁区横溪街道石塘村村民许红艳的眼中，石塘村同样是她的灵秀福地。从嫁入石塘到在这里成功创业，她亲眼见证了石塘从萧条寂落到日进斗金的传奇，见证了它从冷冷清清的空巢村到车来车往的繁华地的变迁，见证了它从名不见经传的小山村演变成中国最美乡村的发展。这片土地上发生的巨大变化，是乡村振兴战略的成功实践，是美丽乡村建设的缩影，是南京高水平全面建成小康社会的佐证。

许红艳满脸自豪地说："2019 年 11 月 4 日，中央政治局常委、全国政协主席汪洋亲自来石塘视察。我作为区政协委员和小康之家代表，得到了他的亲切接见。""汪洋主席在询问我在政协的履职情况后，一个劲儿地称赞石塘村的自然环境好，人民生活好。他还感慨地说，看了美丽富饶的石塘，自己都想留下来。"最让许红艳骄傲的是，石塘村的村景图还被挂进了中国国家博物馆，成了"复兴之路"展览中展现新时代建设成就的一张重要照片。

有情人终成眷属

2009 年 4 月，即将毕业的许红艳，正是意气风发、青春奔放的年龄。她的家在江宁湖熟，这个在秦淮河边长大的女孩，从未想过留在城市工作生活。一直以来，她最向往的便是能过上"采菊东篱下、悠然见南山"的诗意日子。一个周日，她应初中同学的邀请，去参加一个有七八人组成的同学聚会。这是她首次走进石塘村，没想到的是，她在这里遇到了自己的真命天子，也一下子爱上了这里。

人间四月天，十里大不同。初见石塘，许红艳顿觉眼前豁然明亮，四面环山，山巅烟雾缭绕，万亩竹海，满目松涛，像一幅幅美丽的水彩画。步步走近，苍翠之间，漫山遍野点缀着一片片一簇簇的野花，花色迷人，山色醉人，空旷的山谷中回荡着布谷鸟、山雀、画眉等鸟儿清脆的歌声，让人如痴如醉。

此情此景，让许红艳第一次想到了书本中提及的“小康社会”。这样美丽的山水自然环境，如果再能物产富足，不就是理想中的小康社会了吗？但当时的石塘，是个仅有300余户的村庄，由于区位偏僻，交通闭塞，村庄里很少能见到年轻人，路上走的多是中老年人。正当她大为不解时，参加同学聚会的青年程浩告诉她，村里年轻人大多都外出打工了，有部分人为方便工作及孩子读书，都租住到镇上去了。同时，他还半开玩笑半当真地说：“我们村现在就是空巢村，小伙子要是不到城里买房子，连老婆都娶不到。”

“不会吧，要是我就愿意嫁到这个美丽的地方来，在这里经营自己的小康生活。”大家一阵哄笑，一位同学半逗趣地说：“红艳，如果你想留在这里，嫁给程浩就可以实现了，以后你们可以隐居在石塘，做一对神仙眷侣。”许红艳打量着眼前帅气的小伙子，不由脸红到了脖子。这时，她才知道程浩是石塘村的原住民，他和自己的初中同学在南京高等职业技术学校同班读书。

后来，随着交往增多，两位年轻人彼此相谈甚欢，他们惺惺相惜，互生情愫，终于成了情侣。然而，当许红艳把恋爱的事告诉父母后，遭到了全家人的反对。父母认为石塘就

雨后的石塘美景

是个偏僻穷山沟，连进村的路都没有，漫山遍野的风景不能当饭吃，更不用说能过上什么小康生活，简直是异想天开，自讨苦吃！

“嫁人，嫁人，不是嫁地方！人是第一位的。”许红艳说，谈婚论嫁时，他们都已经在江宁县城里工作，程浩在一家园林公司上班，自己在某企业流水线上担任班组长，俩人的工资在当时也算比较可观。但家里人一直被地域概念所困扰，坚决不同意这桩婚事。

有情人终成眷属。凭借着彼此对爱情的坚定，许红艳与程浩在相恋 3 年后，终于步入了婚姻的殿堂。最让许红艳感到遗憾的是，直至走上红地毯，她也没有能得到母亲的谅解，就连婚礼，母亲也未参加。但许红艳始终坚信，自己的选择是对的，她一定能等来母亲认可这段婚姻的那一天。

做全村第一个吃螃蟹的人

时间是最好的调和剂。许红艳尽管在爱情上没有顺从母亲的心意，可毕竟母女同心。随着岁月流淌，最终妈妈的爱与关怀又默默地转向她、靠近她，并拥抱了她。

2013 年，随着江苏省美丽乡村建设启动仪式在石塘举行，“世外桃源”般的石塘迎来了崭新的机遇。这里如画的景色，让人们像发现了新大陆一般，每逢节假日便如潮水一样涌来，小山村突然变得热闹起来。在横溪街道的重视与投入下，石塘村被纳入了江宁西部旅游廊道开发，一条旅游大道穿村而过，乡村建设开始以日新月异的速度推进，让人们充分感受到了发展的速度、力量和魅力。

村前的梅溪河在经过改造后，再也不见过去的杂草丛生，古木栈道蜿蜒水上，大有“天堑变通途”“穿越入古代”之感；沿河楼台亭阁错落有致，一口古井，一座祠堂，一棵古树，隐藏了许多神秘的故事；一条曲径通幽的小路，一声清脆悠远的鸟鸣，一条潺潺流淌的小溪，都是吸引人们走进石塘的理由；特别

■石塘村前的梅溪河畔

■许红艳的全家福

是石塘村前皖后苏的建筑风格，更是别有一番情趣与韵味。

小康生活路千条，休闲旅游去石塘。面对人声鼎沸，正在进行如火如荼建设的石塘村，许红艳感到兴奋而陶醉，她在细细品味和感受着周围发生的一切变化。她回忆说，在推进美丽乡村建设的同时，街道和村里开始对村民发出发展农家乐的倡议，全村人一片沸腾。不过当时大家都是雾里看花，将信将疑，大多数人都在观望等待。

但是许红艳的心动了！她和丈夫开始劝说父母，告诉他们党的方针政策，告诉他们农村即将迎来新的发展春天。他们想要投资开农家乐，想做全村“第一个吃螃蟹的人”。也就在那个时候，他们有了想回村创业的大胆念头。

四位老人得知消息后非常生气，他们完全不理解，也坚决不同意。但是面对雄心勃勃的孩子，老人们既然说服不了，阻止不了，那就得想出两全其美的办法来帮助他们。许红艳的公公婆婆考虑再三，最终决定做出妥协让步，先由他们替孩子把农家乐开起来。如果以后真能生意兴隆、大有作为的话，他们再辞职回乡也不迟。于是，许红艳家的农家乐在创办后，成了全村的“试验品”。

咬牙迈开创业第一步

万事开头难。家里原先的楼房院落要改成农家乐，需要大兴土木并投入一定资金。他们请来了施工队，对建设改造费用进行测算后发现，至少需要 60 万元。许红艳一咬牙，把自己全部积蓄 30 万元拿了出来，又东拼西凑借来了 30 万。一场全村瞩目的装修很快就开始了，一切朝着阳光美好的方向迅速发展。

■正在网络上与客人交流的许红艳

小康生活似乎只隔了一层窗户纸。一转眼，石塘村旧貌换新颜，农家乐真的红火起来了！开村适逢“十一”长假，许红艳夫妻加上双方父母齐上阵，为新开张的“农家苑”备足了20多桌的鱼肉蔬菜，像办酒席一样。在当地政府的宣传造势下，游客如潮，备齐的食材一天就消耗完了。一家人哪里见过这阵势，忙的饭都没时间吃。因为上菜赶不及，客人们甚至跑到厨房去“抢”菜。

创业初期，由于人多店少，村里率先开的几家农家乐都成了香饽饽，家家生意爆棚，户户乐不可支。一天忙乎下来，晚上一算，居然赚了一万多块钱。许红艳和程浩喜不自胜：“如果这样下去，一年要挣多少钱啊！”许红艳的母亲更是激动：“照这样下去，石塘村还真能变成聚宝盆。以后，大家也不用出去打工，在家开饭馆也没多大成本，这来钱快，致富更快啊！我看石塘很快就要变成小康社会的样板村！”

然而，事物的发展总是处于变化之中的。长假过去，许红艳夫妻正常上班去了，而景区的客流量似乎并没显著减少，进村的游客还是很多。新的问题很快出现了：许红艳的公婆没读过书，不会配菜，也搞不清价格，还不会算账，这生意做得焦头烂额。每次有客人来，都要许红艳通过电话和游客对接交流，再把菜单打好，并附上单价与合计金额，通过微信发给公婆，才能完成一单生意。

渐渐地，“微信农家乐”成了许红艳家最初的特色。一些回头客再来时，都变成了“网络下单”，他们又介绍拉动了一批新的客源。几个月过去，村里人发现农家乐商机巨大，人人都想分一杯羹。于是，出现了一批年轻人纷纷返乡创业的热潮。这时，成天忙得不亦乐乎的许红艳公婆已彻底转变了思想，他们主动提出了让媳妇回家救急的想法。

此刻的许红艳，终于来到了创业奔小康的重要人生节点，她离内心埋藏的田园梦与小康梦越来越近。前方，正有许多未知的考验在等待着她。

小康生活需要有“两把刷子”

许红艳回村是胸怀大志和抱负的。她认为，农村小康生活不是简单的会烧两道农家菜，农家乐经营户应该都有“两把刷子”。只有经营户的综合素质提升了，才有可能把农家乐办出内涵与魅力。

当时农家乐的主打菜基本上就是年节菜，这似乎没有什么奥秘。可许红艳接过公婆的大勺，做了几天菜肴后，她的思想却发生了重大转变。她开始思考如何让农家菜变得精致，变得回味无穷，变成江南特有的山村美食；如何能让农家乐变成人们养身修心的处所，变成文化的追溯与享受……这样的想法多了，她便暗暗开始打起自己的“小九九”。

许红艳先走访村中的老人，请教一些特色菜的做法，特别是对乡村五花肉、狮子头、山竹笋烧肉等特色菜，进行了进一步研究开发；之后，她又对枸杞头、马兰头、苜蓿头等当地野菜的制作方法，进行了深入了解，开始探究四季供应野菜的可能。许红艳想，她一定要用特色菜来征服游客的胃。例如在传统菜肴狮子头的开发上，她打破传统的豆腐与肉末的组合，在里面掺杂了红薯、藕、萝卜丝等，做出了与众不同的狮子头。与别家不同的风味，吸引着一批批回头客，她家的农家乐真正实现了风生水起、独树一帜、远近闻名。

一人富不为富，一人强不为强，小康社会应该是一村一品，一片祥和。这是许红艳慢慢从创业中领悟到的。她说，在生意火爆后，不少村民前来讨教生意经，刚开始自己也怕生意被抢去，有保留技术的想法。可一段时日后，她发现新开张的农家乐虽然已有30多家，但自家的生意依然兴旺。游客们对她家的菜赞不绝口，而她接待能力有限，一些回头客没有订到餐，只好到其他人家就餐。结果，常常因为口味不好而发生矛盾。长此以往，势必影响客源，最终也会影响到整个村庄的声誉。

许红艳正在整理客房

即便一户做响一庄，但是一户影响一村，整体利益永远高于个人利益，只有全村好，大家才会更好。并且，许红艳想，大河的水喝不干，吸引游客靠的是手艺与服务，无论谁家丢了客户，就是丢了一个村的回头客与脸面。想到这些，许红艳决定不再保守，她开始与开农家乐的邻居们共同研究和探讨各家掌勺的绝技，在相互交流中，练就各人的“两把刷子”。此外，她还前往莫干山、高淳老街、世凹桃源、汤山七坊等农家乐进行实地考察，在学习烹饪技法的同时，请教经营经验，为谋求更好的发展理清思路，集聚智慧，力争打造出石塘小康村独有的农家乐品牌。

结合石塘拥有万亩竹海的优势，她把竹笋引入食材，开发了野山笋肉片、竹笋烧肉、笋衣烧肉等多道菜品；结合蟠龙湖盛产湖鲜的便利，她开发了清汤鱼头、红烧鱼头、剁椒鱼头等系列菜品。并且，她积极和全村的农家乐经营户进行资源共享、特色共享，大家一起把石塘的招牌菜做得更好，使之成为美丽乡村旅游中的饮食文化亮点。

与此同时，许红艳在经营模式上探索出线上订餐业务。这样，在方便自己掌握客户需求的同时，也为顾客就餐提供了极大的便捷。在自家餐厅网络订餐满负荷的情况下，她会主动把生意推荐给周边的农家乐，大家互动联动，共同致富。2014 年，她家一年开办农家乐的收入就达到了 30 多万，更让家人和乡亲们看到了乡村旅游发展的前景，享受到了增收致富的喜悦。

许红艳的创业创新精神，以及助人为乐品质，受到游客及村民的交口称赞。她先后被中央电视台、江苏电视台、南京电视台及省、市报刊媒体作为采访对象，成了全村有名的新闻人物；并且，先后被评选为区“三八”红旗手、市巾帼岗位明星、南京好市民、最美江宁人，还被推选为区政协委员、区妇联执委会委员。

升级版农家乐遇到的巨大阻力

小康路上领头人，创新发展有新招。在农家乐发展中摸爬滚打五六年后，许红艳感觉到如果安于现状，被小农思想束缚了手脚，就会造成眼光不够开阔，理念不够创新，规划不够大胆，思路不够超前，实践不够深入……一番调研后，她认为原有的经营模式、发展思路，已远远不能适应时代发展需要，也不符合市场运行规律，必须再投入再升级，必须再转型再优化，才有可能将事业做大做强。

2018 年，当她提出投入 100 多万来改造、升级农家乐后，再次遭到了全家人的反对。四位老人觉得许红艳好高骛远、不够踏实。于是，许红艳首先做通丈夫的思想工作，在小夫妻统一战线后，再一起说服父母。她认为在美丽乡村建设过程中，农家乐经营存在千篇一律的问题，民宿不是简单搞个房间支张床，应当既有乡情乡味，也有高雅气质。一山一水，一砖一瓦，一亭一厅，一树一花，一菜一饭，一碗一茶，都应让人们体验到美丽风景、风土人情、乡愁乡恋，以及劳动与收获带来的喜悦……

说服父母后，许红艳对未来的设想开始变成现实。改造升级完成后，“农家苑”易名为“溪山居”，临溪而落，面山而坐，看烟雾缭绕，听溪水潺潺，宾来客往间，既有繁华也有宁静。从院墙上的小瓦装饰、朱漆大门、木制长廊、木格窗棂，到房间墙上的硅藻泥、地板、地灯、台灯，再到床单、被套、面料、花色……一切都在变，三分诗意七分乡情，一踏进大门，一股清新之风便扑面而来，让人不由陶醉神往。

溪山居开业后，虽然客房价格较过去大幅提高，生意却十分火爆，到了节假日更是天天客满，一房难求。南来北往的游客们发出由衷地感慨与赞叹：“这样的生活环境，真让城里人羡慕啊！”

让大家都成为石塘的主人

经营农家乐，让许红艳悟出了许多道理。她在这里成就了事业，也实现了自己的人生价值，如果没有石塘，便没有如今拥有的一切。让大家都成为石塘的主人，一起为石塘的未来发展出力，成为她新的梦想。

由于农家乐生意红火，她一直觉得人手不够，可当丈夫提出要辞职回来帮她时，她却犹豫了。在她看来，石塘的长远发展更加重要。当时，村里正在招聘工作人员，她鼓励丈夫去试试。在她的支持下，丈夫被正式录用。之后，凭着出色的工作表现，成为社区副主任。

许红艳的“溪山居”

■许红艳和她的农家乐所获得的荣誉

规范生产，合法经营，依法监管，科学发展，是保持农家乐繁荣与发展的前提条件。2016年，许红艳针对农家乐营业证照办理难的情况进行走访调研，撰写提交政协提案，在区政协第十二届一次会议上提出农家乐民宿办理证件难的问题，得到了区有关部门的高度重视，区消防结合实际，研究制定了改造验收的详细方案，在石塘村试点，使得难题迎刃而解。这些提案和举措，进一步推动了乡村旅游的快速、科学、法治与和谐发展。

绿水青山就是金山银山。为建设环保石塘，2019年，许红艳作为区政协委员，专门提交了《江宁区农家乐厨余垃圾处理办法》的提案，得到了区政府和主管部门的重视。上级部门专门出台了政策，对各景区集中清理垃圾给予资金补助，并通过行政管理的手段，实现了定点定人集中回收管理的局面。

望着窗外的风景，许红艳笑容满面，在她看来嫁到石塘是自己的幸运，她嫁的不仅是石塘的小伙子，也是这片神奇而充满活力的土地。每天看到青山绿水，人的心便是年轻的，仿佛青春正在阳光下热烈绽放。展望未来，她更是充满梦想与期待，实现小康仅仅是起步，她还想带着全家人过上更好的日子，她要和全村的父老乡亲一起，把石塘的明天建设得更加美好！

文字作者：毛文轩（江宁区横溪街道）

图片提供：毛文轩

责任编辑：鲁　华、陈治平

浦口区

PUKOUQU

以人为本　创新转型
建设和谐魅力新城

浦口区桥林街道位于浦口区西南部，东与南京主城隔江相望，南、西、北分别与和县乌江镇、星甸街道和江浦街道接壤，是南京辐射苏北、皖西、皖北地区的重要门户，素有“江北小秦淮”的美誉，也是南京十大文明古镇之一。街道总面积 184.95 平方公里，常住人口 7 万余人。近年来，随着区划调整、撤镇建街，产业转型、城镇化建设的全面发展，依靠浦乌路、绕城公路、长江三桥和宁和城际（S3 号线）建成所形成的区域交通优势，桥林街道迅速从传统的农业乡镇转型为以先进制造业为主导的街镇，开上了高水平全面建成小康社会的快车道。2016 年，街道被列为国家新型城镇化（省级）试点镇街。2018 年，被命名为第二批江苏省生态文明建设示范乡镇（街道）。

创新转型　引领发展

历史上的桥林是个纯农业乡镇，基础条件差，产业发展挑战多、出路少。为加快脱贫致富步伐，桥林街道大胆创新，积极探索农业产业化、农民职业化发展的新途径，因地制宜地走出了一条传统农业转型发展的新路子。

随着经济的快速发展及人民生活水平的不断提升，身处现代化工业城市的人们更加渴望回归自然，休闲农业的概念随之兴起。桥林街道抓住机遇，发展了一批集生产、加工、经营、观光、休闲、娱乐、科普等为一体化的现代农庄。新型农业发展业态的出现，促进了传统农业形态的改革，实现了土地集约化发展，带动了桥林农民就业，提

■美丽的望月农庄

南京马涛种植专业合作社农田收割

高了桥林人的生活水平。

位于浦口区桥林街道西山社区的望月农庄就是桥林街道现代农庄的先行者。2002 年，望月农庄选址低效半干旱丘陵山地，与省林科院、省农科院、南京林业大学、中山植物园等合作，通过科学规划、土地整理与改良、良种选择、现代农业技术应用、生态链经营等现代高效农业产业化开发与经营，经过 15 年的努力，逐步发展成为一个集苗木新品种研发、生态种植、养殖、休闲、垂钓、观光、科普为一体的休闲观光农业、现代农业旅游、科普示范的现代化农业企业。目前，企业已建成上千亩的基地，并试验推广了林禽、林果、林鱼、林菜、林药、林苗的六大复合经营模式。有甜玉米、西瓜、时令蔬菜、葡萄、桃子、李子、板栗、茶叶、银杏、海棠果等农林副产品；苗木产品多种，有细柄阿丁枫、阳光山矾、美国落羽杉、中山杉、杂交柳杉、光皮毛楝、香港四照花、锦带花、红包栀子花、巨紫荆、蓝果树、流苏、猴欢喜、海棠。拥有 200 个以上不同品种的海棠树种，成为国家海棠基因库，通过多年的努力，目前已量产 50 多个性状稳定的优良海棠品种。

望月农庄生产的优质葡萄、花木、禽蛋、餐饮、休闲等产品已经形成很好的品牌效应。望月农庄的垂钓区域、苗木区域、养殖区域、餐饮休闲区域、果树区域等几大重点区域，不仅能够提供高品质的农副产品，而且成为南京市民以及外地旅游观光客的休闲养生娱乐空间。农庄本着以人为本的经营发展理念，积极为周边百姓提供现代高效农业种植管理技术，发展公司加农户的经营模式，带动了周边农民发家致富，先后被南京市农业农村局等多家行业主管部门授予高效农业、观光农业示范点的称号。

强化农业政策扶持，积极培育新型职业农民。在农业政策的扶持下，林山村村民马涛历经 20 多年的辛勤耕耘，其耕作的土地，从最初的十亩薄田发展到了如今的千亩沃土。2011 年 12 月成立的南京马涛种植专业合作社，种植水稻 1000 多亩，在试用多个新品种和新技术后，亩产量由 500 公斤提高到 670 公斤。如今，马涛种植专业合作社已经发展到拥有合作社成员 126 户，耕地 2800 多亩，主要种植水稻和小麦，年产量约 3000 吨；拥有农业机械30台套，其中收割机、插秧机等大型机械15台套，烘干机3组，25吨大米加工设备1组，油菜籽加工设备1套；平均亩产较其他农户增长12%以上，亩增效益150元以上。不仅如此，马涛种植专业合作社还为林山、周营、林蒲、兰花、滨江等周边社区精准扶贫户提供就业岗位，带动周边农户走上致富路。

看到马涛这样新型职业农民的成功，越来越多的农民认识到先进的农业技术对提高产量、提升品质的重要性，新型职业农民的队伍也越来越壮大。林蒲社区2018年成立了南京墨香园生态农业专业合作社，由林蒲社区经济合作社投资控股，社员以流转土地入股组织成立。合作社占地约200亩，投资近200万元，一期建成“8332”钢架大棚40亩、生态冬暖式大棚2亩、配套用房120平方米及喷灌系统等基础设施。合作社以围绕发展生态农业、带动低收入户增收及壮大集体经济为目标，通过鼓励创业、扶持就业、帮助入股及助产助销等方式，直接带动低收入户增收，进而引导社区其他居民积极参与，创收致富。

发展的目的是让全街人民生活得更美好。随着近几年大批农业劳力向非农产业转移，桥林街道审时度势，坚持以工促农，加大产业投入，完善征迁土地机制，推进土地规模经营，有效地提高了产业劳动生产率，为实施产业专业化布局，提升产业层次创造了条件。2016年，《南京江北新区桥林新城总体规划（2015—2030年）》出炉，南京雨润集团项目、上汽南汽项目、清华紫光等一批重点项目相继落户桥林。随着产业集群崛起，桥林街道抓住这个千载难逢的发展黄金机遇期，大力发展第三产业，逐步形成了现代科技示范园配套服务产业格局。在加快配套服务产业发展过程中，积极扶持村级集体经济的发展，街道、

■地铁S3号线（宁和城际）穿越桥林

村集体综合服务实力显著提高。近年来，从全国各地返乡的务工人员达400人，他们利用在外面学到的技术、经验和挣到的钱创办了各种类型、不同规模的经济实体150个，带动了1000多人就业，有效地转移了农村剩余劳动力，消除了零就业家庭，人民群众的获得感、幸福感显著提升。

以人为本　扮靓新城

“以前桥林农田成片，断头路多，每次出门都要绕几公里冤枉路，如今的桥林道路更通畅了，路灯更明亮了，公园更漂亮了，绿化更养眼了。”“地铁一开，我家孩子上班方便多了，再也不用每天一大早起床，倒三四班车才能到单位了。”谈到地铁S3号线的通车，桥林人的语气之中更是充满了各种骄傲与自豪，感慨于他们也过上了城里人享有的地铁出行的便捷，感慨于桥林新城的规划建设，将会让他们的家乡越来越繁华、越来越美丽。

近年来，桥林街道着眼于可持续发展，以“服务开发区产业需要，提升生产生活配套品质、促进产城融合发展”为目标，围绕“智能制造新城、产城融合新城、田园水乡新城”的发展定位，推动公共配套服务高质量发展，满足人民对美好生活的新期待。如今的桥林城区布局合理，交通方便，环境优美，道路畅通，设施齐全。

随着城镇规划建设的不断深化，一批公共设施项目相继开工建设，城区功能日益完善，城区面貌显著改观。平坦宽阔的柏油路四通八达，密织成网。道路通了，出行更顺心；城市美了，生活更舒心。深入挖掘乡土文化特点，确立房屋立面和公共建筑特色，突出乡土

■桥林街道美丽乡村“聆泉福音”

风情，线美、点亮的精品示范带初步显现，一批美丽风景脱颖而出。相继建成了一批以南京书人实验学校为代表的规模大、设施全、环境美的中小学校，教育水平持续提升。

在努力推动城市配套设施“硬件”建设的同时，桥林街道以满足群众日益增长的精神文化需求为出发点，以提升基层文化阵地品质、丰富群众文化活动、培育业余文化团队、保护历史文化资源等措施为有效抓手，全力推动文化“软实力”发展。探索辖区群众共享文化建设成果的有效途径，将基层文化阵地逐步向农民安置小区、居民集中区倾斜，兼顾群众需求及实用性，全面推进基层综合文化服务中心建设，努力打造群众身边的精神文化家园。在此基础上，深入挖掘各村（社区）特色文化资源，推进“一村（社区）一特色”的文化阵地建设模式，不断提升基层文化阵地建设品质。一方面将桥林地区经济、社会发展成果、重点工作、重大方针政策等编排成形式多样的文艺节目，融入各类惠民演出中，提升群众对街道工作的认同感。另一方面重心下移，按需配送，将文化活动送进村（社区）、农民安置小区，让文化惠民工作真正落到实处。依托新媒体平台，建立“风雅桥林”文化活动微信群，开展文化活动需求调查，采取活动线上预约抢票制，有效提高了文化活动参与度和认可度。在此基础上，以“非遗进校园”“书法公益课堂”“经典诵读”等活动为有效载体，向辖区学生传播中华优秀传统文化，培养传统文化接班人。坚持传承创新、融合发展理念，深入挖掘桥林地区优秀历史文化资源，通过开展文化资源调查、研究，将地方历史文化资源融入美丽乡村建设、文化旅游开发等工作中，以草圣书乡、桥林水街、聆泉福音等一批文化旅游项目为突破口，扩大文化资源效益，守住桥林地区文化根脉。

一直以来，民风是美丽桥林建设的核心，通过创建生态桥林、文明桥林、民族团结桥林，培育遵纪守法、讲信睦邻的良好风尚；通过道德歌堂唱出了感谢党恩、乡风文明，唱出了邻里和睦、敬老孝亲；通过新时代农民讲习所了解传统美德、社会公德，讲自力更生、愚公移山，丢掉“比穷不比富”的观念，让桥林充满了正气、诚信、和睦和包容。

改善环境　彰显宜居

近年来，桥林街道以建设美丽乡村为契机，从实施乡村振兴战略、决胜全面建成小康社会、满足群众对美好生活向往的全局高度，从践行群众路线、密切党群干群关系的民生高度，深刻认识农村人居环境整治提升的重大现实意义和深远历史影响，深入推进“四清一治一改”（清理常年积存垃圾、清理河塘沟渠、清理农业废弃物、清除无保护价值的残垣断壁，加大乡村公共空间治理，加快改变农民生活习惯）整治、垃圾分类、污水及水环境治理、“厕所革命”、人居环境整治提升工程、美丽庭院创建、长效管护等各项工作，力争通过整治让桥林的农村环境既有“面子”，又有“里子”，既有“颜值”，又有“气质”。

从最基础的垃圾箱、垃圾池建设，厨房改造，污水处理，卫生改厕，步道硬化，乡村绿化入手进行环境整治，截至2019年年底，街道对20个村（社区）的133个自然组实施了“四清一治一改”整治。坚持“全覆盖，无死角，无盲区”，坚持党员带头、群众参与，全民动员、齐抓共管，61128人次参与整治，共清理各类垃圾1996.5吨，清理河塘沟渠1173处，疏浚河道74.59万方，拆除破旧禽舍2657处，清理农业投入品包装物、废旧农膜等农业生产废弃物343.6公斤，清除无保护价值的残垣断壁478处。开发“桥林垃圾分类智慧云平台”，将垃圾分类收集、运送、处理等信息上传平台，实时跟踪，杜绝管理盲区；指定党员联络员和垃圾分类督导员，对村民进行分片管理，成立垃圾分类志愿者小分队；开展垃圾分类进社区演出和宣传活动16场，以居民喜闻乐见的方式促进垃圾分类意识在农村落地生根；将城市小区推行的垃圾分类积分兑换与农村干湿垃圾收集相结合，兑换点设在各村的小卖部、超市，让老百姓近距离感受到“积分当钱花”的便捷。农村生活面貌得到极大改观，百姓生活习惯形成良好转变。实现垃圾分类覆盖率100%。

小厕所，大民生。桥林街道针对农村面积广、分布散、基础差的实情，将“厕所革命”提升到街道中心工作的高度，作为“一把手”工程，各村（社区）书记向街道党工委递交“军令状”，承诺完成所有旱厕的拆除和不卫生户厕的改造，同时聘请第三方对改厕的标准、质量、选址进行全面指导监督。在改厕过程中坚持以人为本，临时设置一体式环保移动厕所233个，减少了改厕工程对群众生活的影响，消除了农村改厕的矛盾和阻力。旱厕拆除率100%，无害化户厕改造2781个，完成率和合格率均达100%，顺利通过市、区、街道三级验收。

街道将美丽庭院建设作为农村人居环境整治的重要抓手和美丽乡村的“细胞”，充分发挥妇联组织作用和妇女人力资源优势，共成立由妇联干部、女党员、女组长、女群众代表组成的巾帼志愿者队伍20支，组建了环境监督、创建评选队伍16支，带领争创户、帮助困难户清洁庭院卫生及物件归类摆放。在周营、林蒲、福音3个美丽庭院示范村（社区）中开展创建评比，市农村人居环境整治示范村美丽庭院创建农户参与率达80%，共完成50户市级、88户区级、110户街级、128户村级美丽庭院示范户争创任务。同时注重挖掘本土文化与特色，典型示范、以点带面，因地制宜打造生态文化景观，使得宁静的乡村展现出如诗如画的栖居面貌，大大提升村民生活幸福指数。

走在如今的桥林，小桥流水古木葱葱，村前屋后整洁如新，男女老少精神焕发，桃红柳绿民风融融。面对即将开启的新征程，桥林人满怀豪情，他们深知今天付出的汗水，都是为了能在明天拥有更加美好的生活。

文字作者：计恩青（浦口区桥林街道）
图片提供：计恩青、陈元鹤、滕宏飞
责任编辑：胡学荣

茶旅互融新业态　美丽乡村迎客来

阳春三月，晴空万里。蜿蜒挺拔的赭洛山下，千余亩绿油油的茶园正泛着淡淡清香。勤劳的采茶姑娘们哼着小曲，挎着茶篓，带着各地的游客们从茶树上摘下一片片嫩芽，在欢笑间分享着春天的喜悦。很难想象，过去的九华村因地处山坳、交通不便等原因，曾是浦口“著名”的穷山沟；而如今的村庄内，道路整洁、绿树成荫，青瓦白墙的农家小屋嵌在翠绿如海的茶园之中，到处都是恬淡宜人的秀丽景色。

九华村位于浦口区西南部，前临驷马河，后依赭洛山，西与安徽省接壤，村域面积 6.7 平方公里。茶产业是九华村的核心主导产业，先后孕育了“浦桥玉剑”“九华嫩剑”等知名茶业品牌。2016 年，九华村凭借其独具茶文化特色的“九华茶坊”旅游园区，入选南

九华村鸟瞰图

京市美丽乡村和浦口区珍珠村，成功开辟了一条集茶叶产销、观光体验、休闲度假为一体的茶旅互融之路，为南京高水平全面建成小康社会写下了生动注脚。九华村先后被评为全国文明村、江苏省文明村和江苏省休闲农业精品村。

做好“茶”文章　引领致富路

“种上几亩茶叶，只能勉强过过日子。”提起以前的日子，村民张礼栋难免有些唏嘘。张礼栋家有 5 亩地，过去除了种茶，还种一些水果和蔬菜，一亩地的纯收入也就几百元。像张礼栋这样的情况不是个例。九华村虽然一直有种植茶叶的传统，但总体上人多地少，村民们大多是“单打独斗”，缺乏技术指导和稳定销路，增收乏力，村集体经济也比较薄弱。

千条理、万条理，发展才是硬道理。2013 年，新一届村党总支班子下决心要彻底改变这种面貌，决定采取“支部＋合作社＋社员”的经营模式，引导零散茶农加入合作社，依托当地龙头企业赭洛山茶叶合作社的技术力量和销售渠道，形成规模化、品牌化运营，从而大大增加经营效益。

围绕“先富带动后富，利益共享、风险共担”的联结机制，党总支积极与合作社、茶农进行沟通，引导双方签订鲜叶购销协议。合作社通过高于市场的保护价收购鲜叶，经过统一加工、包装后再进行品牌化销售，实现小农户和大市场有效对接，从而大大提高茶农收益。合作社还为茶农供应无性良种茶苗、政策性有机肥和植物源农药等生产资料，同时提供茶叶采摘、病害防治等技术培训，确保鲜叶品质优良纯正。

发展初期，由于大家对这种经营模式比较陌生，茶叶销售的价格会有波动，许多茶农对于入社还有些犹豫。为此，九华村专门出台了茶叶种植惠农补助政策，只要茶农种植

■九华村的千亩茶园

由合作社提供的良种茶苗，则每亩给予500元的补助。在政策的鼓励下，茶农们纷纷决定拿出土地入社，尝试抱团致富。

“现在可不一样啦！我们种植的茶叶再也不愁没人收，价格也翻了番！”张礼栋由衷地感叹。入社后，张礼栋把自家5亩地都种满了茶树，现在他们家每年仅春茶的收入就能超过6万元。

浦桥玉剑绿茶

经过几年的发展，合作社社员由起初的100多户发展到了后来的400多户。茶农收入翻倍，合作社扩大生产规模，实现了双赢局面。茶产业强大的“造血”功能也加快了九华村精准脱贫工作的步伐，党支部引进了一批没有田亩的建档立卡低收入户进入合作社。经过集中的技术培训后，这些村民可以在茶园里干小工，协助做好除草、灌溉、施肥、采摘等工作，每天也有过百元的稳定收入。

九华村现有5000余亩茶园，年产值3000多万元，茶叶亩效益更是高达近万元。2020年，为降低疫情对茶产业的影响，党总支提前谋划，成立了茶农帮扶小队，为春茶顺利上市保驾护航。一方面，党员们通过微信记录茶农所需农资，对接相关部门请求采购发放，再将所筹的农药、化肥、防虫板等生产物资，点对点、面对面地送到茶农手中，为茶农提供贴心服务。另一方面，党员们在第一时间将最新的政策、通告传递给茶农，帮助茶农动态掌握人员管控形势及返工流程，确保外地的采摘工能规范、及时就位，不误农时。针对急需用工的茶农，党支部还提供了翻耕、管护等志愿服务，帮助缓解用人难的尴尬局面。

茶坊开园　美丽乡村喜迎客来

随着茶产业的不断发展壮大，加上浦桥玉剑、九华嫩剑等品牌的辐射影响，九华村因茶叶而颇有名气，茶产业也成了九华的一张靓丽名片。

2016年党支部换届选举，在新任村支书马连龙的带领下，党支部决定以“茗茶养心、悟茶养性”为理念，将独具特色的儒茶文化、浓厚的人文底蕴和极佳的生态环境，融入旅游开发服务产业、农民致富增收等环节中，走茶旅互融、全域旅游的发展路线。

在浦口区委、区政府以及区康居集团的支持下，九华村投入美丽乡村建设资金近7000万元，对村内建筑、道路，以及通信、亮化、标识、景观系统等进行改造，同时新建停车场、公厕、瓜果采摘基地、垂钓养殖基地等，着力打造了一个集观光体验、休闲度假、购物娱乐为一体的“九华茶坊”。茶坊以九华路为主轴线进行设计，规划出茶文化体验、茶园养生等 7 个不同的功能分区，为游客提供吃住玩游娱购的一站式体验。

作为茶坊核心区的赭洛山茶文化园，既是省内首家茶文化基地，也是南京市首批现代农业示范园、市级茶叶标准化示范区。其主导产品浦桥玉剑茶多次获江苏省“陆羽杯”、全国“中茶杯”名优茶评比特等奖。园区内拥有集中连片有机茶园 2800 亩，配套设施齐全，可提供有机茶园观光、茶事体验、茶叶选购、会务接待等综合性服务。

进入园区，沿着绵延的小道缓步前行，四周浓荫如盖，鸟语啁啾，山花烂漫，空气中不时袭来阵阵淡雅茶香。登上山顶，临高远眺，千余亩碧绿葱茏的茶园尽收眼底，优美动听的采茶曲在耳边萦绕，可谓园中有林，林中有茶，茶中有景，给人一种“过尽山头全不管，茶歌一路听分明”的怡然自得。继续前行，来到茶文化综合大楼的一角，又是一番别样的天地。一台台极具现代化气息的茶业设施赫然陈列，令人应接不暇。观摩着自动网纱覆盖系统、智能化防霜扇系统等进口设备，你不得不感慨现代茶业技术的高端和智能。

园内还精心打造了采摘体验和制茶体验两个区块。进入采摘区，游客们戴上草帽，背上茶篓，化身新手茶农，小心翼翼地从茶树上摘下一片片嫩叶，沁心于满园的茶香四溢之中。捧着沉甸甸的茶篓走进炒茶廊，在茶技师的细心指导下，游客们可以体验到手工炒茶的新鲜快感。茶叶炒好后可以在露天品茶台进行现场试饮，同时还可以品尝到正宗的浦桥玉剑绿茶、睿易玉叶茶等高端优质茶叶。品茗结束，游客可以在现场直接购买茶叶，也可以扫描二维码在网络平台注册会员，以会员优惠价进行网购。

园区内还定期举办儒茶文化节，通过开展采茶戏、儒茶祭祀、茶艺表演、茶技切磋等活动，体验具有九华特色的儒茶文化。品茶香、知茶趣、感茶韵、悟茶道，增强体验性、娱乐性、参与性，以此促进游客消费，进一步拓宽茶叶市场。

■赭洛山茶文化园

茶坊内另有一座占地面积约 400 亩的养生园。园内桃红柳绿，小桥流水，亭台水榭，曲径通幽。静坐园中，品上一壶清茶，仿佛置身世外桃源。园区采取“农业+养生”的运作模式，内设康复院、医疗护理中心、文娱中心、垂钓养殖等功能区域。园内还开辟了果蔬种植基地，用于提供农产品采摘等农家旅游项目，让游客体验干农家活、享农家乐的原生态旅游风趣。

孩子们体验茶叶采摘

茶坊开园后，吸引了各地游客纷至沓来，每年接待游客近 10 万人次。近年来，九华茶坊还成功承办了浦口区第五届职工运动会暨区级机关有氧三项团队赛、浦口区老年人体育节等活动，茶坊的知名度和美誉度在不断提高。

看着家乡一天比一天热闹，许多村民们也乘势开起了农家乐。山滕组党员滕宏兵退休后一直赋闲在家，茶坊开园后，他在党支部的鼓励下带头开办了农家乐，同时注册“乡缘”农副产品商标，生意十分红火，成了家喻户晓的致富带头人。在这里，游客能以实惠的价格，品尝到手工油面、红土咸鸭蛋、九华蜂蜜等特色食品，体验舌尖上的九华美味。

在打造茶坊的过程中，党支部还引进了花海项目作为建档立卡低收入户的扶贫项目，在近 100 亩的“一村一花”项目区内，党总支筛选有劳动能力的低收入农户参与务工，从事除草、浇灌等维护工作。对完全无劳动能力的家庭，则将项目的经营性收入按照一定比例实行救助托底，切实做到脱贫路上不落一户一人。项目区的蛇目菊开花后，为茶坊增添了一抹抹靓丽的金黄，吸引了大批游客前来赏花拍照。

产业做活了，经济就上去了。一产、三产的巧妙融合激发出九华村经济高质量发展的全新活力，现在的九华村早已摘掉了贫困帽子，并在 2018 年实现全面脱贫。人均年收入已达 2.4 万元，村集体收入从 2016 年的 250.66 万元一路飙升到 2019 年的 469.03 万元，实现了跨越式增长。

盘活资源　美丽茶坊提档升级

要千姿百态不要千村一面。近年来，九华村党总支不断挖掘自身资源，打造新型项目，在探索全域旅游的道路上走得更加坚定、更加自信。而在项目引进上，一直设高门槛，宁缺毋滥。

2017年，党总支投资打造了独具特色的“济美九华——生命安全体验馆”。作为一款研学教育旅游产品，体验馆以VR、声光电等高科技设备为主要载体，以多样化的模拟情景体验为教育方式，向游客普及垃圾分类、交通安全、食品安全、应急救援等实用知识。游客们可以一边沉浸在游戏的欢乐之中，一边汲取知识，可谓亦游亦学，亦学亦趣。体验馆深受学生群体的青睐，还有来自澳大利亚、巴拿马的国外研学队伍前来参观学习，已成为多所院校的教育实践基地。

党总支将生命安全馆融入九华茶坊的全域旅游格局，加上后期打造的赭洛山胜利湾红色纪念广场、童趣乐园等景点，使之串联成一条以“观山水、忆先烈、品儒茶、学知识、游乐园”为主题的旅游路线。并且，积极寻求与教育部门合作，以青少年群体为主体，发展订单式旅游。游玩过程中，孩子们不仅可以放松身心，还可以领略九华的山河美景，体验茶事乐趣，感受浓浓茶香。

2019年，九华村又成功引进了集冒险、运动、休闲为一体，预计总投资过亿元的全新项目——九华航空运动飞行营地滑翔伞项目。

“赭洛山是我们得天独厚的资源优势。生在山下，我们就得靠山吃山。”在讨论项目引进的座谈会上，马连龙说道。

此项目选址在赭洛山西南区。赭洛山山体南北走向，山形起伏连绵，山势缓升缓降，四面空旷，风向稳定，不宜产生乱流，可以说是天然的滑翔伞训练场地。同时，项目具有无公害、无污染、绿色环保等特点，不会对周边生态环境造成破坏，符合“绿水青山就是金山银山”的发展理念。

有了好项目，还要找到靠谱的技术团队。为打破人才瓶颈，马连龙专门托人约见了中国滑翔伞队队员、全国滑翔伞联赛冠军选手王宏吉、李晨男，并成功说服他们加盟，为项目提供技术保障。

■滑翔伞项目

在把游客引进来的同时，更要想办法让游客住下来。2019年，党支部将原美讯生态园改造升级为轩华假日酒店，进一步提升了九华茶坊的旅游接待软实力。酒店坐落于赭洛山中，四周空气清新、景色宜人。靠山而憩、拥云而眠，白天漫步于情侣石榴园之中，感受一丝浪漫的芬芳，夜间来到池塘边，静赏晚风中翩翩起舞的荷花。住在这里，你可以切身感受到九华的生机勃勃与美妙绝伦。

值得一提的是，轩华假日酒店和奥地利著名酒庄威利·欧皮兹酒庄签订了战略合作协议，推广欧洲红酒产业。酒店内设有一间红酒窖，这里常年恒温，珍藏了不同时期的高端欧洲红酒。“花醥和松屑，茶香透竹丛”，品茶以外，你还可以在这里饮上一口甘甜醇厚的美味红酒。

国外友人在茶坊内品茶

不仅要有高端大气的商务酒店，还要有精致美丽的农家小屋。党总支通过广泛招商，“筑巢引凤”引进了社会资本，注册了南京轩华置业有限公司，打造高品质的特色乡村民宿品牌。建设过程中，融入当地特色，让民宿既有颜值担当又有内涵体现；项目实施过程中，村民们将房屋租赁给第三方公司，公司负责对村民进行酒店式服务培训，提高村民的服务意识和服务品质；民宿建成后，村民们负责做好旅游接待、住宿服务等工作，让村民们获得房租补偿和劳务工资两份收入，从而实现完善旅游体系和村民增收致富的双赢局面。

今天的九华村，处处焕发着新的生机，这里早已是远近闻名的小康村、美丽乡村示范村。走进藏身于赭洛山中的村落，映入眼帘的是郁郁葱葱的草地树木、错落有致的青瓦白墙、四通八达的干净道路，农户门前的小公园里，老人们聊着家常，孩子们发出欢声笑语。随着贫困山村的美丽蜕变，青壮年们也纷纷回到故乡，返乡创业成了热潮。绿色发展之路让这里的绿水青山真正变成了金山银山，陶渊明笔下的“世外桃源”，正在九华一步步由理想变为现实。

文字作者：陈元鹤（浦口区星甸街道九华村）

图片提供：陈元鹤

责任编辑：胡学荣

全家上阵同创业　脱贫致富奔小康

清晨6点，天刚蒙蒙亮，家住浦口区汤泉街道泉东村的张德翠就洗漱完毕，来到了自家的烤梨店，开始准备当天要用的食材。儿子陈洁在一旁搭手帮忙，儿媳倪露在家制作店里特供的小点心，丈夫陈传云则外出工作。全家人分工有序，各司其职，忙碌而又充实的一天又开始了。望着整洁的店面，很难想象这一家人在实现脱贫致富奔小康前，曾经历了多少挫折，付出了多少艰辛。

忙碌间隙，张德翠满怀信心地说道："这些年为了创业，我们全家人什么苦都吃过，只要一家人团结一致，没有什么坎过不去。最幸运的是我们赶上了好时代，党和国家的政策好，只要踏实肯干，不光自己能过上好日子，还能帮助身边的人一起奔小康！"

敢闯敢试走出困境

张德翠夫妻二人于80年代末结婚，小两口沉浸在结婚的喜悦中没多久，便开始为生计犯愁。双方父母家都是家徒四壁，身无长物，家中兄弟姐妹又多，能吃顿饱饭都成问题。为减轻家庭负担，二人商量后决定要走出家门、自食其力。那个时候，汤泉还只是一个经

■张德翠儿子开的烤梨先生店

济落后的小镇，很多村民靠着编制竹篮贴补家用。于是夫妻二人拿出身上仅有的100元买了一堆原材料，连夜编制了一批竹篮拿去集市上卖。然而，因为卖家太多而生意惨淡，最后连买材料的成本都没有收回来，小两口的第一次创业就这样以失败而告终。究竟往何处去才能找到谋生之路？生活的压力，逼迫着他们去进行新的尝试。

1991年，陈传云在自家门前留影

俗话说人穷志不穷，张德翠夫妻一直坚信靠勤劳和智慧一定可以改变命运。张德翠的丈夫陈传云结婚前曾在部队当过兵，空余时间喜爱钻研摄影，拥有一技之长。于是，夫妻二人就想通过给人拍照赚钱贴补家用。说干就干，陈传云跟朋友借钱买了一部相机，开始了摄影之路。起初为吸引顾客，陈传云免费给人拍照，因为拍照效果好、服务周到，渐渐地有了一定的名气，也积累下了一些客源。之后的3年，陈传云骑着自行车，穿行在大街小巷，挨家挨户宣传，良好的口碑慢慢建立起来，全家人的吃饭问题得到解决，并且有了少许的积蓄，家里的日子也一天天好起来了。

1991年，随着改革开放的不断推进，农村的经济发展也呈现出百花齐放的状态，各类创业如雨后春笋一般涌现出来。当时张德翠夫妻居住的泉东村还没有村民饲养家禽、兴办养殖场。瞅准这个行当后，他们从江苏省农科院买了10头母猪，开始养猪。因为夫妻两人肯吃苦，加之具备一定的文化，他们办的这个小型养殖场逐渐走上了正轨。在张德翠夫妇的影响下，汤泉的养殖户多了起来，在一定程度上带动了这一地区畜禽市场的发展。

1997年初，张德翠夫妻用通过养猪和摄影积累的一笔资金，在汤泉街道租了两间门面房，开起了传云照相馆。那个时候，汤泉街道上的照相馆寥寥无几，而且都只能拍简单的证件照，因此生意都不算好。为扩大营业范围并增加收入，陈传云经过深思熟虑，决心往拍摄艺术照方面发展，成为一家与众不同的照相馆。他去城里购置了一批服装和一些简单的化妆品，并升级了摄影器材。

那些服装和化妆技术，在现在看来稀松平常，甚至还很土气，但在90年代末的汤泉镇，却令人耳目一新。尤其是当时的年轻人，都十分喜欢这样新颖别致的照相馆。陈传云在拍照前，会细心为顾客化上淡妆，并且配上得体的服装；拍照时也会运用技巧，努力捕

■ 1997 年的传云摄影门店

捉顾客最美的一刻。凭借热情的服务和优质的照片，传云照相馆在汤泉的口碑又上了一个台阶。生意最红火的时候，传云照相馆的日收入达到了 2000 元。这在当时的农村，简直就是个天文数字。

张德翠回忆说，也许是上天同情他们夫妻二人的付出和艰辛，那几年运气特别好，一方面照相馆的生意红火，另一方面出栏的猪刚好遇到好市场，卖上了好价钱。没有多久，家里之前欠下的外债都还清了，可谓吃穿不愁。

然而天有不测风云，市场风险终究不能预料，紧随而来的猪市低迷，让夫妻二人不得不放弃了养猪。1997 年年初，正当夫妻俩打算把全部精力投入到照相馆时，恰逢店面的房租到期，房主要求大幅度提高租金。夫妻二人一番核算后觉得，为了以后的长期经营，必须自己拥有门面。两人痛下决心，在拿出所有积蓄后又贷款 16 万，买下了两间门面房。

买下门面房后，张德翠一家几乎又回到了当初身无分文、一贫如洗的状态，但这对于从小就过惯了苦日子的两人来说，不算什么。他们并没有被巨大的外债压倒，反而一致认为这是一项很有前景的投资，负债贫穷只是暂时的。

发展产业脱贫致富

虽然开照相馆赚到了第一桶金，但在张德翠夫妻看来，要想真正脱贫致富，还是要发展产业，踏踏实实地在土地上做文章。

汤泉镇一直有种植苗木的传统，20 世纪 50 年代，当时的苗木种植还处于发展起步期，张德翠的父辈们便开始尝试扦插、种育观赏苗木；70 年代，村里的一些农户开始悄然种植观赏苗木，苗木种植的发展势头开始持续增加；80 年代，由于整村种植苗木，种植面积过大，苗木市场开始出现萧条；90 年代，苗木种植进入发展成熟期，种植热情开始复苏。这一时期，汤泉镇获得了“全国苗木之乡”的称号，并被江苏省农业厅命名为“花木之乡”。最令人振奋的是，国家给予了苗木经营户一系列扶持政策，鼓励农民通过种植苗木致富。

张德翠看准苗木种植的发展势头，与丈夫陈传云商议后一致决定，放弃照相馆的生意，把新买下来的门面房租出去，拿到租金后回乡承包土地兴办苗圃。90年代，敢于承办苗圃的农户可谓凤毛麟角，基本都是小规模自营。并且，虽然苗木市场在经历萧条后逐渐复苏，但大家普遍都抱着稳中求进的心态，经营相对保守。张德翠夫妇下定决心便不再更改，1997年年底，他们向银行贷款40万元，在瓦殿村租了50亩苗圃，买了100斤雪松种子，联合本家的5个兄弟，开始齐心协力经营苗圃。

夫妻二人日日夜夜钻研培育雪松、龙柏的技术。这两种树苗很娇气，开始播条的头一二年，成活率只有40%。但是小两口并不气馁，经过反复实践，他们终于摸索出一套育苗的经验。例如，雪松扦插最佳期在3月份，扦插苗以当年新发的粗壮枝条为好，20厘米左右长度为宜；施肥以基肥为主，基肥以饼肥为佳，每亩地用200斤左右；土壤湿度要适当，做到手捏成团、手松散开；在肥水管理上，掌握“水多烂根，水少旱死，肥多烧死，肥少瘦死，只有不多不少，苗子才生长旺盛”的技巧。这些经验，将苗木成活率提高了一倍。另外，张德翠夫妇还在栽培上，做到长流水、不断线，即三年的苗木出圃，留下一两年的，再插一批枝条；一年后，留下的中苗长大了出售一批，再插一批，周而复始，确保收入连年有，一年比一年多。

1999年的传云苗圃

1999 年，张德翠在云南世界园艺博览会上与瑞士商人合影

经过两年的努力，传云苗圃日益红火，兄弟们的生活也逐渐富裕起来，生活一天一个样。在承办苗圃的同时，张德翠夫妇积极响应国家号召，依法申请了营业执照，做起了苗木销售。并且，除了销售自家苗圃的树苗，他们还尽力帮助汤泉地区的农民销售树苗，使得许多农民得以脱贫致富，也盘活了汤泉地区的苗木市场。

古语有云："居安思危，思则有备，有备无患。"尽管传云苗圃如火如荼地经营着，但夫妻二人始终不敢懈怠，他们又开始积极探索长期发展的道路。1999 年，以"人与自然——迈向 21 世纪"为主题的世界园艺博览会在"春城"昆明成功举办，这也是中国举办的首届专业类世博会。陈传云从新闻上得知世界园艺博览会的开幕时间后，决定携妻子一同前往参观学习。他们想借此机会拓宽眼界，在深入了解国家政策以及世界园艺发展趋势的基础上，找到传云苗圃未来的发展之路。

云南之行收获良多，张德翠夫妻进一步领会了国家在土地流转、基础设施、生产资金、引种奖励等方面的扶持政策。参会期间，夫妻二人还结识了一位瑞士商人，一番深入交谈后，他们对世界园艺的发展现状和未来趋势也有了一定的了解。

参加完博览会，夫妻二人兴奋不已，他们决定抓住汤泉苗木发展的繁盛期，扩大苗圃经营规模。这样一来，资金短缺就成了最大难题。陈传云说："既然要做，就要努力做大做强。负债发展不算什么，只要有国家政策扶持，苗圃一定能红火起来。"在坚定的信念支撑下，二人继续向银行贷款 50 万，在当时的星甸镇又租了 100 亩苗圃。就这样，传云苗圃成了 90 年代末汤泉最大的苗圃。

君子忧道不忧贫，发展道路对了，幸福奔小康的日子还会远吗？ 2000 年，张德翠家盖起了气派的三层楼房，框架式结构，造价 40 万，全村人都羡慕不已。自从楼房建成后，上门求助者络绎不绝，有的问技术，有的问行情，还有的要签订合同、搞技术承包。

夫妻俩从一穷二白奋斗过来，深知其中的艰辛，更懂得乡亲们想勤劳致富的迫切。他们决定以实际行动来帮助大家共同致富，以一己之力回馈党和政府。遇到资金不足的村民，他们总是慷慨解囊，帮助他们先从苗木专业户做起；对于登门求教的人，两人总是热情相待，又是泡茶又是搬椅子，一番交谈后把人带到苗圃地里，现场讲解。常有人对张德翠说："同行是冤家，古来如此，你怎么能把栽培技术、销路行情都告诉人家呢？"但张德翠不是这样想的，她说："乡里乡亲的都是一家人，我们家先富起来了，更应该多做贡献！"

回忆那段艰苦创业的岁月，张德翠夫妇感慨万分：自己只有高中文凭，能把苗圃发展好，一方面是因为密切关注国家对于苗木人的扶持政策，另一方面就是运用"三品"法宝，从而在激烈的竞争中脱颖而出。

"三品"之一是品种。传云苗圃以品种多样化形成优势，以多样满足需求。起步初期以雪松为主，1997 年与中山植物园、南京林业大学合作，积极引进雪松种子，并探索实践无性繁殖技术，逐步形成雪松种苗生产优势；随着苗木市场需求进一步扩大，在保持特色的基础上，不断强化市场占有能力，传云苗圃中的雪松、红叶石楠、蜀桧、广玉兰，被称为"四大金刚"，占据了汤泉苗木种植总面积的一半以上，成为当地重要的苗木集散地。

"三品"之二是品牌。传云苗圃借助国家授予汤泉"苗木之乡"称号的东风，以及百度等平台的广告宣传，成功地把品牌"打出去"，全国各地的苗木人慕名而来，合作频繁。

"三品"之三是品质。标准化是提高花卉苗木生产水平的关键。陈传云积极与南京林业大学、江苏省林业科学研究院、中山植物所等高校和科研院所合作，主动参加各类行业交流会，不断学习苗木花卉培育技术，有效提高苗木花卉质量，增强市场竞争力。

2016 年，由于年近花甲，精力不似从前，辛苦了半辈子的夫妻二人最终卖掉了传云苗圃，利用卖苗圃赚来的钱买了两套商品房，开始了含饴弄孙的晚年幸福生活。

在田间指导乡亲育苗（右一为陈传云）

幸福路上不忘党恩

提及支持儿子创业，张德翠一脸自豪：“儿子高中毕业没能考上大学，有点遗憾，但他下定决心在桥北的弘阳广场开了这家‘烤梨先生’店，也算是掌握了一项谋生本领。儿子肯吃苦，儿媳也愿意一起奋斗，我们作为老人，应当全力支持！目前店里生意还算不错，大家齐心协力，就有盼头！”

回首一家人的奋斗历程，张德翠深有感触：“我们都出生在农村，当时条件十分艰苦，但无论遇到什么困难，我们都没有想过要放弃。只要心里有梦想、有目标，身上就会有干劲。并且，国家的政策再好，也要靠自己勤快，无论干哪一行，都要做好吃苦的准备。如果事事都指望着政府救济，永远也摆脱不了贫困。说到底，心怀改变命运的意志，坚持靠自己的双手致富，坚守诚信做人的底线，全家人团结一致，就一定能过上好日子！”

望着店里来来往往的客人，张德翠笑容满面：“致富不能忘党恩，每次回村，都觉得变化很大，村组公路通了，老人有养老金了，乡亲们在家门口就能打工挣钱了，本地经营苗圃的收入不用交税……这些真真切切的实惠，都是党和国家给的，都是对农村与农民的扶持。我对现在的生活感到很满足，只要跟着共产党走，大家的日子都会越过越好！”

在脱贫致富奔小康的征途上，与张德翠一家相似的典型还有很多。他们坚决摒弃“靠着墙根晒太阳，等着别人送小康”的懒汉心态，以及“靠人来救济”的依赖观念与“要钱还要物”的功利想法，通过自强不息、辛勤劳动来创业致富，并以自己的奋斗故事和奋斗精神来教育人、说服人、引导人，让那些困难群众学有榜样、赶有方向，更有效地激发了大家脱贫致富奔小康的内生动力。“百年征程”即将“完美收官”，站在新的历史起点，愿有更多的家庭能振作精神再出发，在未来过上更加美好的生活！

文字作者：陈玲玉（浦口区汤泉街道）

图片提供：张德翠

责任编辑：胡学荣

六合区

LUHEQU

开拓创新谋富强　奋力争先新竹镇

竹镇镇位于南京市六合区西北部，镇域面积211平方公里，人口6.6万人，辖11个社区村、2个林场，拥有农业龙头企业30余家，是全国重点镇、国家生态镇、国家特色景观旅游名镇。2018年度，被评为国家农业产业强镇，也是国家首批农村产业融合发展示范园所在地、省级六合现代农业产业园区所在地。

今日竹镇，已经从昔日的偏僻乡镇，发展为宜居宜业宜游的美丽乡村，变化可谓翻天覆地。从烧饼田、油条沟的低产地到田成方、渠成行、路成网的高标准农田；从稀稀落落的散乱村庄到风景优美的集中居住小区；从晴天一身灰、雨天一身泥的坑洼泥泞小道到四通八达的交通路网……这一切变化都归功于党的政策引领，归功于各级党组织带领人民为改变乡村面貌所付出的艰辛努力。

夯实基层党建　“红色引擎”助力乡村振兴

截至2019年年底，竹镇镇党委下设27个基层党委、总支、支部，共有党员1964名。在夯实基层党建的具体实践中，镇党委始终坚持基础工作抓规范，重点工作抓深化，特色工作抓创新，整体工作抓提升，积极探索党建与发展良性互动、党建与社会和谐协调推进的新路子。

首先是树立“党建＋”理念，打造服务型社区形象。竹镇镇退休老党员张大庆说：“我们竹镇在社区建成的党群服务中心是一个集共建共治共享、党务政务居务警务于一体的区域化城市基层党建综合服务体。”社区党总支坚持以党建统领社区各项工作，将社区党建与社区网格管理相结合，与文化惠民相结合，与信息化建设相结合、与便民服务相结合，不断拓展“开放型”党建服务体系，努力创建服务型社区党建品牌。

例如，在开展便民服务方面，各个社区坚持以为老、为小服务为重点，切实帮助居民解决后顾之忧。金磁社区的独居老人赵老先生由于腿脚不便，出门有困难，当他听说社区为行动不便的老人专门开设了送餐服务后，便给社区打电话申请。如今，老人再也不用为买菜做饭发愁了，每天都会有社区送餐员把饭菜送到家里。除此之外，金磁社区还开通了两部“民情通”呼叫服务热线，辖区居民只要拨打热线，便可足不出户了解到各种政策信息和办事指南，真正享受到社区提供的全方位服务。

其次是开展志愿服务，树立服务型社区口碑。竹镇镇共拥有 17 支志愿者服务团队，有志愿者 200 余人。为充分发挥志愿者队伍作用，各社区不断探索新方法、新载体。其中，送驾社区积极推进“支部进楼宇，党员做奉献”的新举措，在形成“纵向到底、横向到边，不留空白、不留死角”的社区党建工作网络的同时，实现了社区志愿者服务的全覆盖。

每天下午 4 点半，送驾社区大润发超市旁都会出现这样的场景，一位身穿红色马甲的志愿者会搀扶着一位女士散步、锻炼。“多亏了社区这么多志愿者的帮助，不然我连门都出不了！”年过五旬的方女士患有严重眼疾，行动不便。社区得知情况后，专门安排志愿者进行帮扶，除了每天扶她散步锻炼外，还帮她代购生活用品、代缴水电气等各种费用。这样的照顾，已经持续了 3 年。

再次是挖掘红色资源，提升服务型社区影响。近年来，竹镇镇充分发掘红色文化资源，常态化开展党员干部教育活动。李元龙先进事迹陈列馆被省委组织部确定为党员教育实境课堂示范点；竹镇市抗日民主政府和新四军江北农村第一党支部被市委组织部确定为党员教育实境课堂示范点；金磁社区被南京市委党校确定为党员教育现场教学点。

竹镇是少数民族聚居地，有 19 个民族在此和睦相处，非汉族人口占到总人口的 19%。近年来，竹镇市抗日民主政府纪念馆在挖掘红色资源、增进民族团结、开展爱国主

李元龙先进事迹陈列馆

■竹镇市抗日民主政府纪念馆

义教育方面做了大量工作。作为竹镇民族中小学的第二课堂，纪念馆每月开设一次民族知识课堂，并定期组织中小学生举行班级主题活动。另外，纪念馆借助相关文艺团体，大力开展民族文体活动；每年举行一次传承民族文化的庆祝活动；承办镇政府不定期的民族主题展览活动；举办民族知识社区宣传活动……这些活动的开展，让群众认识到民族团结的重要性，树立了自觉维护祖国统一、民族团结的意识，确保了民族集居区的团结与稳定。

优化发展结构　开创农业发展新模式

做农村产业融合的“先行者”。2018 年 7 月，省首批国家农村产业融合发展示范园创建中期评估会在南京市六合区召开。在实地考察六合现代农业产业园公共服务中心、金磁家园等地后，国家发改委农经司对六合区在创建工作中做出的积极探索和形成的亮点项目，给予了充分肯定。

南京果子王生态农业有限公司位于竹镇，是创建国家农村产业融合发展示范园的受益者。公司老总介绍说，政府积极推进创建工作，加快电子销售平台建设，坚持培育多元化融合主体，先后实施了园区主要道路景观绿化等工程，已经初步构建以高效园艺为主导、农产品加工为提升、循环农业与乡村旅游为特色的一二三产业深度融合发展体系。这一系列举措，不仅优化了竹镇的产业结构，也为企业发展和农民增收打下了坚实基础。

首先是实现农业多业态“复合共生”。2018年年初，竹镇镇政府牵头正式启动“多彩竹镇”区域公用品牌创建工作。以“多彩竹镇”区域公用品牌为依托，以经济林果、高效园艺等生产为载体，以产业链延伸为手段，通过大数据、物联网、云计算等信息技术向镇内农业生产、经营、加工、流通、服务领域进行渗透应用，促进农业与互联网的深度融合。2018年5月，镇政府召开区域公用品牌发布会，竹镇当地的大泉雨花茶、杨彭记小磨麻油、大展黄玉梨、梁穆山板栗、省农科院甜糯玉米、福朝葡萄、果子王鲜桃等共计16个企业22个单品获得授牌。

其次是与农民共享融合发展红利。作为竹镇乡村旅游的一张靓丽名片，巴布洛生态谷拥有各类游乐体验项目60余个，旅游产品日益丰富，也为当地村民提供了就业平台。村民朱宝生说：“我一开始做的是临时工，现在是巴布洛生态谷农业生产的负责人，是企业平台给了我实现自身价值的机会。巴布洛生态谷还有像我这样的农民30多人，他们有的负责果树种植，有的负责水产养殖，有的负责牛羊养殖，都在各自领域里获得了公司的认可。巴布洛里的员工八成以上都是我们这儿的村民，培训过后，成了优秀农民人才，年收入普遍达到10万元以上，称得上是‘农民白领’。”更为可贵的是，当地农民的文明素质和精神面貌也得到了明显提升，主人翁意识大大加强。

此外，竹镇镇还建立健全了“订单农业、农超对接”“产业联盟、合作共享”“人才培育、流转聘用”“公用品牌、提质增效”和“乡村旅游+”等增收机制，引导巴布洛、优然牧业等农业龙头企业拓展农业休闲功能，以及农产品初加工、包装流通、电子商务和

巴布洛生态谷

农业社会化服务，带动种养殖农户、家庭农场和农民合作社生产产品，让农村产业融合发展成果更多惠及本地农户。

人居环境提升　打造美丽乡村新样板

竹镇生态环境优良、文化底蕴深厚、民族风情浓郁，如何利用这里的好山好水好风光，打造出宜居宜业宜游的美丽乡村？竹镇镇用土地整治工作给出了生动的回答。多年来，竹镇镇把土地综合整治作为“建好载体、调整富民、促进经济全面协调可持续发展”的重要措施来抓，按照“统一规划、合理布局、配套建设、适当超前”的原则，遵循“开发一片，发展一片，受益一片”的宗旨，积极探索乡村振兴新途径，打造美丽乡村建设新样板。

首先是开展土地综合整治，改革农业的新模式。秋收时节，在光华社区的一片高标准农田上，立友农机专业合作社的负责人张立友正在指挥收割水稻，只见一台台大型机械忙个不停。张立友说：“2015 年，光华社区把整理后的土地对外流转，我签下了其中的 3200 亩农田。我们采取合作社运行模式，进行机械化、规模化种植。现在我们立友农机专业合作社的农产品，已经通过了农业农村部农产品质量安全中心的‘无公害农产品’认证，2017 年还被农业部授予‘全国农机合作社示范社’称号。现在，我们的沟渠路等配套设施越来越完善，我对今后的发展也很有信心。这儿的村民在土地流转后，以资金入股，平时在合作社打工，有租金和工资收入，年底还有分红。”

其次是开展土地综合整治，美化农村的新环境。率先实施“万顷良田”建设工程的金磁社区就是竹镇镇一张靓丽名片。金磁社区按照“发展得空间、产业得聚集、环境得提升、耕地得增加”的主要目标，总共流转土地 19100 亩。同时，引进了江苏省农科院、伊利集团、巴布洛生态谷、大展公司等农业龙头企业，保证了农民离土不离地、离地不失利。村里坚持走以实施现代农业促进农民增收、带动新农村建设的路子，村民也搬进了小区集中居住，以联排别墅为主，徽派特色鲜明，已形成公建配套完善、服务管理规范的“金磁家园”农民安置小区，大大提升了百姓生活的幸福感。

■整治前的金磁村

金磁社区居民平玉祥对此深有感触：“过去我们是怕上街，现在

全磁村新貌

是懒得上街。以前村民们零散居住在自然村，上街赶集全靠步行，想要回家吃午饭还得连赶带跑。现在我们都集中居住在小区里，家门口就是通往街上或城里的公交车。但村民们已经懒得上街了，因为我们小区里银行、超市、休闲广场什么都有，买东西方便得很！”话语间，是满满的自豪感和幸福感。

再次是开展土地综合整治，打造农村的新道路。以前，竹镇镇很多村组连水泥路或砂石路都没有，更不要谈沥青道路了，居民交通出行很不方便。2010 年，结合大规模土地综合整治以及全域旅游的整体规划，竹镇镇对全镇道路进行了大规模的提档升级，“绿色长廊”工程就是该镇在道路改造过程中进行的全新探索。近年来，竹镇先后完成 90 公里“绿色长廊”、环大泉湖旅游景观大道、仕林路、侍郎路等沥青路改造维修工程，完成 112.5 公里村级公路改造建设，完成 155 平方公里市级美丽乡村示范区建设和 87 公里绿化提升工程。

文旅经济大发展　共建民族团结新家园

竹镇镇充分利用文化底蕴深厚、民族风情浓郁、地形地貌独特、生态环境优良的资源优势，以强化基础设施建设，积聚旅游要素为核心，着力打造宜居、宜业、宜游的休闲旅游产业。

首先是创新工作思路，助力文旅经济发展。近年来，竹镇连续举办了诸如踏青交友、全国公路自行车邀请赛、多彩竹镇乡村文化旅游节、中国旅游发展大会、中国南京热气球嘉年华、国际半程马拉松赛、央视七套‘美丽乡村快乐行’等品牌节庆和赛事活动。同时，还积极开辟红色旅游、观光旅游、生态乡村旅游线路，新建改造旅游厕所，安装旅游标识牌，提升了大泉湖——止马岭旅游基础配套设施。以巴布洛生态谷、“大泉人家”茉莉花园等为代表的乡村休闲旅游业蓬勃发展，年游客接待量突破200万人次，仅2018年就实现旅游收入7.8亿元。另外，大泉村先后被评选为中国旅游示范村、中国最美休闲乡村、江苏最美乡村。

其次是实现惠民增收，展现民族镇独特魅力。竹镇巴布洛生态谷附近的村民许九元介绍说：“我们背靠龙山、仙人山和红阳湖，现在政府打造了以自然景观、娱乐项目、特色小吃为一体的全域旅游体系，真正实现了好看、好玩、好吃、好住、好购。2017年，巴布洛成为省五星级乡村旅游点和江苏省体育旅游示范基地后，每年接待的游客不断增长，我们周边居民在得到就业机会的同时，也得到了实惠。”在实现惠民增收的同时，竹镇一直致力于展现民族镇独特魅力，以此推进文旅经济发展。漫步竹镇，民族小区、民族小学、民族幼儿园等一栋栋民族风情浓郁的建筑，无不展示着民族镇的独特魅力。另外，当地还重点推出了许多富有民族、民俗特色的文娱表演节目。竹镇民族女子高跷舞龙队教练董万洲自豪地说道：“我所带领的民族女子高跷舞龙队在第七届、第十届全国少数民族运动会上获得了表演类金奖和银奖；2016年，我们还参加了江苏电视台《周末好运到》栏目的现场直播。”

再次是建设好三金线，让青山绿水流金淌银。初秋时节，驱车行驶在三金线上，道路

■风景优美的三金线

两侧一派田园风光，黑瓦白墙的民宅掩映在树木之间，三五成群的游客漫步在美丽乡村之中。三金线作为当地的一条生态廊道和旅游线路，串联起梅营、枫彩漫城、果子王、巴布洛生态谷等景点，在方便游客的同时，也为沿线企业和农户提供了新的发展机遇。

“以前这条路就是烂泥路，不要说车子，就是人走都非常困难。”大泉湖畔的农家乐经营户余奋龙说起三金线给周边带来的变化，感慨颇多。在他的记忆中，过去出行十分不便，仅有的道路也是泥巴路，晴天一身灰、雨天两脚泥，想要上街赶集都是奢望。人们一旦出去打工，便不想再回到村里来。

这一状况，在三金线的前身——三新线修建起来之后，就有了明显改善。交通出行方便后，大泉湖、止马岭等景点吸引了众多游客，他们赏景、尝农家餐，周边村民的日子渐渐好了起来。十几岁就外出闯荡的余奋龙和哥哥也返回家中，在父母的支持下，利用自家紧邻大泉湖的区位优势开起了农家乐。春赏花、秋采摘，到了节假日，游客蜂拥而至，生意十分红火。每到假期，余奋龙接到的农家餐预订电话一个接着一个。生意红火，一家人虽然忙碌却乐在其中。更让他们开心的是，家乡的青山绿水、家养鸡鸭、自种果蔬都成了香饽饽，经济收入多了，日子更加富足。

紧邻大泉湖的南京枫彩漫城，也是三金线建设的受益者。2019 年 4 月，南京枫彩漫城正式开园，来到这里游玩的游客欣喜地发现，这边不仅风景优美，交通更是便利。由三新线提档升级后建成的三金线，大大提升了景区的整体形象和知名度，为景区吸引了更多的游客。每年“十一”黄金周，景区内都是游客如织，他们在欣赏美景的同时，也忍不住为当地的交通点赞。

回首过去，豪情满怀；展望未来，信心倍增。竹镇人将迎难而上，锐意进取，不松劲不停步，重整行装再出发，为高质量建设“强富美高”新竹镇而努力奋斗！

文字作者：朱兆宇、李明根、马洁旻（六合区竹镇镇人民政府）

图片提供：六合区竹镇镇人民政府

责任编辑：崔益艳

配套视频

茉莉花村的幸福路

在南京市六合区的国家4A级风景区金牛湖旁，有一个秀美的小山村——茉莉花村，这里便是世界名曲《茉莉花》的采风发源地，村庄也因此而得名。作为金牛湖街道的一个行政村，茉莉花村有自然组18个，常住人口5274人；全村占地10平方公里，拥有林地1950亩，水面500亩，耕地8200亩；村内247省道、扬滁公路以及东部干线公路南北东西交贯，宁天S8地铁穿村而过，交通极为便利；八百河流经全村，灌溉水源充足，旱能灌，涝能排，为农业发展奠定了坚实的水利基础。在这片充满希望的田野上，茉莉花村“两委”始终坚持以党建为引领，紧紧围绕“经济繁荣、社会安定、村容整洁、环境宜居、人文和谐”的发展理念，引领各项工作驶入“快车道”，带领人民踏上了梦寐以求的幸福路。

不惧穷困　迎头奋进

茉莉花村原名为官塘生产大队，在50年代至70年代初的计划经济时期，村民的主要收入来源是农业。当时的水稻单产只有500斤，小麦230斤左右。虽然茉莉花村有丰富的人力、矿产等资源，但村民依旧守着“一亩三分地”过日子，村里的第二、第三产业值几乎是零。依靠常规的水稻、小麦、油菜栽种，经济效益低下，农民上一天工，工分收入只有一毛钱左右，生产队社员口粮都不够吃，大家勒紧腰带下田干活。那时村民居住的基本是土坯屋，点的是煤油灯，穿的是补丁衫，走的是泥土路，吃的是菜粥汤。到了70年代中期，上级部门将官塘生产大队划为桥头薛和官塘两个生产大队。桥头薛生产大队在党支部书记薛其桃的带领下，干群自力更生、奋发图强。薛其桃想方设法让社员们吃饱穿暖，他找支部班子成员商量，决定在桥头薛西山办起养猪场。没有钱买种猪、苗猪，他想方设法个人到信用社贷款；没有饲料，就发动群众山上山下、家前屋后、河塘池沟、埂边田旁四处找青饲料和水生作物喂猪。他还巧用猪粪回施农田的方法，以此改良土壤，因此农田产量年年攀升。村民生活水平逐渐提高，桥头薛生产大队成为六合县农业学大寨的标兵示范点，全县掀起“学桥头，赶马小”（桥头薛和马厂小学是当时的先进典型）的热潮。

改革开放后，农村实行家庭联产承包责任制，改变了过去“大呼隆”集体生产的经营模式，一家一户单独经营生产，大大提高了村民的生产积极性。随着种子的改良，在村民的精心管理下，农业生产一下子释放出潜在的能量，粮食产量大幅度上升。随着农村经济水平日渐提高，全村对农业发展的需求也不断增加。1978 年，桥头薛生产大队先后开挖当家塘，修建拦水坝，疏浚东西干渠，农业生产抵御自然灾害的能力逐步增强。同时改造了八百河流域的中低产田，使之变成遇旱能灌、逢涝能排的米粮仓。1984 年，桥头薛生产大队获得水稻亩产突破千斤，小麦达到 700 斤、油菜籽 300 斤的好收成。随后，桥头薛生产大队又朝着高效、特色方向发展，以农技站为技术先导，试种富硒粳稻、西瓜、葡萄等并获得成功，继而进行大面积推广。作为桥头薛生产大队的党支部书记，薛其桃带头致富，自己开展养鱼、养猪的营生，并以先富带动后富，东奔西跑找门路，找熟人学方法，带领村民先后办起榨油厂、塑料厂、粉笔厂、草帽厂、拉丝厂、石棉瓦厂等村集体企业，为村民提供大量就业机会，集体经济壮大了，全体村民也富起来了。

在桥头薛生产大队的带动示范下，同时期的官塘生产大队也兴办了油坊、五金厂、加工厂、建筑站、石灰厂和养蚕林业队等村集体企业，村集体经济火了起来，老百姓的日子也越过越红火。

2001 年 3 月，因村区划调整，官塘和桥头薛再次合并成一个村，命名为官塘村。2010

年9月，第二轮村区划调整，将原官塘村（含桥头村）、桂子村、巷王村合并成为茉莉花村，一直沿袭至今。

多措并举　乡村振兴

茉莉花村成立后，村“两委”快马加鞭自奋进，带领村民奔小康。他们始终坚持“认真、细致、踏实、求实”的工作标准，结合自治、法治、德治，不断提高基层治理水平，推动村集体经济高质量发展。

产业支撑促发展。作为江苏民歌《茉莉花》歌曲的采风发源地，茉莉花村致力发掘本土特色资源，带动村集体经济发展。2018年以来，村里引进南京茉莉芬芳农业科技有限公司，作为茉莉花产业发展引头雁；推进本土金牛山野茉莉和世界各地茉莉花（安息香科）的研究、育苗、推广、种植、生物研发的转换利用及茉莉花观赏旅游开发打造；利用专业人才研究、挖掘茉莉花树干、叶、花、果的经济价值、观赏价值、药用价值、旅游价值、衍生产品价值，开发野茉莉花蜜、野茉莉叶茶、野茉莉果实精油及食用油及茉莉花旅游纪念品等产品，进一步做大做强茉莉花产业。现已形成近200亩金牛山野茉莉种植示范园，目前该示范园内有茉莉花4个品种（垂珠花、白花龙、玉玲花、陀螺果）16000余棵，小苗30000余株，开发了可做城市绿化行道树、盆景、观赏树等茉莉花苗木。该示范园的茉莉花开花期为每年4月底至5月初，届时即呈现“芬芳美丽满枝丫”的景象，令人叹为观止。

特色乡村促旅游。如今城市化发展迅速，越来越多的人想要回到农村、拥抱自然、放松心情。茉莉花村抓住这个机遇，以独特的地理位置及优美的周边环境，以“吃农家饭、住农家屋、享农家乐、观农村山水”为主要内容，大力发展乡村特色旅游，其中最具韵味

■风景宜人、交通便捷的官塘赫

的便是官塘赫。官塘赫是六合区重点打造的美丽乡村“六朵茉莉”之一，是茉莉花村的一个自然庄组，由官南、官北两个村民小组组成，现有住户58户347人。村庄东邻风景秀丽的金牛湖景区，西邻国家地质公园——石柱林风景区。官塘赫以其独特的地理位置，打造出山清水秀、环境宜人的农家田园风光带。官塘赫现有农家客栈、农家别墅、水景木屋、垂钓鱼塘、开心农场等乡村休闲文化元素。到官塘赫，听茉莉民歌，赏金牛风景，住农家屋舍，陶冶身心。现如今，官塘赫借助金牛湖4A级国家旅游度假风景区优势及金牛湖——冶山旅游度假区、恒大养生谷等百亿级以上项目开发建设，打造六合“六朵茉莉”特色品牌，大力发展乡村旅游，加快由田园风光型农家乐向休闲度假型的体验游转变，努力建设都市美丽乡村、农民幸福家园。2013年，官塘赫荣获“江苏省三星级康居示范点”称号，同年被市农委、市旅游委、南京广播电视集团、市精神文明建设指导委员会办公室四部门授予“南京最美乡村”称号；2014年被市委、市政府授予“南京美丽乡村”荣誉称号，官塘赫逐渐成为“强富美高”新农村建设的示范区。

赫家庄农家乐

引领示范促致富。致富路上树标杆、抓示范、促带动，茉莉花村通过各种扶持政策，培养出不同行业致富带头人，如特种养殖带头人王金明，从事特种养殖，如龟鳖养殖的技术研发、技术咨询，积极带动周边养殖户；如种田能手卢凤标，成立通力农机合作社，率先用现代农业机械对茉莉花村流转的农田进行种植，提高了种植效率和效益；如金融理财专家赫相森，率先成立八百农民资金专业合作社，面向全村居民，提供专业理财、信贷服务；如建筑行家王道祥，成立头牌市政工程有限公司，一年产值几十个亿，带动全村农民就业约180人；如开发本土野茉莉花的万广军，在官塘赫成立南京茉莉芬芳农业科技有限公司，从事茉莉培育、种植、推广及其相关文创旅游产品开发，打造以本土野茉莉为主的茉莉花观光园，创立茉莉花乡创业孵化基地和茉莉花村红色领航示范基地。通过这些成功人士的带动，让村民发展有方向，致富有路子。

村容村貌　焕然一新

茉莉花村在发展经济的同时，利用乡村振兴的契机，形成了以村党总支书记为总负责人，分管主任为直接负责人，各片长为分管责任人，网格员配合整治的工作模式，大力开展人居环境综合整治，全面推进美丽乡村建设。

推进庄组建设。2018年，村内完成庄组道路硬质化建设，水泥道路纵横交错，户户相通，连接成网。一幢幢农家小洋房沿路而建，一面面展示社会主义新风尚的文化墙点缀其中，与镂刻精致的凉亭互相辉映，弯弯曲曲的林荫小道萦绕其间。村里对主干道和规划布点庄组进行亮化和绿化，安装了700多盏庄组道路灯。实施了“户户通”自来水工程，推动农村无害化户厕改造和农村生活污水管网建设。

改善村容村貌。茉莉花村坚决落实“门前三包”制度，呼吁居民自发清扫庭院内外，清除各类垃圾及废弃物，整理杂物，做到庭院内物品堆放整齐，庭院外观整齐有序，达到“无乱搭、无乱建、无乱堆、无乱挂”的标准。自家家禽实行圈养，禽畜粪便及时清理。村委会积极组织人手逐步拆除、清理公路沿线及村庄可视范围内的残垣断壁、破旧广告和其他影响美观的设施；积极开展美丽庭院创建活动，进行评选和颁奖，为乡村建设增添一抹亮点。同时在保护现有绿植的前提下，突出乡村道路绿化、沟渠绿化、庭院绿化，引导组织村民因地制宜种植花草树木，房前屋后见缝插绿，建设一批绿色通道、绿色广场、绿色庭院，不断增加绿化覆盖率，改善农村生产、生活环境。

■茉莉花村党群服务中心

■争创美丽庭院颁奖活动

整治河塘沟渠。茉莉花村水域面积较多，大小沟渠贯穿庄组，清理整治工作刻不容缓。2019年以来，茉莉花村因地制宜，分类梯次推进河塘、沟渠整治。全村重点整治八百河茉莉花段和杨云水库，全力打造水域风情。全方面清理庄组当家塘、沟渠，确保河塘、沟渠没有黑臭，水面没有白色垃圾、杂草等明显漂浮物。

提升村民素质。全村倡导建立文明的村规民约，从源头上引导村民做到“多个不”，如不乱扔垃圾、不乱泼脏水、不乱堆柴草、不乱贴乱画、不乱搭乱建，教育村民从我做起、从小事做起，在点滴中摒弃生活陋习，培养良好习惯，实现村庄净化靓化。2019年，村“两委”提出“党建引领＋村民自治＋物业管理”的村庄治理模式，并以桥头薛组试点村庄物业管理模式，成立物业办，由村民理事会成员戴家顺担任物业办主管，实现基础设施和绿化养护自我管理，确保村庄长治久美。

生活丰富　村民幸福

在全村人民的不懈努力下，茉莉花村的美丽乡村建设亮点纷呈，全村生产发展，村民生活宽裕，村容整洁焕新，村民脸上洋溢着满意的微笑。为了进一步提高村民的幸福指数，茉莉花村“两委”马不停蹄，不断丰富村民的文化生活。村里建设了村综合文化服务中心，棋牌室、健身房、桌球室、按摩椅等应有尽有，免费向村民开放；创建了农家书屋，内有5000册图书，包括政治、法律、文化教育、文学艺术、少儿成长和医疗保健、农业科技等，书刊通俗易懂，老少适宜，并设立了电子阅览室；修建了15个休闲健身广场，分布在各个村组中，方便村民饭后运动，强身健体；不定期聘请文化站辅导员进行文艺活动辅导，组建了茉莉花船表演队、广场舞队等多支文艺队，经常编排健康向上、村民喜闻乐见的节目；村委会还经常邀请六合区书法协会参与送春联进村活动，邀请区文化局参与送文化下乡、送扬剧下乡、送电影下乡等活动，改善了村民的文化生活环境，提高了村民的整体素

■村民喜闻乐见的文艺队表演

质；利用微信公众号和网站讲好茉莉花村“天蓝、山青、水绿、地净、人幸福”的故事，增强了村民的文化自信和荣誉感。

除此以外，村“两委”还坚持以社会主义核心价值体系引领乡村新时代文明实践，经常开展创建星级文明户，评选善行义举榜、乡村贤达榜，志愿服务等活动，推动乡村共同价值观的重塑；定期开设道德讲堂，持之以恒举旗帜、聚民心、兴文化、展形象；传承家风家训，积极开展五好家庭评选活动，树立诚实守信、爱岗敬业、孝老爱亲、助人为乐的典型……通过开展这些活动，逐步形成了以“文明、健康、环保”等为内核的新乡土文化，为文明新村建设翻开了崭新的一页。

茉莉花村建设的丰硕成果有目共睹。近年来，茉莉花村先后被省水利厅和市水利局评为水美乡村，被省爱卫办评为省级卫生村，被市委、市政府评为南京美丽乡村，被市文明办评为南京市文明村，被六合区评为优秀基层党组织，被区文明办和区志愿者协会评为六合区优秀志愿服务社区。

好一朵茉莉花，好一条幸福路！“一切伟大的成就都是接续奋斗的结果，一切伟大的事业都需要在继往开来中推进。”茉莉花村的奋斗历程，早已成为南京实施乡村振兴战略的一个生动缩影。站在新的历史起点，茉莉花村“两委”将继续凝聚全村人民对美好生活的向往，带领大家奔向更加幸福灿烂的未来。

文字作者：林守朝（六合区金牛湖街道）
陈本金（六合区金牛湖街道八百桥社区）
郭　洁（六合区金牛湖街道茉莉花村）
图片提供：六合区金牛湖街道
责任编辑：崔益艳

科学种田领路人　带头致富当模范

从铸造工人转变为乡间农民，从成为农业种植大户到开办家庭农场，从参加农技培训到承担国家重点研发计划，从2011年返乡创业到2020年被评选为全国劳动模范……朱春华的创业之路充满艰辛与坎坷，也满载收获与喜悦。然而，面对荣誉，朱春华却异常冷静，他最常说的话便是："没有党和政府的富民政策，就没有我的今天；没有各级组织的帮扶，很多困难早就把我压垮了。无论到什么时候，我都不能忘了自己从哪里来，要到哪里去，希望我在田间地头学会的技术经验，能帮助更多的乡亲致富，让大家都过上高质量的小康生活！"

摆脱生活困境　酝酿"致富梦"

朱春华出生于1971年，是六合区雄州街道钱仓村村民。1994年，他开始在本村的五金厂当铸造工，每天干着翻砂、炉钳、搬运等高强度工作。当时企业效益不错，朱春华每天能有30元左右的收入。在20世纪90年代，农村人能在厂里上班，算是有着一份体面的工作，加上收入不错，朱春华对未来的生活充满了希望。

■ 2020年11月24日，朱春华参加全国劳动模范和先进工作者表彰大会后在人民大会堂前留影

参加工作后不久，朱春华认识了现在的爱人唐凤琴。两人相恋后，冲着五金厂的效益好，唐凤琴辞去了幼师工作，也去了五金厂上班。不久后，两人结了婚，小两口的年收入近2万元，在当时也算是生活宽裕的家庭了。然而，随着铸造生产工艺的不断迭代升级，市场竞争越

来越激烈，许多技术落后的小企业纷纷关门停产。2012年，夫妻两人工作的工厂清算关门，失去收入后，一家人的生活顿时陷入了困境。

当时，家里住的平房因为年久失修开始漏雨，供孩子上学和赡养老人的家庭重担，更是让朱春华夫妇觉得力不从心。最让朱春华难过的是，因为常年从事铸造工作，粉尘和噪音让他的身体每况愈下，呼吸和听力都出现了不同程度的损伤。收入微薄和身体伤病，也直接导致了家庭矛盾频发。回忆那段艰难的日子，朱春华有许多感触：“说实话，当时真的是很绝望，感觉前面已经没有路可以走了。”

后来，因为一次偶然的机会，朱春华参加了雄州街道农业部门举办的一次农技培训。在培训中，朱春华听说国家正在大力支持规模化种植水稻，除了给予农户农机补贴、物料补贴外，生产出来的粮食，国家还会以保护价进行收购。在朱春华眼中，仿佛看见了一条出路，只要肯吃苦耐劳，就一定能带着全家人摆脱生活困境。

努力学习技术　实现“创业梦”

2011年，朱春华已是40岁。人到中年，却要开始从头创业。他准备承包土地专职种地的想法，遭到了父母的反对。朱春华说：“父母们种了一辈子地，他们都觉得种地太苦了。为了一季庄稼，要起早贪黑，粮食收回来，人却瘦下去好几斤。他们心疼我，不愿意我走这条路。”家里唯一支持朱春华的是他的儿子，当时儿子刚上大学，他在看新闻时得知，国家已出台一系列政策来支持规模化种植。孩子觉得父亲选择的道路前景广阔。

■朱春华创办的家庭农场正式挂牌

得到儿子的支持，朱春华很是欣慰。但他也知道，创业不是想象中的那么简单，即便是种田，如果没有科技含量，没有技术支持，最终还是会和村里的五金厂一样，因为落后的生产工艺而被淘汰，创业之路只会越走越窄。朱春华在细心观察当地农民的耕种方式后发现，部分农民在水稻种植上还是一直采用传统的耕作模式，存在投入成本高、土地产出低，技术含量不高、经营管理粗放等诸多问题。

为走上科学种田的道路，朱春华多次上门请教雄州街道的农技专家和有经验的种植大户，向他们学习先进的种植技术。在经过充分考察和论证后，他得出结论：“必须实行集约化种植，只有形成规模才能节约成本。家里祖祖辈辈都是农民，国家也需要农民，要不然大家吃的粮食谁来种？”

■朱春华在田间操作农业机械

2011年，朱春华开始承包流转土地275亩，正式踏上了创业之路。为不断“充电”学习，他每年都订阅《江苏农业科技报》，同时利用网络，认真学习农技知识。另外，在街道和村里的帮助下，他积极参加省、市、区组织的各类农技培训，并将学到的新技术、新知识，应用到生产中。他常常将培训中认识的专家邀请到自家田头，在实地讲座中，学习最新的农技知识。

经过不断实践，朱春华逐步掌握了科学种田的技术，种植规模也在不断扩大。2012年，朱春华注册成立了南京市六合区春华家庭农场，主要从事粮食生产经营，拥有注册商标“禾娘”；截至2018年年底，他所承包的农田已从当初的200多亩扩大到1100多亩。在不懈奋斗中，朱春华也收获了一系列荣誉和肯定。2015年，朱春华被评选为南京市劳动模范；2016年，被评选为江苏省劳动模范；2017年，当选为六合区人大代表。

推进产学研融合　引领“创新梦”

在农场管理中，朱春华严格执行农业标准化生产流程，注重农业科技的运用。2014年，农场被评选为江苏省省级示范家庭农场；2015年，被评选为江苏省水稻绿色高质高效示范基地；2018年，农场相继成为全国基层农技推广体系改革与建设补助项目粮食作物示范基地、六合区主要粮食作物品种应用综合性测试种植基地。2018年，农场种植的“Y两优17”籼稻在南京市农学会主办的南京优质籼米评比大赛中荣获金奖，为六合区在2019年推广优质、多抗、高产的粳稻新品种和杂交稻奠定了扎实基础。

2019年10月，全省“宁粳8号”绿色高质高效生产现场观摩会暨技术培训会在春华家庭农场召开，中国农科院、南京农业大学、江苏省农业农村厅的相关领导和专家参加会议，大家对农场推行的种植技术给予了高度肯定。截至2019年年底，春华家庭农场试验示范水稻新品种累计322个，试验示范小麦品种共计51个。

为进一步提升种植影响力，春华家庭农场还积极探寻产学研融合道路，农场拿出100亩土地与南京农业大学植保院合作，作为科研课题的试验地，承担了3项国家重点研发计

■朱春华在田间观察农作物长势

划，分别为化学农药协同增效关键技术及产品研发、粮食作物化学农药协同增效技术与产品研发、江淮稻—麦种植区主要病虫草害的绿色防控技术。春华家庭农场坚持走产学研融合的生产道路，为在当地推进农业可持续化发展，打下了坚实基础。

2018 年起，春华家庭农场开始立足自身资源禀赋优势，发展特色产业。朱春华在引入稻鸭共作技术的同时，开始积极探索和创新水稻种植新模式。稻鸭共作，顾名思义就是将鸭子散养在稻田里，让鸭子在水田中觅食吃虫；鸭子在水稻中穿梭，可以将水稻叶子上的虫卵抖下来，减少病虫害的发生；鸭子产生的粪便可以为水稻施肥。这样种植水稻，既不用施肥，也不用打农药。

朱春华介绍说，稻鸭共作技术是继承和吸收我国传统稻田养鸭技术精华而发展起来的一种全新农业技术，通过选择优质水稻和鸭子品种，配套规范化的栽培和饲养管理技术，充分发挥鸭子的作用，代替除草剂、杀虫剂以及化学肥料的使用，同时生产无公害有机大米和有机鸭肉，是一项生态型、环保型、可持续发展的新技术。

2019 年，春华家庭农场采取稻鸭共作技术的农田产值达到了每亩 2125.6 元，直接经济效益达到了每亩 1187 元，是常规水稻生产的 2 倍左右。望着可喜的成果，朱春华笑容满面，他表示下一步将继续深化稻鸭共作栽培技术的集成研究与示范推广，不断完善相关配套技术体系，力争为大面积生产提供技术支撑。

拓展销售渠道　构筑“产业梦”

只有品质有保证，产品才能有市场。在不断提升产品品质的同时，春华家庭农场大力发展经营业态，不断拓展线上线下销售渠道，努力实现营销模式多样化。

2013 年，农场采取“农场＋公司＋订单”的模式，拿出 150 亩土地与区种子公司合作，作为良种繁育和粮食作物品种应用安全性测试基地，这一举措既提高了农场的收入，也为全区的良种水稻推广奠定了基础。余下的 145 亩土地，农场种植了“南粳 5055”，采取订单销售的模式，也取得了良好的经济效益。2019 年，春华家庭农场的销售收入近 300 万元，纯收入约 50 万元。

随着农村电子商务的蓬勃发展，在钱仓村村委会的支持和帮助下，农场依托“互联网＋”

的大背景，利用电商平台创建了线上店铺，实现了线上线下同时购物。朱春华计划，下一步将开通公众平台，建立宣传网页，在利用自媒体进行产品宣传与推广的同时，向公众宣传农业种植专业知识。

2019年，朱春华与村里大学生村官周强创办的南京田原牧歌农业发展有限公司合作，将优质稻米产品加入田原牧歌的产品平台。此后，在村党总支的指导下，与田原牧歌一起，成功创建了省级高标准良田综合示范区。朱春华在示范区里成立了专门的田间学校，主要从事网上菜篮子、农场运营、农创培训及研学农场等方面的工作。他始终牢记“紧跟政策、不断创新”的理念，以1120亩省级高标准良田综合示范区为载体，打造出一个现代高效农业孵化研学示范园区，并以此为平台构建了生态农业产销一体化产业链。

示范园区按照“高效农业＋休闲农业＋实践教育”的发展理念，以新技术、新品种、新模式、新示范为核心，以标准方块田为基础，以江苏省农科院、南京蔬菜科学研究所、雄州街道农服中心为技术依托，引进测土配方、土壤培肥、绿色防控、生物农业等现代农业技术体系，建成了标准化的田头检测室，建立了一整套的绿色农产品生产技术规程和质量管理体系。在各方的共同努力下，钱仓村的农业产业化水平得到了显著提高。

致富不忘党恩情　共圆“小康梦”

一路走来，已成长为全国劳动模范的朱春华，从来没有忘记帮助过自己的党组织，他对村党总支书记这样说道：“创业路上，我曾遇到很多困难，刚开始搞大规模种植时，没钱添置设备，是区粮食局帮助我协调，才解决了问题；后来如果没有村里支持，根本建不成省级高标准良田综合示范区。我一个人的成功并不算成功，只有大家都实现了科学种田，才是真正的成功；我们一家的富裕更算不上富裕，只有乡亲们共同富裕了，才是真正的富裕！”

为帮助更多的村民增加收入，朱春华在示范园区实行“家庭农场＋责任区＋农户”的运作模式，将部分方块良田分配给低收入农户，为农户提供统一的技术规范和生产指导，并为农户提供自愿回购、保底收购服务。农场统一生产布局、统一技

2020年11月23日，朱春华赴京参加全国劳动模范和先进工作者表彰大会

术指导、统一质量控制、统一包装销售，最大限度降低农户的技术风险和市场风险。另外，春华家庭农场带动本村被流传土地农民就业 39 人，每年春耕、夏耘、秋收、冬藏，他都优先请本村低收入农民和困难群众来园区帮忙。这些农忙时节来参加劳作的村民，每年在春华家庭农场的工资收入能达到一万多元。

村里的种植大户王金楼、李守春等人常年种植普通水稻品种，效益低下，他们纷纷来向朱春华取经求教。朱春华毫无保留，将自己潜心实验多年的高产品种“宁粳 8 号”种苗以成本价提供给他们，还无偿提供农机服务和技术指导。种植大户杨春明因为种植面积较大，种植设备不太齐全，技术落实也不太到位，朱春华看在眼里，急在心里，所以他一有空，就会带着自己的机械设备去杨春明家支援，并且手把手教他如何耕种“宁粳 8 号”。

功夫不负有心人，如今钱仓村的“宁粳8号”播种面积已经近万亩，“宁粳8号”的播种让村民亩均增收约80元至100元，种植大户在得到朱春华的义务指导后，年均增收都近2万元。望着即将收获的原野，朱春华信心满满，他说下一步将借助田原牧歌产业联合体，在南京范围内构建社区生鲜O2O平台，以轻资产模式在全市范围内开办50家优质稻米提货点，借助区域公共平台进行线上交易，实现线下4小时送货上门，真正打造南京人身边的“网上米袋子”。

与此同时，朱春华积极将农场种植中的新技术与农业生产现代化模式推广给周围群众，积极帮助村里宣传秸秆禁烧，协助附近村民实施秸秆全量还田技术，推广水稻机插秧技术。在他的帮助下，周边农户的水稻亩产年年创新高，水稻机插秧的亩产都达到或超过 650 公斤。另外，在日常生活中，他经常主动走访慰问困难农户，帮助他们自主创业，实现脱贫致富。

就是这样一个地地道道的农民，改变了传统的种粮模式，带来了新的种粮理念，推广了新的种粮技术，带着身边的乡亲们实现了祖祖辈辈期盼的小康梦想。朱春华以自己的实际行动，树立了社会主义新时期的农民新形象。回望他的创业之路，他善于思考、敢于突破，他努力把困难变成动力，把汗水化作雨露，在金色的田野上，留下了一个致富带头人的奉献，展现了一个全国劳模的担当。

文字作者：周　强（六合区雄州街道）

图片提供：周　强

责任编辑：崔益艳

溧水区

LISHUIQU

新东屏　展新颜

东屏街道位于溧水区东北角，区域面积为 106 万平方公里，下辖 5 个村和 5 个社区，人口近 4 万人。近年来，东屏街道大力推进高铁新城建设，着力打造生态智慧未来城，积极优化城市功能配套，加快农村人居环境整治，美丽乡村覆盖全域，新市镇面貌出现“美丽蝶变”，先后被评为江苏省重点中心镇、新型示范小城镇，南京市重点建设新市镇、环境优美小城镇和旅游开发重点镇。2019 年，街道顺利通过了国家级卫生街道验收，长乐社区获评全国“一村一品”示范村。今日东屏，到处充满生机与活力，她正努力将自己打造成为宁杭生态经济带上的重要功能区、示范区。

生态立镇　绿水青山变成发展动能

2013 年 7 月 1 日，宁杭高铁正式通车，溧水从此告别“手无寸铁”的历史，开启全新的“高铁时代”。

溧水新媒体俱乐部负责人华修强是地地道道的东屏人，高铁开通后，他对很多朋友说：“东屏坐拥大金山和东屏湖两大自然资源，青山绿水，风景优美。如今高铁开通了，而高铁溧水站就在东屏境内，愿越来越多的朋友走进东屏，越来越多的企业落户东屏，把故乡的生态优势确确实实变成发展动能。”网友田东退休后成了一名摄影爱好者，对于高铁开通的便利，他深有体会，“去年我去福建采风，坐的就是高铁。我在网上订了票，从溧水出发到福州只要 4 个半小时，太便捷了！”今年“五一”，田东陪同几位慕名而来的外地朋友到东屏湖游玩，沿着美丽的景观大道——东屏湖大道走上东屏湖大坝。站在大坝上，大家对眼前的景色赞美不已，放眼望去，东屏的湖光山色尽收眼底，远处的湖面与山丘在雾气下若隐若现，非常秀丽。

从溧水高铁站乘车出发，往北不到 2 公里，就来到了位于长乐农业科技产业园内的南京金色庄园农产品有限公司，该公司已建成 5200 亩标准化草莓种植基地，是全国最大的草莓单体园区。在每年 11 月中旬开始的草莓采摘期内，每天有近 2 万斤草莓从这里被采摘，经过分拣包装后，通过陆运或空运，走进千家万户。

基地大面积推广种植“红颜”品牌，并通过种苗、农资、种植、管理、销售“五统一”的模式，实现标准化种植，确保草莓品质稳定；同时，依靠物联网技术，加快智能化、机械化步伐。此外，基地不断加强与江苏省农科院、南京农业大学、台湾嘉义大学等高校、科研院所的合作，确保在土壤改进、营养加强、科学植保、合理密度、合理采摘等环节得到技术支持。

随着金色庄园草莓种植基地规模的不断扩大和全产业链的完善，越来越多的草莓从业者慕名而来。2017 年，浙江农民储连荣成为基地的签约农户，共承包了 10 亩草莓大棚。站在地头，储连荣一脸笑容：“现在我们每天采摘的新鲜草莓由基地统一收购和销售，解决了我们的后顾之忧。”如今，储连荣一家依靠种植草莓，年收入能够达到 30 万元，纯利润近 20 万元。截至 2019 年 9 月，与储连荣一样的签约农户共有 280 多户。与此同时，基地还形成了以包装、运输、育苗为主的产业链，带动 1300 余人就业。草莓，已成为当地农民名副其实的“致富果”。

2017 年 12 月，金色庄园与百果园、优果联共同推出草莓品牌——“天使美莓”，目

高铁新城建设概念图

■白鹿生态园

前已进入全国4000多家百果园水果连锁店和大型商超，成为国内草莓市场品牌中的佼佼者。未来几年，金色庄园计划在东屏规划建设面积为万亩的草莓种植基地，远期将达到2万亩。优质的东屏草莓，将成为南京乃至江苏水果产业的一张名片。

除了金色庄园，位于白鹿村的白鹿生态园同样也是名声遐迩，游客络绎不绝。生态园借助优良的生态和得天独厚的区位优势，致力于建设集农业、林业、旅游、教育、休闲于一体的综合性示范园区，同时带动了周边美丽乡村建设。

在白鹿生态园的入口不远处，有一个巨大的风车，基座上写着的“绿水青山就是金山银山”几个大字分外显眼。漫步园内，景观湖碧水清波，小桥栈道，水榭亭台，临水而建的雅致民宿，与对面具有江南古典建筑风格的游客接待中心隔岸相望，交相呼应。

白鹿生态园的主人叫王斌，2010年来到东屏白鹿村，承包了几百亩荒地，开始打造“生态之园”。如今，昔日的荒山已经成为美丽乡村示范点，生态园占地面积近3000亩，拥有金陵黄枫观赏园、亲子游乐园、果树栽植园、有机蔬菜种植园、农耕文化展示园和特色水产园六大园区。生态园每年举行农耕文化节，围绕二十四节气、农耕农具农事等农耕传统文化，精心打造农事体验活动区，满足游客追求原生态的农耕体验需求，已成为溧水生态旅游的招牌之一。此外，因为地处秦淮河的源头地区，生态园内水系纵横，水环境良好，各种野生鸟类繁衍栖息，已成为发掘秦淮河水文化的重要载体。

金色庄园、白鹿生态园早已成为东屏“生态立镇”的生动缩影。东屏街道辖区范围内森林覆盖率达58%，7.1平方公里的东屏湖与境内3A级景区大金山、赤虎山、庙山，造就了“三山环抱，水映东屏”的园林式景观生态。随着高铁片区不断融入溧水主城和宁杭生态经济带，东屏所拥有的生态资源优势，必将成为未来经济高质量发展的最大动力。

产业兴镇　高质量发展驶上快车道

东靠风光旖旎的东屏湖，南倚远近闻名的大金山，西有溧东大道，北枕沪武高速，宁杭高铁、沿江高速、常溧公路穿境而过，拥有这样独特地理、交通优势的地方，应该选择什么样的产业作为高质量发展的突破方向？东屏给出的答案是：新材料。

2002年，东屏工业园成立，开始摆脱"靠山吃山，靠水吃水"的思维定式，占地面积小，产出效益高，带动就业广的新材料产业，第一次进入东屏的视野。也就是从那时起，东屏引进了第一家新材料企业。"当时的东屏在招商引资、园区建设、企业服务等方面几乎都是空白。"东屏街道党工委书记杨顺保坦言，"那个时候的东屏，园区规划面积小，什么都想搞，什么都搞不好，产业形成不了集聚效应。"

虽然起步艰难，但新材料企业的引进，还是让当时的东屏镇思路大开。在不断探索中，发展道路明确下来：围绕"一街一品一特色"的发展理念，紧紧抓住新材料产业招商不动摇，高标准建设市级新材料特色小镇，积极创建国家火炬南京溧水金属材料特色产业基地。

2014年，南京京锦元科技实业有限公司落户东屏工业园区，公司总经理孔小寅回忆说，"当时道路没有现在这么好，也没这么多厂房，现在企业多了，营商环境好了，不少进驻园区的企业上下游产品衔接，形成了产业链，吸引力挺大。"有相同感受的并不止孔小寅一人。南京同溧晶体材料研究院副总经理王东海介绍说，他们是东屏园区内的南京理工宇龙新材

东屏湖风貌

料科技有限公司引荐过来的，落户后发展势头很好，他们还与引荐的公司合资，共同孵化出南京同宇光电科技有限公司。

为了吸引更多新材料企业入驻，2019年，东屏街道企业服务中心整体搬迁至东屏工业园区，主动对接企业，开展走访调研，了解企业融资、用地等需求，并且将优惠政策第一时间送到企业。

企业发展得越好，就业就越有保障。这两年，越来越多的东屏籍大学生回到东屏。南京罗奇泰克电子有限公司的邱凌对此深有感触，他介绍说："2010年，我大学毕业就进入了公司，当时公司产值仅有3000万元，员工不到100人，外地人居多。现在公司越来越大，产值过亿元，员工增长到270人，以本地人为主，大家的收入也翻了几番。当时平均工资才2000元左右，现在公司的平均薪资已近7000元。"孔小寅的公司同样如此，他们的薪资水平参照外企，除了正常的福利待遇外，每年员工可以拿到16个月的工资。

在东屏工业园区，有一座新材料产业展示馆，吸引了许多人的目光。走进馆内，园区与平台、高品质金属材料、工程塑料、高性能纤维复合材料、光电材料、新材料等 6 个展区，生动展示了溧水新材料产业的龙头企业、代表产品以及未来的发展趋势。

从无到有，从弱到强，以商招商，以友引商。经过 10 多年的不懈奋斗，如今东屏 2.7 平方公里的工业园区内已集聚了 120 家企业，其中 57 家新材料企业年创产值 60 亿元，带动 1.2 万人就业。尤其可喜的是，其中有主板上市企业 1 家，新三板上市企业 2 家，江苏股权交易中心挂牌企业 2 家。2019 年，东屏街道完成工业类投资 13 个，总投资额达 42.23 亿元，全部为新材料领域高新技术产业。

在东屏，与新材料产业比翼齐飞的是现代农业产业。2018 年，东屏街道围绕打造乡村振兴示范区，全力推进南京市重点农业园区——长乐农业科技产业园建设，初步形成"一核两极"的发展格局：核心区以长乐村的金色庄园草莓、黑尊雪桃等特色园艺为主；北极以爱廉、爱民两村的高标准农田示范区、粮油种植示范区为主；南极以金湖、白鹿两村的特色苗木和绿色蔬菜食用菌为主；另外，以农庄经济为特色的一条休闲农业示范带贯通南北。

如今，走进规划面积 2.5 万亩的长乐农业科技产业园，到处是一片欣欣向荣、生机勃勃的景象。高标准农田整治被当地干部群众誉为"一招妙棋，满盘皆活"。占地面积 3 万亩的示范区内，田块平整连片，铺设硬质道路，操作实现机械化，灌溉实现智能化，流转时成了"抢手货"，农业龙头企业接踵而至。2018 年，"谷花秀"稻米、"黑尊"雪桃、"悠果维"黑莓汁等一批特色优质农产品品牌先后落地。

■东屏工业园区

2019 年，长乐农业科技产业园 7 个总投资 2.1 亿元的农业重点产业项目全部建成。同时，投入近 2 亿元实施了 11 项园区提升工程，完成总投资 2 亿元的二干河整治工程，整治河道 15.6 公里。

充满活力的园区，以及在园区内大展身手的 150 家农民专业合作社，加速推进了东屏现代农业产业的发展，也推进了农业供给侧结构性改革，实现了农业和旅游的深度融合发展。

富民强镇　特色生态旅游业红红火火

东屏街道方边社区见山底村位于风光旖旎的东屏湖畔，依山傍水，山清水秀，鸟语花香。当游客身临其境时，能明显感受到体感温度的下降。如今，紧靠湖边、曾荒芜一片的土地已被改造成了休闲小游园，园内种上了樱花、榉树、连翘等，更有蜿蜒的小步道串联其间。周边的滩涂和湿地上，被种上了上万株池杉、女贞、桂花等树木，以及黄菖蒲、香蒲等水生植物。

环境改造完成后，慕名而来的游客越来越多。2020 年“五一”，网友王建平跟女儿来玩了一趟后赞叹不已：“以前只在电视上看过，觉得不错，今天实地感受后发现完全不一样，这里的环境太美了，居住条件比城里好得多！”

谈起现在的幸福生活，50 多岁的徐溪社区居民陈金梅笑声不断，她说，如今农民变成了居民，自己的生活发生了翻天覆地的变化，社区里的助餐、理发、健康理疗、棋牌、饮食讲座等服务应有尽有。尤其是“以田进保”，自己不用交钱，就能享受养老保险、医疗保险的政策，再加上美丽乡村建设把环境搞得越来越好，这日子过得真是惬意舒适。

83 岁的方边社区居民刘富惠高兴地说：“原来集镇只有巴掌大的地方，现在发展得有模有样。路变宽敞了，也干净了，市民广场好得没话说，每天吃过饭我都要去散散步，越来越觉得自己像城里人了。”长乐社区居民许梅俏说，原来村里都是老年人居多，年轻人要么外出打工，要么考上大学就不回来了。最近两年，越来越多的孩子选择回家乡发展，

■大金山国防园

村子也比以前更有朝气了。

方边社区党总支书记刘怀军介绍说："得益于美丽乡村的打造，村里一年四季游客不断，村民收入也是芝麻开花节节高。2013年，村里人均收入才1.8万元，2019年已达到了2.6万元。"

为实现富民强镇，2019年以来，东屏加快"生态+农业+科技+旅游+美丽乡村"的开发建设步伐，把历史、文化、山水等要素融入美丽乡村建设，持续推进长乐后宅里、陈家村等特色旅游村建设，依托宋代长乐古桥和桃花节、二十四节气农耕文化节等特色节庆活动，发展"宋风文化+乡村休闲"特色生态旅游。另外，以全国第四大雷锋馆、长三角体育综合体等文旅产品为核心，打造红色旅游品牌，大金山国防园精心打造的重走长征路项目已向社会开放。

与此同时，围绕健康溧水战略目标，在东屏湖以国家级标准打造省级生态湿地公园，全面展现"万顷清波抱云天，暮守湖中皓月圆"的湿地风貌，不断扩大"真山真水，活力东屏"的影响力。此外，白鹿生态园、丽山音乐农场、新概念农场、登博金陵黄枫园等一批特色农庄闪亮登场，有效带动了乡村特色生态旅游的蓬勃发展。

高质量发展，迎来旭日东升新气象。2019年，东屏街道实现地区生产总值52.26亿元，比2000年翻了四番；一般公共预算收入2.6亿元，比2000年翻了五番；农村居民人均可支配收入2.7万元，比2000年增长了9倍；规模以上工业主营业务收入47.53亿元，比2000年翻了五番；高新技术企业从2000年一家没有增长到27家；规模以上企业49家，比2000年翻了四番；完成了81个民生"微实事"项目，切实提升了群众幸福感受。

回望来路，正是凭着久久为功的韧性，东屏人才能一步一个脚印、行稳致远。展望未来，只有干字当头，只争朝夕，紧紧抓住高铁新城、宁杭生态经济带试验区、南京市制造业高质量发展试验区建设等重大机遇，才有机会创造出更加灿烂辉煌的崭新未来！

文字作者：溧屏宣（溧水区东屏街道）

图片提供：溧水区委党史工作办公室

责任编辑：陈宗波

配套视频

绿水青山就是金山银山

溧水区洪蓝街道傅家边社区地处溧水区南部，山水资源丰富，河渠圩田纵横相间，属典型丘陵山区。辖区总面积 12.8 平方公里，下辖 17 个自然村，共有 1370 户，4720 人。进入新时代以来，社区坚持走生态发展道路，将生态资源优势整合成发展优势，通过发展设施农业、引进草莓种植、开发农业体验旅游等，促进了农业增效、农民增收，现已拥有万亩梅园、万亩茶园、5000 亩草莓园、千亩桃园、千亩葡萄园等一批精品农业科技示范基地，是江苏最大的有机水果种植基地，形成了“绿水青山就是金山银山”的傅家边样板。

由于成绩突出，傅家边社区先后被评为中国最美村镇、全国文明村镇、全国绿化先进单位、江苏省生态村、江苏省卫生村、江苏省乡村振兴旅游富民先进村、江苏省民主法治示范村、江苏省康居示范村、江苏省健康社区、江苏省文明村、江苏省新农村建设先进村、江苏省科普示范村、江苏省农村电子商务示范村、南京市富民创业示范社区、南京市生态优美示范社区、南京市综合实力百强村、南京市农家乐示范村等。

然而，今天的富裕村在 20 多年前却是一个贫穷落后的村庄。1999 年，村级经济总收入 1773.4 万元，村级可支配收入 110 万元，农民人均纯收入仅为 3746 元；2019 年，实现总产值 6 亿元，集体可支配收入 980 万元，农民人均纯收入 3 万元。20 年来，农民人均纯收入增长了 8 倍，村级经济总收入增长了几十倍。那么，傅家边社区究竟是怎样走上发展振兴之路的呢？

依靠科技人才　综合开发插上腾飞的翅膀

1984 年 1 月，傅家边村经过多方争取，被江苏省科技厅确定为江苏省低山丘陵综合技术开发试验基地。南京农业大学、江苏省农业科学院等高等院校、科研院所 50 多位专

■傅家边农民培训中心

家教授先后前来蹲点，开展土壤普查、耕作制度改革、低产果园改造、果牧结合等试验和研究，实行农林牧副渔业综合开发。经过3年探索，确定了“以果为主，果牧结合，加工增值，协调发展”的开发路子。1988年后，先后引进青梅、梨、板栗、桃、葡萄、银杏、猕猴桃等果树优良品种，建立苗圃基地和丰产示范园，开展优质丰产栽培技术研究与推广。到1993年，更新淘汰低产林2000亩，建立果品生产基地2000亩和茶叶生产基地1500亩，经济林果成为农民增收致富的主要来源。

20世纪90年代，傅家边村将马红松等4名优秀青年农民送入南农大进修学习，他们学成归来后以推动家乡发展为己任，大力推广经济林果高垄深沟种植技术，对低产梨园进行改造，并积极引进新品种，大大提高了果品质量和产量，使每亩收入由500元增加到1200元。同时，通过技术示范和培训，向周边地区辐射，带动100多户农户发展经济林果。在他们的指导帮助下，山凹村、汤家村等自然村的农户还搞起庭院经济发家致富。

从1986年起，傅家边村坚持每年选派生产技术骨干，到省、市、县参加果树栽培、养鸡、养鱼等方面专业技术培训；每年结合农业生产实际，邀请高等院校、科研院所专家教授和上级主管部门科技人员，为科技示范户、专业大户以及村林业队职工提供农业技术理论培训和现场示范指导。2012年后，每年示范推广实用新技术5至10项，为农户提供技术服务1万余人次，带动专业大户10多户，辐射周边农户2000多户，推动周边地区草莓大棚、经济林果标准化生产。

调整产业结构　实现土地增值和农民增收双赢

20世纪80年代初，傅家边村高岗坡地主要栽种杉木、火炬松等用材林，缓坡地主要种植山芋、黄豆、芝麻等杂粮，农田种植水稻、油菜或小麦等粮油作物，少量缓坡地种植果树、茶叶、桐油等经济林果，全村经济林果面积仅400亩，村民收入普遍偏低。

综合开发让农民尝到增收的甜头，看到致富的希望。从2000年起，傅家边村开始对全村土地进行统一流转，实行土地入股，入股土地给予一定的补贴，每年还可获得土地分红，富余劳力进公司，打工增收，农民参与积极性很高。同时，对种植结构进行大规模调整，实施土地综合整治，采用“公司＋基地＋农户”的模式，与傅家边科技集团合作，带动山凹、汤家、马家、薛家、盛村等自然村以种植茶叶为主，傅家边、涧东、涧沿等自然村以种植草莓为主，先后成立了马家葡萄专业合作社、梅岭茶叶专业合作社、红艳草莓专业合作社，形成了马家避雨葡萄园、梅岭茶园、精品草莓采摘园等现代高效农业示范点，促进了村级经济发展，带动了农民增收致富。2000 年，经济林果面积达 5600 亩；2015 年，经济林果总面积达 6780 亩，占农业生产用地总面积的 92%以上；2019 年发放土地入股红利 40.3 万元，人均 100 元，土地流转补贴亩均 700 元。

跟着带头人　傅家边种出“致富果”

1984 年 3 月，南京农业大学教授褚孟嫄从浙江萧山引进细叶青、大叶青等青梅品种，在傅家边村林业队栽培 35 亩，建起试验示范园，带动周边农户种植青梅。1988 年，傅家边村青梅种植面积发展到 200 亩，但由于没有加工厂，青梅果卖不出，农户种植积极性受到影响，一些农户甚至要毁树。时任党支部书记陈可均之前也带头种了青梅，为解决青梅销售难题，1989 年，他从苏州请来果品加工师傅马群力，将村林场闲置的老房子改造成 380 平方米青梅加工厂房，成立溧水县傅家边果品加工厂，以自产青梅鲜果为原料，生产盐渍梅半成品，以及糖水梅、话梅、梅酱等成品。青梅经过加工效益大增，青梅果也由原

青龙山茶园

来的 1 元卖到 2 元，农户看到了实实在在的经济效益，种植积极性大大提高。

1994 年，全村青梅种植面积发展到 1650 亩。2008 年，农户刘才喜、党员张绿保先后办起了果品加工厂，每年收入 20 万元左右，成为奔小康的领路人。到 2018 年，傅家边村青梅种植面积达到 3300 亩，成为国家级青梅标准化示范区，带动 130 户农户致富，总收入达 1000 多万元。

1999 年 9 月，落户傅家边的南京新世纪园艺研究所所长李百健从镇江农科所引进丰香、明宝、女峰、安娜等草莓品种，建成大棚草莓示范园 15 亩，并积极引导村民参与种植，到 1999 年年底，傅家边草莓种植户发展到 800 户，年收入在 10 万元以上的有 500 多户，5 至 8 万元以下的有 300 多户。2001 年 6 月，南京甜甜农产科技开发责任有限公司新建草莓大棚 200 亩，引种优良新品种 7 个。2005 年，傅家边大棚草莓基地发展到 650 亩。2008 年，傅家边农业科技园瞄准打造省级草莓标准化示范区目标，示范推广 8 米宽体双层钢架新型种植大棚，草莓品种以红艳、丰香为主，采用微生物肥料技术，土地利用率高，采光性能强，草莓口感好，适合游客进棚自采自摘，平均亩产 1500 公斤。是年，傅家边草莓种植面积达到 5000 多亩。

为服务好草莓种植户，傅家边村党总支成立了草莓公司党支部，为村民免费提供技术培训、销售帮助、售后服务等，对于草莓种植所需的塑料膜、包装盒等物资提供赊账，解决了种植户前期资金紧张问题。同时，成功创立了全体村民共有的草莓品牌。草莓种植大户赵上荣 2004 年前在外打零工，2005 年后回家承包了 5 个草莓大棚，凭着肯吃苦的精神

■傅家边草莓园

和村里的扶持，夫妻俩靠种草莓，实现了年均纯收入15万元以上，在县城购买了140平方米和100平方米的两套住房。草莓种植大户班光兴种植了6个大棚,2015年在网上创办“班班”草莓屋，实行网上销售，年均纯收入20多万元，除盖起了楼房，还购买了两辆轿车。

抢抓机遇　大力发展乡村旅游产业

随着青梅规模的不断扩大，每年梅花盛开的季节，越来越多的游客慕名前来踏青赏梅，傅家边应势而为，发展以梅花为主题的乡村旅游。为提高接待规模和水平，从2002年起，傅家边先后投资建成科技展览馆兼游客接待中心、日月广场、金字塔型农家乐景观亭、梅花景观大道、农家乐园、垂钓中心，改造建设了神仙洞、赏梅亭、竹海、梅品园、景观树木园等23处参观景点。2004年4月10日，傅家边农业科技园通过全国农业旅游示范点评定委员会验收，成为首批全国农业旅游示范点。2005年11月，傅家边农业科技园又通过全国旅游景区质量等级评定委员会验收，成为国家AAA级旅游景区。

从2001年起，溧水每年举办一次梅花节，以梅为媒，招商引资，推动全区开放型经济快速发展。每年的梅花节从2月中旬梅树初花开始，至3月中旬梅树谢花结束，历时40天，其中主会日当天在傅家边梅园主会场举办大型文艺演出和招商引资签约仪式。2004年，傅家边开始举办每年一届的采果节，通过精心打造的休闲田园、自采乐园、领养家园、科普教园，让游客采摘鲜果、泛舟、垂钓、品尝农餐、参与农事，体验自己动手、参与收获的快乐。其后，相继举办“我在溧水有棵果树”“认养一棵果树，关爱一名农村女童”“大手拉小手，田园采水果”等主题活动，受到游客的欢迎。

值得一提的是，傅家边党组织不忘初心，牢记使命，抓住发展机遇，坚持党建引领产业富民，引导傅家边生态旅游特色亮点项目——“农家乐”产业健康有序发展。山凹村是最先发展农家乐的自然村，但是存在经营规模小、定价混乱、周边环境脏乱等短板。社区党总支下定决心推动农家乐产业转型升级并确定转型发展具体方向，山凹自然村党小组做好宣传动员，党员俞祖凯、赵金海带头开展转型升级，走出了党建引领下的全新“农家乐”经营方式，形成了“党建＋农家乐＋生态文化”的经营模式，打造了别具风情的山凹、涧东农家乐专业村，发展农家乐餐饮店近百户。这些餐饮店实行统一规划、统一标准、统一管理，统一办理工商营业执照、税务登记证、卫生许可证和健康证，凭借着良好的卫生条件，优质的服务水平，吸引了众多游客前来踏青休闲、品尝美食。每年为村民增加收入700多万元，人均7万元左右。原本荒凉的小山村变成富饶美丽的现代化新农村。

与此同时，按照“原住民、新移民、游客的共同活动空间”的理念，整合村级资源，

■傅家边梅园

积极发展民宿产业，现有民宿床位120多张。保强农家大院、雨田农家乐、莓田农家乐等集餐饮、民宿、休闲娱乐为一体，游客在品尝农家美食、欣赏田园风光之余，借宿其中，体验乡村夜晚的宁静闲适，留下美好的生活记忆。

如今的傅家边，梅园、桃园、梨园、茶园、竹园、芦荟园、葡萄园、草莓大棚等农家乐园争奇斗艳，一年四季游客不断，年接待游客都在百万人以上。

建设美丽乡村　积极打造中国最美村镇

中华人民共和国成立后，傅家边农户大多住的是草屋，卫生条件很差，道路是泥泞的田间小路。20世纪80年代以后，收入不断增加的傅家边农户开始新建砖石结构的住房，90年代，越来越多的家庭开始建造楼房。进入21世纪，随着奔小康进程的加快，傅家边村着力推进新农村建设，并成功获得“中国最美村镇”“全国文明村镇”等荣誉称号。

2012年2月，启动山凹村皖南古民居特色村建设，每家每户统一修建马头墙、灰瓦、青砖白墙，统一围墙、院门风格，统一集中设立柴房和家禽养殖区，改造房屋院墙，新建污水处理、停车场、公共厕所、垃圾房、休闲广场、景观小品、雕塑、村牌立柱等基础设施，完善了村庄绿化和亮化。2013年1月，山凹村在南京报业传媒集团主办的“魅力南京‘百佳’城乡建设成果”评选活动中，获得“十佳美丽乡村”称号。

2013年10月，启动涧东自然村美丽乡村示范村建设工程，2014年12月全面完成。该村按照江南民居风格，改造出新民居118户，贯通了村内水系，提升了水边景观，新建了游客接待中心、社区活动中心和特色景观小品，形成“一户一主题、一屋一亮点”的乡村民宿体验区。2015 年 2 月，洞东村被市委、市政府命名为“2014 年度美丽乡村示范村”。

2016 年 8 月，启动涧沿自然村美丽乡村示范村建设工程，11 月全面完成。村内房屋立面全部出新，主干道全部推铺沥青，安装太阳能路灯，新建公厕、停车场、村口木制长廊、村口村标景观墙、村北文化墙绘，以及动力污水处理设施，并改造了村民服务中心。2017 年 2 月，涧沿村被市委、市政府命名为“2016 年度美丽乡村示范村”。

2018 年 7 月，启动吕家边村自然村美丽乡村示范村建设工程，12 月完成并通过市级验收。创建中，该村结合实际注重打造以蓝莓产业为特色的现代都市农庄，注重挖掘村庄文化底蕴，并建立健全绩效管理机制，村民的幸福指数感明显提升。

2018 年 8 月，启动傅家边自然村美丽乡村示范村建设工程，12 月完成并通过市级验收。村内建成了交通路网、垃圾分类集中点、公厕、停车场、村民活动场所等基础设施，实施了立面出新、环境绿化、河塘整治、乡村人口景观墙改造、历史遗址修复，显著提升村庄整体环境风貌。同时，乡风文明建设也亮点纷呈。

2019 年，傅家边马不停蹄，根据南京市农村人居环境整治方案、溧水区农村人居整治提升方案、洪蓝街道农村人居环境整治方案，进一步深化、巩固人居环境整治成果。按照生活污水治理、垃圾分类、“厕所革命”和村庄清洁行动等 4 个重点，对理村、谭村、杜家村、盛村、上任村、杨家村、汤家村、马家村全面实施了村口及节点打造、塘坝整治、绿化、停车场及村内巷道浇筑，以及水泥路铺设、墙面出新等。如今的傅家边，水泥道路通达家家户户，村容村貌焕然一新，美丽乡村遍地开花，幸福的笑容在村民脸上荡漾。

在傅家边有一座造型别致的村史馆，许多游客都喜欢走进去看一看，留得住的乡愁被

美丽乡村——山凹村

■全国十佳休闲农庄荣誉证书

"艰辛创业、沧桑巨变""众心协力、创新转型""人文遗存、历史印记""乡里宗亲、倡廉行善""崇尚乡贤、弘扬乡风"5个部分生动展示出来。面对许多早已退出历史舞台，但承载着无数人记忆的老物件，傅家边人感慨万千，正是凭着久久为功、百折不回的韧性，才成就了眼前这一幅充满生机的靓丽画卷。展望未来，傅家边人更是信心满满，他们坚信只要团结一致、继续奋斗，更加美好的日子还在前方。

文字作者：林南妹、班光华（溧水区洪蓝街道）

图片提供：陈维民、傅家边农业科技园

责任编辑：陈宗波

配套视频

带着更多的人“飞”起来

2019 年 10 月 1 日，庆祝中华人民共和国成立 70 周年阅兵式群众游行和联欢活动在天安门广场隆重举行。坐在观礼活动现场的路晓华怎么也不会想到，自己作为一名 20 多年前外出务工的菜农，能有幸被邀请到现场观礼。回首人生路，从背井离乡在无锡郊区种菜谋生到返乡创办华成蔬菜专业合作社，从箪食瓢饮的“菜农大军”一员到成为溧水区和凤镇乌飞塘社区党总支书记，路晓华感慨万千。20 多年来，他和妻子张秀兰不忘初心，艰苦奋斗，带领众多社员在菜篮子里寻致富，带领全体社员奔小康。他的心中一直有着一个理想，那便是带着更多的人“飞”起来。

他是菜农大军的“娘家人”

路晓华至今还记得当年背着化肥样品去无锡的场景。那是 20 世纪 90 年代，溧水县和凤镇千名农户潮水般地涌入无锡郊区包地种菜、卖菜。当时从溧水赴无锡，只有大巴可坐，车上弥漫着汗水与辛勤的气息。由于农资销售尚未放开，在无锡种菜的和凤菜农们面临的最大困难就是买不到更质优价廉的农资产品。买不到优质种子，便会从根源上影响蔬菜的质量和产量；而买到劣质农药化肥，则可能导致原本长势大好的菜苗难逃倒伏的命运。

1998 年，路晓华正在家门口的一家乡镇企业上班，因经济形势不好，企业收不到货款，用来抵债的化肥倒拿了不少。穷则思变，为了“变现”，他只能到处卖化肥。当得知在无锡种菜的菜农急需化肥的消息后，他登上了开往无锡的大巴车，开始了寻梦之旅。结果，这一跑，就跑出了商机。第一趟无锡之旅，路晓华不但把手上的化肥卖了个精光，还找到了一条好出路。在时代的洪流中，他看到了干事创业的机会，便迫不及待地想要投入到创业致富的事业中去。

■在田间忙碌的路晓华

回到溧水后，几经考虑，他向厂方提出辞职，带着妻子前往无锡，开始和老乡们一起种菜，还开了一家农资供应点。由于供销对路，再加上老乡们信任，路晓华很快就打开了局面。慢慢的，在无锡的和凤“菜农大军”，人人都知道了路晓华的农资铺子，他们的口口相传，让这家小店在短时间内便小有名声，连许多当地人也慕名而来。

可事情不会总是一帆风顺，渐渐地，和凤菜农中不和谐的一面开始暴露出来。大家虽然有着同乡的情分，但终究是同行，互相之间存在竞争。事业做起来了，便有了利益纷争，这种内在的矛盾，影响了菜农群体的团结性。此外，人在异乡谋生总会遇到各种困难和矛盾纠纷，有市场买卖纠纷，有交通事故纠纷，有融入当地的难处，这些难事儿让菜农们“焦头烂额”，常常无法全身心地投入到劳作中去。

路晓华敏锐地发现了这个问题，现在菜农们都是凭着自发的地域情结联系在一起，一旦遇到大事便如一盘散沙，这可不是长久之计。发现问题的他，没有擅自行动，而是回到家乡主动联系和凤镇党委政府，诉说了“无锡和凤人”面临的困难，希望获得帮助。

和凤镇党委十分重视路晓华所提出的问题，认为他所思所想都是着眼于农民朋友最紧迫、最真实的问题，解决好这些问题，才能为离乡闯荡的奋斗者解除后顾之忧。不久，和凤镇党委根据该镇上千农民、数十名党员在无锡种菜的情况，决定组建“和凤镇驻无锡菜农服务部党支部”，并任命路晓华担任菜农服务部党支部书记，这是当时该镇第一家驻外党支部。

从此，路晓华便名正言顺地成了外出菜农的“娘家人”。而在无锡的和凤菜农们自此也有了“家”，这种归属感让他们在异乡有了依靠，让他们团结在一起，紧紧拧成一股绳。

“娘家人”路晓华在继续为家乡菜农提供优质蔬菜种子、农药、化肥的同时，开始承担起协调和解决各种矛盾纠纷的重担。

遇到市场买卖纠纷，一个电话他就奔赴现场协调解决，利用专业知识尽量将菜农损失降到最低；卖菜途中发生交通事故，他奔波于交管部门和医院，为菜农维权，也为受伤的人们送去家乡的温暖；菜农小孩就近入学，夫妻发生口角……在大家最需要他的时候，都能看到他的身影。巧理“百家事”的他，成了菜农们口中德高望重的“晓华哥”，也成了菜农们的主心骨，大家遇事都习惯先问问“晓华哥”。

有路晓华当“娘家人”，和凤驻无锡菜农抱团种植的千亩大棚蔬菜，成为无锡市菜篮子工程“定供菜”。在他的带领和帮助下，和凤在无锡种菜的菜农收入稳步增加，每年带回家乡的现金收入近亿元，户均10万元，许多家庭率先成了“小康示范户”。

他是回乡创业的“引路人”

日复一日，年复一年。路晓华和外出菜农们，不仅掌握了过硬的生产技术，有了稳定的销售门路，而且积累了一定的资金资本。但创业的道路注定不会是坦途。过了几年，城市化进程加快，不少菜地被征用，路晓华的生意越来越难做。

与此同时，路晓华在与家乡领导的工作交往中得知，和凤镇被确定为南京市现代农业示范园与全市农业“1115工程”实施试点镇，这让他意识到家乡现代农业发展的“春天”来到了，加上内心的乡土情怀，他萌生了返回家乡创业的想法。飞出去的“燕子”又飞回来了！

2009年4月9日，路晓华带领在无锡种菜的13户菜农返回和凤老家，在黑土地上开始了蔬菜种植创业之路，他注册成立了溧水县华成蔬菜专业合作社，投资500多万元，租赁农田1100余亩，发展大棚蔬菜。刚开始，路晓华的这个选择家里人并不理解，在他们看来，“种地能有多大出息？”路晓华光流动资金就带回来380万，有这么多钱还种地，不是被人笑话吗？

和凤镇的蔬菜大棚

路晓华不这么想——“种菜听起来土，其实大有可为。首先，和吃饭有关的行业，老百姓就离不开。另外，现在做‘菜篮子’的普遍比较粗放，我们只要打好‘本地菜’这张牌，就一定能找到市场。”有了政府的支持，华成蔬菜合作社的招牌没多久便在和凤立了起来。

毕竟“见过世面”，路晓华种菜还真和别人不一样。除了两条“泥腿子”，他总是能直起腰来，看远一层。“光埋头种菜可不行，种地也要有经营意识。”路晓华返乡创业不久，就搞起了合作社，把土地股份的理念融入其中。“你家的地参加合作社没？”那段时间村民们言谈中就绕不开路晓华的合作社。

参加合作社后，将家庭承包经营的土地折价入股，每年可以获得每亩1200元的分红，而周边没有参加合作社的农户，土地流转租金一般为每亩700元。此外，入社农户还可以优先到合作社就近务工，一年也能拿到两三万元劳务费。

“搞合作社，是为了形成合力，打造品牌。”路晓华从一开始发展思路便十分清晰。合作社统一种植、统一管理、统一销售，首先从源头把关，为农户提供具有市场竞争力的蔬菜品种；其次在种植过程中提供技术指导，统一购买有机肥与生物农药，保证农产品的质量安全；最后对农户生产的蔬菜，合作社以保护价统一收购、统一品牌销售。

这种模式的成功也得到了验证，合作社从最早只有13名社员，发展到后来的143人，蔬菜种植面积也从300多亩发展到2000多亩。从前南京人吃的菜大部分是从外地运来，而路晓华的本地菜运输成本较低，自然不愁销路，订单纷至沓来。

别看是农民出身，路晓华的经营理念也很先进：主动培养员工当老板。“来我这里的人第一年都是打工，拿固定工资。第二年起，只要愿意，就可以承包土地，自己管理。”路晓华介绍说，“赚取的利润70%归生产小组带头人，工人们每月除了基本工资，还可以得到利润的30%作为奖金。”这样一来，员工不但更有积极性，对提高产品质量也更加用心。

华成的经营管理是不断完善的，这个过程中遇到的阻力也不小。一开始，公司还属于“家族企业”，很多岗位都是自家亲戚“说了算”。随着企业做大，路晓华决定“换血”，淘汰不懂管理的“自己人”，为此，妻子张秀兰和他闹了好久的别扭。

“自己家的企业好处都给了外人，老亲戚们都被你赶跑了，这低头不见抬头见的，以后我们还怎么做人？”张秀兰一开始难以理解路晓华，觉得他冷心冷面。可多年的市场拼搏使路晓华明白，现代农业需要先进管理经验和科技知识，再也不能走钉耙加锄头的传统耕种老路。顶着人情压力的他，力推股份合作制的运营模式，大量吸纳青年大学生参与管理，推荐他们担任总经理和部门主管，而自己则从事公司技术服务和蔬菜营销岗位。

合作社先后引进了16名大学生，为他们提供就业创业的资源和平台，同时帮助和指导他们解决创业过程中遇到的各种难题，在创业初期，为他们提供资金和技术支持。引进人才的好处不用多说，但路晓华自己都没想到，这批大学生竟让企业在无意中抓住了“互联网+”的风口。

他是致富道路上的“领头羊”

大学生刚来的那段时间，路晓华偶尔发现快递来得很频繁，一问才知，原来是大学生网购的东西。“买全球，卖全球”的电商，一下子让路晓华发现了商机，“连上互联网，不就可以上网卖菜了吗？”

尽管是老板，但在网络这个领域，自称“连手机都玩不好”的路晓华没有“大权独揽”，而是选择了“让专业的人干专业的事”。2013年，由路晓华招聘的8名大学生任股东的网络公司正式成立，负责网络商城的蔬菜销售。

“网络销售这一块，他们说了算，我给他们打工。”路晓华说，“创业听起来充满激情，但真正做好不容易，光站在岸边看，更是永远学不会，自己下水，哪怕呛两口水，也没事。有了这个经历，路会越走越宽，我的企业不也越做越强吗？”经过近2个月的考察学习，他们搭建了溧水区首家生鲜农产品电商销售平台“华成商城”，开启了网上蔬菜配送之路。

经过几年的摸索运作，2016年，华成商城已拥有会员近千人，集宣传、咨询洽谈、网上订购、网上支付、交易管理等为一体，以华成蔬菜基地自产的无公害蔬菜为主，涵盖了

路晓华和他的农科团队

新鲜蔬菜、水产品、粮油副食等大类，并依靠合作社自建的物流体系，保证从基地至客户餐桌过程中不与其他非农产品混合送货，保证产品质量。合作社还开通了手机微信端，产品与网络商城同步呈现，推出团购、买就送、基地体验等一系列优惠活动，大大拓宽了网络销售的平台与渠道。

为了让客户吃得放心，合作社自产的蔬菜都有检测合格证明，实现产品质量可追溯。为了做强配送体系，合作社还拥有1000平方米独立仓储，分为常温、冷藏、冷冻区域，将产品分类保存，确保产品质量。

这个老百姓身边的“菜篮子”，在2020年年初的新冠肺炎疫情中，发挥了巨大作用。路晓华再三强调：“现在就是考量我们社会责任感的时候了，在这个特殊时期，我们华成人一定要让更多的人吃得安心。”

为了让利给客户，缓解疫情期间的压力，华成商城在微信购菜小程序中推出了“1分钱购菜”活动，每日限量百份，一分钱便可购得10斤的新鲜蔬菜。

“我原以为是个噱头，没想到收到的是实打实的两大袋蔬菜啊！”永阳街道的客户王女士收到菜后十分震惊，激动之余她拍下照片上传至朋友圈。活动的影响力在溧水人的朋友圈中不断扩大，雪中送炭的行为也获得了大家的“点赞”。

“除了运营的创新，在农业技术上也要跟得上时代潮流。”2016年，路晓华专门组建了由南京农业大学、金陵科技学院等10余名大学毕业生组成的技术团队。并且，经常聘请江苏省农科院、南京蔬菜科学研究所、南京农业大学、溧水区农业局等单位的专家到基地

■邀请江苏省农科院专家指导育苗

■周边农民来基地务工

进行实地指导，不定期地举办各种形式的培训班，把最新的技术传授给创业就业的大学生和周边菜农。

在他的带领下，技术团队研发的南方地区野生水芹的大棚栽培方法、南京芹菜夏季高产栽培方法在华成蔬菜基地试种成功，并获得国家专利。这在一定程度上，减轻了溧水乃至南京“伏缺”蔬菜的压力。

2016年，基地的蔬菜种植面积也从200多亩发展到近2000多亩，当年销售蔬菜就达到50多个品种50万吨、销售额逾亿元，成为首批南京市蔬菜保供基地，并跃升为南京市现代农业示范园，成为和凤镇乃至溧水区一大特色富民产业。

作为致富产业的带头人，路晓华和他的华成蔬菜一路走来，一直坚持凝聚力量，打造党建富民产业链。

首先是推行“支部＋合作社＋农户”的运行模式。合作社建立由党员牵头的管理团队，并通过党支部不定期组织农户进行技术培训、学习以及现场观摩活动；支部成员不定期走访周边农户，了解他们的生产和生活需求，并为他们送去农资、种苗、生活补给等；同时支部通过与合作社销售部门对接，对加入合作社的农户生产的菜品统一收购、统一销售，一方面打通了蔬菜销售从田头到餐桌“最后一公里”，同时也解决了众多农户产品的销路问题，降低生产经营的风险。

其次是开展“支部＋党员＋农户”结对帮扶活动。将和凤镇范围内的贫困户按照所属村落划分为几个小组，每个小组安排支部成员进行专门的对接帮扶。支部成员通过将贫困户引进合作社进行务工，或是通过到合作社自主承包经营等方式先后将57家低收入农户带进路晓华带头创建的“低收入纯农户蔬菜增收基地”，并引进87名青年农民在基地自主创办“蔬菜农场”。合作社常年安置家乡就业农民140多人，临时用工210多人，月工资平均在2000元至3500元，解决了农村年龄较大、外出就业困难的妇女在家门口增收的问题。同时，辐射带动农户320多户，形成3000余亩的蔬菜种植面积，成为促进农民增收的一种有效形式。

如今，路晓华又多了一层身份——溧水区和凤镇乌飞塘社区党总支书记。作为村民自己选出来的村支书，路晓华在带动大家致富上更加用心，建设家乡、富裕家乡的信念，激励着他“上下求索”。

2019年，路晓华作为全省唯一一名代表，赴京参加国家勋章和国家荣誉称号颁授仪式，更受邀出席了10月1日在天安门广场举行的中华人民共和国成立70周年观礼活动。这一路走来，路晓华先后获得了全国优秀农民工、江苏省劳动模范、南京市优秀共产党员等许多荣誉，他的妻子张秀兰也凭借勤劳的双手获得了全国巾帼建功标兵。

“金奖银奖不如老百姓的夸奖，金杯银杯比不上群众的口碑。只有让大家都过上好日子，我们才真正实现了全面建成小康社会的承诺。”展望未来，路晓华充满信心：“我们不但要抓住风口，还要努力创造风，争取带着更多的人‘飞’起来。”

文字作者：邢　力（溧水区和凤镇中杨村）

图片提供：华成蔬菜专业合作社

责任编辑：陈宗波

高淳区

GAOCHUNQU

配套视频

绿色桠溪　最美慢城

绿映村中，粉墙影里，果然尘外幽洲。减匆匆意，纾缓过青丘。尽是高低错落，拥翠地，又见乡愁。最难忘，调羹试火，去了旧烟楼。

悠悠。须细看，春风吹住，打量蜗牛。问他个西东，无语休休。幸是政佳气爽，又到了，人本时候。祝君寿，山清水秀，一步一春秋。

——文竹《满庭芳》

在一声声婉转的吟唱中，桠溪国际慢城的湖光山色、吴风楚韵，犹如宣纸上的水墨画一般，慢慢铺陈开来。

风景秀丽的桠溪国际慢城

规划引领　桠溪与慢城的初遇

桠溪街道隶属于南京市高淳区，位于高淳区东端，东与溧阳市交界，南距安徽省郎溪定埠村 8 公里，北与溧水区毗连，是全国重点镇、首批中国特色小镇、江苏省重点镇、江苏省新型小城镇。截至 2019 年年底，桠溪街道面积为 149.2 平方公里，人口 6.17 万人，下辖 10 个居委会、12 个村委会。

桠溪历史悠久，早在 3000 年前就有人类活动，桠溪集镇的形成始于明朝崇祯末年。这里地处茅山、天目山山脉的汇合地，也是太湖、长江水系的分水岭，桠溪南边的胥河生态廊道，兼具自然河流、湿地池塘和农业景观功能。优越的地理条件使桠溪成为两省四县的交界地区，以及商贸会聚的中心。

“咱们这里的风景美是美啊，可是通往山村之外的只有一条不足两米宽的小道。那时候没有几家有自行车，老百姓想去赶个集，或者逛个庙会要走上半天，真是晴天一身灰，雨天一身泥！”村民们一提起过去的生活条件，便忍不住叹息。走出山村，闯出一条致富之路，成为桠溪人的梦想。

2000 年，当时的高淳县分别被国家环保总局、江苏省环保厅批准为国家级、省级生态示范区建设试点县。同年，为了开发好丘陵山区的原生态资源，桠溪镇党委、政府依靠政策优势，引入南京农业大学景观规划设计院，开始在瑶宕村的范围内设计建造瑶池山庄，由此踏上了“生态之旅”的起点，开始探索“绿水青山”向“金山银山”转变的有效实践路径。历经 5 年实践后，2005 年年初，桠溪镇党委邀请江苏省农科院、南京市科技局、南京农业大学的专家学者联合制订了一部《高淳县桠溪生态镇建设规划》。

“这个规划在充分分析桠溪优越的自然资源和区位优势的基础上，分别就桠溪生态经济功能区划、生态产业、观光旅游农业、资源环境保护、生态村镇建设等方面做了详尽的规划，为桠溪今后的发展提供了依据和发展方向。”时任桠溪镇党委书记介绍，看到规划后，大家格外振奋，因为按照规划，“从瑶池山庄到荆山，在这条长达 48 公里的山路上，将出现一条原生态之路、乡村文化之路。”此后，桠溪镇的党员干部拧成了一股绳，大家心往一处想，劲往一处使，全力投入到了对循环观光农业旅游线路的开发之中。

2006 年 12 月，桠溪“生态之旅”风光带全线贯通，成了一处整合丘陵生态资源打造的集旅游、休闲、度假、娱乐为一体的农业综合性旅游风景区。风光带像彩带一样，串联起瑶池仙境、山水影城、永庆古寺、大山农家乐、大官塘、状元山、铜锣井、都府寺、天地戏台等自然人文景观，勾连起千亩旱园竹、有机茶园和果园等超大规模的特色经济农场。风光带沿途起伏跌宕，蜿蜒曲折，山抱绿水，鸟语花香，驱车而上，沿途仿佛迎来一道道绿色屏障，似一幅幅山水画卷。

2010年11月，在苏格兰召开的国际慢城会议上，桠溪慢城被正式授予“国际慢城”称号。这里的“慢”并不意味着慢吞吞，而是指建立一种放慢生活节奏的城市形态；这里的“城”也不限于行政区划意义上的城市，而是指致力于提高居民生活质量的有活力社区。

获此殊荣后，桠溪开始将打造中国首席慢生活休闲度假胜地作为新的目标。2012年年初，桠溪镇党委、镇政府委托北京大学土人景观与建筑规划设计研究院俞孔坚教授主持编制《高淳“国际慢城”规划研究》方案，并邀请南京大学、澳大利亚BAU、瑞士坎培等国际设计团队为慢城的重点项目和服务设施进行详规设计。此后，按照规划要求，强力推进景区开发和服务配套设施建设，完善旅游要素，提升景区内涵，使慢城各项工作呈现出创新发展的新态势，综合效益显著增长。

2014年，桠溪国际慢城成功创建为国家4A级景区。2015年，近10万平方米的“慢城小镇”基本建成。小镇位于桠溪西北片区，是一个融合购物、旅游、居住和工作的综合体项目，主要包括精品商业、青年旅社、餐馆、健身中心、艺术工作室等功能区。小镇内建设了三大游客中心、小镇驿站、二〇一〇街市；按照4A标准，对慢城沿线标识标牌、垃圾箱、厕所、休息点、停车场等基础设施，进行了全方面的标准化提升；增设了慢语录和文明旅游标识；配备了50辆电瓶车、220辆智能自行车；实现了慢城度假区游客集中区域无线上网全覆盖。同年，桠溪国际慢城获评中国人居环境范例奖。此后，又先后被评选为全国农业旅游示范点、省级旅游度假区、省级自驾游基地、省级生态旅游示范区、省级四星级乡村旅游点，并荣获省级人居环境范例奖。

■桠溪“生态之旅”风光带

2019 年 1 月，高淳区对部分乡镇进行区划调整，以原桠溪镇所辖区域作为桠溪街道行政区域。历经 20 年的不懈奋斗，桠溪作为中国第一慢城，积极探索慢城国际化标准在中国的应用，践行创新、协调、绿色、开放、共享大发展理念，在基础设施建设、环境保护、新能源应用、慢生活营造、慢城旅游体系构建、文化保护与开发、慢城城镇建设等多方面形成中国标准，为全国的慢城发展建立标准化的样本，引领全国各地慢城的发展。

富民活镇　文体盛开并蒂花

“两山一庙一戏台，六塘两库一古井，古村古树古建筑，新容新貌新风尚”，这是对桠溪街道大山村所具有的浓厚乡土风情的写照。2008 年，继瑶宕村之后，大山村也踏上了打造农家特色旅游示范村的征程。这一发展定位，不仅为当地百姓保留了选择绿色生活方式的权利，也带来了新的发展机遇。短短几年，大山村从最初只有 6 家农家乐餐馆，发展到拥有近百家农家乐。与瑶宕村、大山村的发展历程相似，桥李村依靠海风楼、腾园、望玉岛度假村、桥李茶园、石家新农村建设示范点、兴地农采摘园等现有设施，形成了独具特色的体验式农家乐经营模式。

桠溪农家乐的兴起，展示了乡村旅游产业良好的发展态势，更为社会主义新农村建设提供了示范样本。相关村落的成功经验，开始在街道内的其他村落推广和实践。蓝溪村负责人介绍，过去村里有一半村民常年在外打工，看到周边村子开农家乐富了后，许多人都主动回乡创业。村民张富强 2013 年回来开了农家乐和民宿，一年收入有 20 多万元，是打工收入的两倍多。

桠溪不仅有立足生态的“慢经济”，更有内涵丰富的民俗文化。“百年高淳”民俗文化展示节便是传统的民俗活动，每年春节期间举行。节日期间，有大量民俗特色表演节目上演，如申报了世界非物质文化遗产的“跳五猖”、惊险热闹的“打水浒”、乡趣横生的“花台会”、憨态可掬的“大马灯”、身手不凡的“小马灯”，以及“蚌仙舞”“高淳春歌”等。

文体从来不分家。桠溪在发展农家特色旅游的同时，也对体育旅游项目进行了全面开发。截至 2018 年年底，已初步形成了集体育、旅游、健康、休闲于一体的体育旅游项目体系。桠溪国际慢城在 50 平方公里区域内建设了多层级的慢行系统，其中包括电瓶车游览车道 17 公里、自行车道 11.4 公里、步行道 7.9 公里，并配有 35 辆电动游览观光车、200 多辆自行车、160 辆共享单车。另外，建成自行车运动训练场地 1 座，户外拓展基地 2 个，可开展真人 CS 活动。

2011 年，在文峰塔区域形成了以文峰揽胜、房车营地、帐篷营地、慢摇船橹 4 个项目为主体的慢运动核心区。此后，南京家游栈健康训练养老产业基地、慢城小镇、枕松度假酒店、国际慢城蜗牛村、归来兮度假庄园、小茅山田园综合体、金浦山慢城、水慢城拓展、慢乐园等特色体育休闲项目相继落户，形成了慢运动体育旅游休闲产业体系；航塔旅游用品、爱沁缘服饰、华景旅游用品等 3 家体育用品制造企业相继建成，形成了独具桠溪特色的体育制造业。

在促进文体融合，培育特色体育文化方面，2010 年，桠溪先后开发了时光碎片南京文艺家创作基地、慢城隐院书院、慢耕文化园、大山天地戏台、文峰塔、都府寺等体育文化旅游产业项目；传承发展了跳五猖、小马灯、中马灯、舞狮、舞龙等民间传统体育文化；开发了慢骑、机器人马球、体育舞蹈、户外游乐等新型体育文化项目；同时，借助一年一度的金花节、荷花节、风筝节、螃蟹节、年货节等节庆，探索发展了以文化旅游运动养生为理念的慢文化。

与此同时，特色体育赛事也在桠溪得到了常态化开展。截至 2020 年 10 月，桠溪先后举办各类体育赛事 75 次，知名度较高的有国际慢城马拉松赛、全国定向冠军赛、中国钓鱼大师巡回赛、国际慢城山地自行车赛、千人瑜伽挑战赛、国际慢城万人健身瑜伽露营节等大型赛事。

因地制宜　践行“两山”理论

绿水青山就是金山银山。桠溪属于丘陵地区，地势呈北部高、南部低的趋势，土壤肥沃，适合多种经济作物和景观苗木生长，可谓一座天然植物园。为抢抓经济发展机遇，桠溪充分利用天然的地理优势，大力发展现代高效农业，通过政府引导、政策扶持、吸引外资来本地开发、流转土地等措施，打造休闲观光、经济林果、设施蔬菜、优质粮油等特色产业，先后建起了千亩茶叶基地、千亩早园竹基地、省级义务植树基地及云溪食品加工厂等相关基地和企业。

民俗文化表演

“朝与竹乎为游，暮与竹乎为朋，饮食乎竹间，偃息乎竹间。”桠溪多见竹，竹文化

■桠溪国际慢城马拉松赛

更是源远流长。本着做大做强的原则，桠溪重点发展了以顾陇、瑶宕、桥李等村为代表的旱园竹特色产业，并对荆山竹海进行了旅游开发。截至2010年，街道范围内的旱园竹种植面积近万亩，桠溪的竹文化再一次被发扬光大。

在打造优质农产品品牌方面，桠溪也做到了先行一步。2002年，桥李村注册了“苏峰”商标；2007年，注册了高淳县苏峰经济林果专业合作社。合作社地处桠溪北部，远离工业区，经营范围包括有机茶生产销售、水稻种植销售、经济林果种植、农副产品销售等。其中，有机茶叶生产是合作社的特色主导产业，2007年，茶叶基地和茶产品获得有机认证；2016年，对茶厂进行全面翻新，并对老旧设备进行更换，“苏峰”牌有机茶被评为南京市名牌产品；2017年，建成茶叶展示厅，购置设备，更新茶叶树种，不断扩大产品宣传，提高产品质量；2018年，新吸收98户农户入股，新增白茶基地120亩，于2018年年底升级为国家级合作社；截至2019年年底，合作社注册资金达800万元，固定资产697.5万元，有入股社员346户。

在健康食材生产方面，桠溪最知名的生产基地要数位于永庆村的归来兮有机庄园。庄园占地面积约4400亩，以古法农耕的方式生产和供应有机大米、有机蔬菜、散养禽蛋、应季水果。种植全程不使用任何化学合成投入品，拒绝一切转基因品种。因品质优良，产品先后进驻了GMART金鹰超市、BHG精品超市、华润苏果连锁超市、绿地全球商品直销中心、盒马鲜生等销售点。除打通零售渠道外，还开通了电商网络销售平台，以更加便捷的配送方式将健康食材送入千家万户。有机种植在保护永庆村自然环境的同时，也带动了村民致富，每年带动全村增收约350万元。

一路走来，桠溪始终坚持绿色发展，全力推进全域旅游发展，致力现代农业发展，不断提升农旅品牌质量和效益。

桠溪经验 谱写新时代的桠溪篇章

桠溪始终坚持以人为本，大力推进生态可持续发展，着力建设绿色农村、富裕农村、

■ 桠溪国际慢城里美丽的油菜花田

繁荣农村、幸福农村、活力农村，这些思路和经验，都已成为党带领桠溪人民实现跨越发展的宝贵经验。

桠溪的发展实践证明：今天的绿水青山就是明天的金山银山，要始终坚持把生态优先作为基本战略，这既是桠溪人打造国际慢城的制胜法宝，也是桠溪在未来发展中必须坚持的底线原则；没有科学的规划就没有科学的发展，要实现全面协调可持续发展，就要始终坚持高品位、高品质的科学规划引领；一个地区发展的优势与劣势是相对的，过去的劣势可以通过因地制宜、因势利导转化为现在的优势，只有把区域特色产业作为突破方向，才能实现经济发展的突破。

全面建成小康社会，不仅是一个经济目标，更是一个政治、文化、社会全面协调发展的目标；不仅是衡量一个国家富强、民主、文明、和谐、美丽的目标，更是衡量人民生活水平、生活质量的目标。所有过往，皆为序章。站在新的起跑线上，桠溪人深深懂得，唯有实干才能成就梦想，只有不懈奋斗，才能继续谱写出新时代的桠溪篇章。

文字作者：李　伟（高淳区桠溪街道）

图片提供：高淳区委党史工作办公室

责任编辑：张月华

配套视频

决胜全面小康　红色堡垒旗更红

南京市高淳区桠溪街道跃进村位于桠溪街道西北部，辖区面积5.8平方公里，共有7个自然村、11个村民小组、825户、户籍人口2419人。抗日战争时期，溧高县抗日民主政府、中共苏南第三地委、苏南第三行政区专员公署曾长期驻扎此地，在苏南抗日战争史上留下了浓墨重彩的一笔，被誉为苏南抗战的红色堡垒。

由于地处丘陵山区，地理位置比较偏僻，自然条件相对匮乏，生产条件相对落后，交通条件相对较差，加上传统农业生产方式和思想观念的制约，直至改革开放前，这里的群众生活长期处于苏南中等以下水平。村级集体经济薄弱，长期戴着贫困村的帽子。近年来，村党总支一班人不忘初心加油干，团结带领村民想方设法进行农业产业转型，发展特色富民产业，开展美丽乡村建设，挖掘利用传统文化和红色文化资源，推动红色旅游，拓展村民增收致富渠道。在干部群众的共同努力下，彻底改变了贫穷落后的面貌，先后获得全国文明村、江苏省卫生村、江苏省首批三星级康居乡村、南京市新时代先锋先进基层党组织、南京市党史教育基地、高淳区廉政文化示范点等荣誉称号。

特色农业助力乡村振兴

2000年，原跃进村和红光村合并成为新的跃进村，并村后的村集体经济收入不足5万元，是一个典型的贫困村。历届村党总支一班人始终把发展作为第一要务，想方设法带领乡亲们脱贫致富奔小康。破除干部群众“吃饭靠种田，穿衣靠种棉，芝麻绿豆换点盐，养猪养羊挣点钱……”的传统思想，改变过去“农业不足副业补，养猪养羊争高产”的农业生产模式，带领村民开展农田、坡地、水塘整治，大力发展种养植业，千方百计增加村民收入。

■南京市高淳区跃进生物质颗粒厂

与此同时，积极争取政府农业产业转型扶持政策支持，2010 年，在上级部门的关心支持下，争取到 3700 亩农田整治项目，通过整治方便了村民耕种，给土地流转带来机遇。成片土地流转给种植大户和养殖专业户，规模化经营既提高了种植、养殖效益，又增加了老百姓的收入。众所周知，高淳水网密布，靠山吃山、靠水吃水，螃蟹、青虾养殖在跃进村也日益兴旺。“村里 1000 多亩的螃蟹、青虾养殖，基本分为个体、家庭农场和合作社 3 种形式。对于村民的创业，村上都会给予技术指导。”跃进村会计芮苏明介绍说，“除了这些高淳当地的特色水产养殖外，村里还有 400 多亩的蔬菜大棚。这其中高淳本土企业红太阳集团，在咱们村有近 100 亩的蔬菜生产基地。另外村里还引进外来企业，泗阳的美润集团在咱们这有 150 多亩的蔬菜种植基地，主要负责水饺蔬菜的供应。”村两委统一思想，形成了做强做大集体经济的共识，先后建立了标准厂房，引进纯净水厂、服装加工厂、生物质颗粒厂，壮大了村集体经济实力，有效提高了村集体为民服务的能力。村里还与进驻企业签订协议，优先聘用村里的低收入农户，有效提高低收入农户的年收入。

农业的发展也吸引了大批年轻人回乡创业，90 后的潘平夫妇租下了村里 20 亩地，用于草莓种植。如今他们的草莓园开得正火，“来村里参观的游客，不少会来我们草莓园采摘。游客多了，我们自然收入也提高了，这可比在外打工要赚得多。”潘平笑着说，“以前都是年轻人想要往外跑，都觉得农村收入太低。现在不同了，大城市的房价高、竞争大，回乡创业反而成了新出路，我们就是高淳本地人，能在家乡做一番事业，不但证明了自己的价值，也为家乡的发展贡献了力量。看着村子越来越好，我觉得很骄傲！”

“红色堡垒”带来发展机遇

跃进村下辖的西舍自然村是一个千年古村落，曾有“九井十八巷”的布局。抗日战争年代，著名无产阶级革命家陈毅、粟裕、王必成、江渭清、钟国楚等人都在西舍留下了革命足迹。1943 年，新四军一支队 16 旅和苏南地委在西舍重建溧高县抗日民主政府，成为溧高县委乃至苏南三地委活动的中心，革命先烈们在此地开辟建设高淳抗日游击根据地，抗击日伪军，开展减租减息、扩武招兵、剿匪反霸等工作，在苏南抗日战争史上写下了浓墨重彩的一笔，留下了许多可歌可泣的故事，影响和教育了一代又一代新人。

如何更好地继承和发扬革命先辈为民牺牲，奋斗谋幸福的革命精神，发挥好这些红色资源在发展中的独特作用。村党总支一班人研究决定带领村民们做一篇传承红色文化，开发乡村红色旅游，促进特色富民产业发展，加快美丽乡村建设，激发革命老区的生机和活力的大文章。

从 2012 年起，跃进村借助市区扶贫攻坚政策支持，注意挖掘西舍独特的红色文化资源，先后投入数百万元对村里的革命遗址建筑物进行了修缮，并在其原址恢复了溧高县抗日民主政府大礼堂，修复了中共溧高县委和溧高县抗日民主政府旧址，复建了新四军兵工厂、纺织厂以及溧高抗日民主政府创办的国华中学遗址建筑等。与此同时通过广泛收集史料，新建了 10 多处革命史展览馆，陈列和展览了新四军在溧高地区的抗日斗争史，展出图片 400 多幅、历史文献及文物 350 多件、文字史料 20 多万字。在周边修建了烈士纪念碑，修复了西舍小马灯展馆、张巡纪念馆、村史馆。村里还结合村庄布局，将保护红色遗址和建设村庄生态环境相融合，合理规划红色遗址游览线路，将红色文化与乡村民俗文化有机融为一体，彰显了革命老区的蓬勃生机。

2016 年 6 月，跃进村西舍“红色堡垒”被南京市委党史办命名为党史教育基地。2017 年 3 月，西舍“红色堡垒”融入高淳区“一馆多基地”党性教育专线。近年来，这里已经成为桠溪乃至全区、全市的革命传统、爱国主义红色教育基地。每年接待来参观的党政机关、企事业单位、学校和农村党员干部以及观光游客达 10 余万人次，开展各类青少年红色主题教育活动数十次。芮苏明说：“2019 年一年，西舍红色堡垒教育基地共接待到访游客 26 万余人次。村里还和多家企事业单位、学校结为共建单位，他们经常组织党员群众来这里开展主题党日活动、社会实践活动。”

多家企事业单位来此开展主题党日活动

通过修复革命遗址，建

立红色教育基地和发展乡村红色旅游，促进了村级集体经济发展壮大。村里还利用西舍“红色堡垒”教育基地，为低收入农户提供多个服务岗位，带动低收入农户增收；借助乡村红色旅游的兴旺，指导村民自主创办农家菜馆、糕点房、土特产销售点等店面；村内的其余劳动力则进入农业合作社和旅游园区务工，促进了特色富民产业的发展，跃进村迎来了崭新的发展机遇。

2020 年，区政府克服新冠肺炎疫情导致的重重困难，按计划对西舍进行修缮，新建成的纪念馆规模将更大，除爱国主义教育内容外，还将增添国防教育的内容；除参观内容外，还将增加互动体验。届时预计每年有 50 万左右的游客光顾西舍村，所带来的经济效益和社会效益都将非常可观。

美丽乡村建设促进乡村旅游

西舍虽然有“九井十八巷”的布局，但十八条巷道全是泥路，随着新农村建设步伐的加快，跃进村加强环境整治，因地制宜打造让大家“望得见山，看得见水，记得住乡愁”的美丽宜居乡村。结合环境整治，对村庄环境、道路整洁、污水排放、河塘清洁、村庄绿化等各方面进行了全面整治。

对全村进村道路进行整治与亮化，实现了村内道路硬化及路灯安装全覆盖，新浇水泥路 2400 多米，硬质化水沟 3500 多米，砌筑花坛 3300 多米，修建木质护栏 2000 多米。新建日处理能力 30 吨的污水处理池，铺设污水管网 4500 多米。修建了市民休闲广场、球场、图书室、大戏楼等娱乐、学习设施，丰富了村民业余文化生活。另外，村里还出新墙面 26000 平方米，新建标准化公厕 5 座，垃圾房 12 个，栽种各种树木 1300 多株，苗木花卉面积 20 多亩。建设垃圾处理设施和可回收垃圾兑换点，实施党员包户、最美家庭、最美庭院宣传引导等，确保垃圾分类人人参与，实现了垃圾分类全覆盖。现在的跃进村

■溧高县抗日民主政府大会堂旧址

溧高县国华初级中学旧址

环境整洁、民风和谐、面貌一新。城乡差距越来越小，很多在城里买房的村民也回村盖房生活了。

在挖掘红色文化资源，开展红色旅游的同时，跃进村还注重民族风俗、民族文化的保护传承。平日里，村里把男村民组织起来，编练醒狮舞；把妇女组织起来，编练划龙船、蚌蟹乐、打莲湘；把少年儿童组织起来，编练小马灯等传统文娱节目。经常组织村民参加国际慢城传统节日商业表演，既增加了村民们的收入，又使得传统文化得到传承；既丰富了村民们的业余生活，又有效促进了乡村文明建设。

起源于明代的跃进村西舍小马灯表演历史悠久，抗日战争期间，村民们曾为新四军进行过小马灯表演。2012 年，村委会组织动员当地老艺人进行抢救性传承，投资修建了西舍村小马灯非遗馆，2014 年 5 月，西舍小马灯被列入南京市第三批非物质文化遗产名录。2018 年，在“幸福南京，温暖你我”城市快闪迎新年活动期间，高淳小马灯惊现南京德基广场，充分展现了新时代农民的风采。

为民服务提升幸福感和获得感

在决胜全面小康的征程中，跃进村党总支始终坚持以人民为中心，注意发挥好基层党组织战斗堡垒作用。通过建立党员之家、设计布展“党在我心中”党员照片墙，让昔日的“空白墙”变成“党建墙”，让以往的“闲置房”成为“党建室”，构建了学习宣传教育平台，夯实了党建基层基础，使之成为多层次、多角度宣传党的方针政策和党建工作的前沿阵地。制作以党员风采为主的展示墙，增强党员荣誉感；开放党群活动室、党员干部远程教育站点，给人以关切感；设立争创党员先锋岗，给人以责任感；展示优秀党员事迹，给人以成就感。

跃进村还以村民代表大会、财务监督委员会为桥梁，制定村自治章程、财务管理制度、村务公开制度、民主评议制度等，明确了村务公开工作重点、原则、要求，完善了村务公开内容，规范了公开形式、时间和基本程序，定期公开村里党务、村务。在形式上除了在固定的告示栏上公开外，还根据本村的实际，在人群密集的地方设立临时公开栏，自觉接受村民监督。

提升全村网格化管理水平，实行一站式服务在“网”中。跃进村划分了5块网格片区，并在下辖的自然村内设立了7处网格员办公点、网格宣传栏，对网格员信息、“微”人民服务二维码、党员干部信息及承诺等进行公示。自网格化管理以来，村内的各项工作开展都得到了有效提升。实现了“人在网格中走，事在网格中办”。将以往的“多头受理”变为网格员“一口受理”，让村民实现“跑一次路，进一道门，找一个人，一次性办成”。

积极开展志愿者服务，发挥党员先锋模范作用。以村党总支为龙头，由村志愿者服务站组织牵头，吸纳党员志愿者、青年志愿者、巾帼志愿者等，经常性开展卫生大扫除、义务巡逻、交通劝导、义诊、消防知识宣传、法制宣传、关爱空巢老人、留守儿童等系列志愿者服务活动。在今年的疫情防控工作中，跃进村的党员干部积极向党组织递交“请战书”，志愿投身全村疫情防控最前沿。40多名党员建立起疫情联防值守队伍，在村内主要路段设置卡点12处，对来往人员车辆进行逐一排查登记。党员干部挨家挨户，对村内人员彻底摸排。挨家挨户发放疫情防控宣传材料5600多份，成立小喇叭服务队，启用自然村应急广播，全面宣传科学防疫。党的声音回荡在群众耳边，党的旗帜飘扬在群众心间。党员干部冲锋在前、恪尽职守，为群众筑牢防疫守护墙，党总支的引领力、凝聚力、战斗力得到充分发挥。

配套建设村级医务室设施，专门配备了医生、护士各一名，确保村民小病小疾不出村，新农村医疗全覆盖，村民健康水平不断提高，医疗养老保险覆盖率百分之百。

■打莲湘文艺表演活动

一老一小，两头都要抓，两头都要好。村里依托校站结合的方式来管理村里的孩子，采用闲时“5+1”，忙时“5+2”的模式，一周七天，五天交给学校，农闲时一天、农忙时两天交给村级校外辅导站，督促完成家庭作业或组织相应的活动，解决了父母们的后顾之忧。

对待村里的老人，则采用

■居家养老助餐服务

"居家养老"的方式。通过摸排调查，将军人、烈士家属，空巢老人，孤寡老人，残疾人等特殊群体登记在册，组织村里年轻妇女自由结对帮扶，村里付给一定的报酬。老人健康时定期走访，生病时安排人员照顾陪伴。近年来，村里还与南京乐成贤居家养老服务中心开展合作，打造了跃进村居家养老中心，提供助医、助洁、助餐等更高质量、更贴心、全方位服务，老人们的幸福感和满意度一年比一年高。

习近平总书记指出："全面建成小康社会，不是一个'数字游戏'或'速度游戏'，而是一个实实在在的目标。"多年来，跃进村党总支坚持以人民为中心的发展思想，想村民之所想，急村民之所急，解村民之所困，不断提高村民的幸福感和获得感。未来，跃进村党总支将继续求真务实、稳扎稳打，在学有所教、劳有所得、病有所医、老有所养、住有所居上持续取得新进展，在乡村振兴的新征程上，让红色堡垒旗更红。

文字作者：陈宁剑、芮苏明（高淳区桠溪街道跃进村）

图片提供：高淳区委党史工作办公室

责任编辑：卜凡祥

配套视频

渔网编织新生活

鸿雁嘻逐翱翔，凫鸥追云逐浪，清风微拂，水波荡漾，一片祥和。夏来福和渔民们将渔网抛洒在浩渺的湖水里，湖畔儿女用悠扬动人的歌声，娓娓唱出了高淳人民富足安康的幸福新生活。

“一叶扁舟百里湖，烟波深处想婆娑。

轻风短棹斜阳处，几曲沧浪自在歌。”

夏来福是高淳区淳溪街道杨家村的一名普通农民，也是远近闻名的“渔网状元”。他家编织的渔网不仅“撒”向了大江南北，更“撒”向了国际市场。在夏来福的带动下，截至 2019 年年底，淳溪街道从事渔网生产、加工、销售的有 2 万人左右，年加工渔网 200 多万条，销售收入达到 1.2 亿元。淳溪街道已形成了网布、网绳、网铁脚、网架等与渔网生产配套的一条龙产业。

立下誓言　努力走出困境

1962年，夏来福出生于安徽省当涂县湖阳乡，这里东傍“日出斗金、夜出斗银”的石臼湖，是长三角地区有名的鱼米之乡。夏来福伴水而生，与水为伴，对他而言，石臼湖是他最亲密的朋友。

夏来福的家庭并不富裕，兄弟姐妹多，困难时期常常吃不上饭。初中毕业后，夏来福就常去石臼湖捕鱼、捕虾以补贴家用。

捕鱼，是生计，也是夏来福讨生活的唯一方式。夏来福带着口粮外出捕鱼，常常一去就是一整天。在水上吃饭，靠的不只是力气，还有技巧和耐性。

为了将鱼卖个好价钱，夏来福常常在船上“熬通宵”。等到凌晨 4 点市场来人，才上岸卖鱼。鱼的价值取决于鲜、活，早晨捞上来的鱼，是最鲜活也是最好卖的。等到鱼都卖光了，夏来福才拖着疲惫的身子回家。

在捕鱼的过程中，夏来福没少吃苦头，最让他头疼地就是渔网构造上的各种缺陷。“工欲善其事，必先利其器”，经验再丰富的渔夫没有一张好的渔网，收获也会大打折扣。夏来福深深感觉到了渔网编织技术上的不足，那时候起，他便有了学技术改变生活的念头。

22岁那年，由于家庭困难，夏来福从安徽来到南京高淳县薛城乡杨家村舅舅杨学炳家，给单身的舅舅做继子。舅舅有一门好手艺，那就是织渔网。据该村《杨氏宗谱》记载，高淳水网圩区一带的杨家村农民编织渔网已有800多年的历史。只是这么多年以来，村民都没指望靠编织渔网发家致富，做网也不过为了置换点零花钱过生活。见夏来福对编织渔网感兴趣，舅舅杨学炳便将一身好手艺倾囊相授，夏来福也学得很认真。

在学习织网的同时，当年在夏来福心里萌发的“学技术改变生活”的念头不可抑制地生长起来。但是，他十分纠结，毕竟改变已经习惯的生活方式是很不容易的。可他又扪心自问，真的愿意这样一辈子卖力气吗？答案是否定的。夏来福坚定了自己的决心，他要和舅舅杨学炳做渔网生意，要为渔网更新升级，要用手中小小的渔网织出自己的未来！

勇立潮头　开创渔网事业

1986年，好强的夏来福“蹒跚学步”，做起了渔网生意。虽说有织网的经历，但自己做渔网生意，还是新媳妇上轿——头一回。从进货到放网，从加工制作到销售，夏来福一一从头学起。既然下定了决心，那就要干到底！

对于创业新手而言，资金是一个巨大的问题。夏来福孤注一掷，借了2000元资金，开始了自己的创业。他采用借钱进货、赊账提货的方式来滚动发展。

每天一睁眼，夏来福的眼前就会出现一笔巨大的负债，他将这巨大的压力当作激励自己勤勉工作的动力，他清楚地知道自己已经没有退路了，他必须成功！

人在压力下往往能激发出更多的潜能，夏来福凭借着一往无前的勇气和披荆斩棘的决心，在

夏来福检查渔网质量

渔网市场的浪潮中摸爬滚打，越挫越勇，步伐越来越坚定，路子越来越宽阔，一切慢慢走上了正轨。

秉承热情、周到和诚信的经营理念，夏来福的生意越做越好，越做越大，渐渐在渔网界崭露头角！在家乡开辟了一条全新的致富之路！

夏来福的成功让人们看到了渔网生意的潜力，也给足了身边的同事伙伴满满的信心，他们更加投入，准备迎接更多未知的挑战。那些原本还在观望的人都争相效仿，一大批外地客商接踵而至。一时间，全村形成了一个以夏来福为龙头的强大联盟。夏来福趁势而起，办起了全乡第一家个体渔网厂，形成了渔网加工、销售一条龙服务的产业模式。渔网制售这一特色经济也渐渐向邻村、邻镇渗透，为待业留守的农家妇女找到了就业机会。

20 世纪 90 年代后，高淳水产业快速发展，农户编织的龙头网、风网、鲫鱼网、风箱等网具的销量大增，发展渔网生产已经成为当地富民的重要举措。

1996 年初春的一个晚上，夏来福出差至苏州农村，他看到当地渔民在使用一种叫作地笼网的渔具捕鱼。地笼网又叫地笼、甩笼，两端为圆锥形集鱼网袋，渔民将剩饭、糠、酒等等一些诱饵放入，再将地笼网设于有水草、微水流的浅水区，诱捕水中的黄鳝、螃蟹、河虾，因为诱鱼洞为喇叭状的倒须网口，鱼、虾只能进不能出，捕捞效果很好。

作为一个渔民，更是一个渔网生意人，夏来福立即对地笼网产生了极大的兴趣。他仔细研究了地笼网的构造，断定这种渔具在沿海地区销路一定看好！于是，他买了一条样品，回家便让人仿照赶做了 2000 条地笼网。身边的人都觉得夏来福“疯了”，纷纷劝他做生意要稳妥，但夏来福却坚持自己的决定，他相信自己的眼光，做就要大刀阔斧地做！

地笼网一做好，夏来福便亲自将渔网运到启东销售，2000 条地笼网竟然不到一天就销售一空，当地的渔民对这地笼网的使用效果赞不绝口。

这次投石问路的成功给了夏来福极大的信心，也让他的胆子更大了！他赶河南，赴福建，跑沿海一带，挨着将当地的市场情况摸清摸透，根据不同地区的情况准备材料，制定计划。为了赶制快销，夏来福回到家乡就将材料分发给左邻右舍加工，让大家分散制作，制好后统一验收。

渔网编织所需原材料不多，有钢筋、网布、尼龙线（倒须）、铁脚、鹅卵石等。生产工艺也不太复杂，首先将钢筋拉丝切断后扎圈，制作网架，其次按尺寸定位、拉紧装大倒须，再是包网、开孔、装小倒须，最后将装好铁脚或鹅卵石的成品出库。

加工地笼网操作简单，一学便会，一个妇女一般每天能加工五六条，收入近 20 元。从事地笼网加工能致富的消息不胫而走。无须参股，无须动员，杨家村 80% 的家庭加入了地笼网加工。有的也自己备材料加工，自己销售。这一致富门道，在夏来福的影响下，很快延伸到了周边乡镇。

妇女们在编织地笼网

2018 年，春节还未过完，夏来福一家就忙碌起来。在他家承包的场地上，10 多台拉直网丝的调直机一字型排开，将成捆的钢丝拉直、剪断，一方方制作好的渔具堆放得整整齐齐，村头收购外销的货车进进出出。夏来福从外地引进了地笼网的加工制作技术，不仅自己发了财，还带着乡亲们发财！他为乡亲们做起经纪人，负责外销，引发乡邻加工制作地笼网的一股热潮，带领全村 1000 多个家庭从事渔网生产，为当地农民开启了一条致富路，因此他被群众亲切地称为“地笼王”。

据统计，到 2019 年，淳溪街道在夏来福的影响带动下，有 2 万左右农民在渔网里“淘金掘银”，他们制作的地笼网等渔具占据了全国 90% 以上的市场份额。夏来福及其家庭也先后多次被市、区、街道三级有关部门评为致富生产标兵、五好文明户、最美家庭。2018 年，夏来福被南京市政府授予南京市劳动模范称号。

守法诚信　为网农牵线搭桥

夏来福的渔网产品为什么比其他地区的好卖？

除了渔具品种丰富多样，质量良好，在市场上形成一定规模外，其中一个最重要的原因就是讲诚信。

前些年，杨家村有少许网农卖网心切，只要有人收渔网，就急忙拉去卖，结果收网具的人收网后便杳无音信，网农上当受骗，辛辛苦苦买材料织渔网却连本都收不回来。也有些网农为了多卖几个渔网挣钱，不注意保护自己的信誉，以次充好，甚至在渔网上动“手脚”，少几道工序，或是用质量不佳的原材料进行加工，久而久之，便断了自己的销路。

这时候，乡亲们和客户便纷纷找上了自己信赖的人，那便是夏来福。

针对这种情况，夏来福既当客户的“采购员”，又当网农的“销售员”，两边牵线搭桥，靠诚信闯天下。他将网具价格、规格、数量、质量等一一诚实地告诉客户，客户则根

■丰富多样的渔具品种

据需求量订购渔网。

村民们将网具交给夏来福，放心；客户让夏来福按标准组织货源，省心。多年来的实践证明，夏来福赢得了客户和网农双方的信赖，经常有不同地方的客户常驻他家，收购渔网。

2017 年，夏来福创办了渔网合作社，进一步提高对渔网编织业的服务能力，由产前服务向产中、产后服务转变。一是制定优惠政策，对渔网生产专业户在资金上予以扶持，切实帮助他们解决生产加工方面的问题，积极鼓励他们开发渔网新品种。二是在技术推广、项目示范、新品种引进等方面推行技术承包总负责制，组织渔网技术人员深入农户家中，对他们进行技术培训。三是搞好销售服务，组织合作社人员成立营销队伍，拓展营销市场。四是搞好信息服务，定时对当地的价格跟踪调查，为渔网专业户提供市场供销信息。

仅 2017 年，去夏来福家拿材料回去加工的农户有 300 多户；2019 年春节，他光发给这些农民的“工资”就有 1000 多万元，自己获利 20 多万元。如今全街道卖网布、网绳、网铁脚的，做网架的，组织生产的大户，组成了一支庞大的“联合舰队”，形成了供、产、销一条龙的生产格局。夏来福踏着市场的浪潮，不停探索渔网生意的新可能性，他主动与其他大户联手，通过现代科技“互联网＋”、线上线下联手，积极主动培训新手，增加渔网加工量，外出寻找更多的销售点。2016 年以来，他分别在宝应、盐城、淮安、连云港、张家港以及皖南地区建立了多个销售点，渔网销往全国各地，乃至俄罗斯、越南、日本等国家。

夏来福靠诚信，为家乡的网具销售打开了广阔市场！

不忘初心　带领大家勤劳致富

70 岁的杨学品夫妇 10 年前就给夏来福家“打工”织网，每年收入 2 万多元。杨学品老人时常感叹：“像我这样一把年纪，如果没有织网这样的‘手艺活’，到哪去挣‘活钱’。”

渔具加工业的兴起，使乡村以往闲玩、搓麻将的人少了，人人能动手，个个可赚钱。村民杨告化搓麻将成瘾，白天做活懒散。妻子见到别人家加工地笼网赚钱，便劝杨告化离开四方桌。夏来福见状也将材料及技术主动送上门，帮助他戒赌，勤劳致富。短短一年后，杨告化夫妻俩加工地笼网的收入就达 4 万元，杨告化的牌瘾也逐渐小了。现在杨告化逢人便夸："是夏来福把财神送进了我的家。"

杨家村的夏方明，在村里开过店、进过厂，见夏来福渔网生产不错，便关掉了自家惨淡经营的油漆厂，向夏来福讨教致富的法子，虚心跟着夏来福学做渔网并放手经营网布材料。在夏来福的帮助下，夏方明从福建等地大批购进网布，回来后再批发给当地生产渔网的大户，逐渐成了当地小有名气的致富能手。夏方明提起夏来福便充满感激之情，他说："如果没有来福老哥的支持和帮助，我不可能走上致富的道路。"

"多亏了夏来福一家人的帮助，不然我们哪能有如今富足安康的幸福新生活！"生活在杨家村 3 组的夏晓兰望着自己家漂亮的小洋楼，对左邻右舍感叹道。几年前，夏晓兰承包企业，不但赔光了家底，还欠债 5 万余元。陷入困境后，夏晓兰一家仿佛被阴霾笼罩了，只觉未来的生活黯淡难熬。夏来福得知情况后，主动找到夏晓兰，鼓励她振作起来，不仅无偿借给她 3 万元，还手把手地教她织渔网赚钱。在夏来福夫妇的帮助下，夏晓兰不但还清了欠债，小日子越过越好，每年收入都在 6 万元以上，村里那一幢漂亮的小洋楼就是她家 2018 年建的。每当提起夏来福一家人，她总是满怀感恩。

这些年来，夏来福走东家、串西家，将自己的渔网编织经验毫无保留地传授给周围群众，不管是谁家遇到困难，他总是第一时间去帮助。他将石臼湖畔的乡亲们当成自己的家人，衷心地希望大家都能越过越好。他常常对大家说："全面小康，重在全面，一家人富不算富，只有全村都富才是真的富。"

在夏来福看来，"地笼王"的身份再瞩目，双手接过的荣誉和褒奖再闪耀，都已经是过去式，那些曾经的辉煌和成绩在掌声之后都将重归于零。未来，他将继续带领杨家村和石臼湖畔的人们，奔向更加幸福美好的明天！

文字作者：邢光理（高淳区淳溪街道）

图片提供：邢光理

责任编辑：张月华

后 记

足迹见证历史，历史照亮未来。记录和讲述中国共产党带领南京人民为实现高水平全面小康而不懈奋斗的光辉历程与动人故事，是党史工作者义不容辞的责任和使命。在即将迎来决胜全面小康的历史时刻，谨将这本《梦圆——高水平全面建成小康社会的南京实践》作为献礼，奉献给广大读者。

本书为工作纪实类图书，分市级层面和区级层面两大部分进行记述。其中，市级层面内容包括综述文章和配套宣传短片。综述文章题为《高水平全面小康的“南京模样”》，作为中共南京市委研究室2020年全市重大联合调研课题的阶段性成果，该文由南京市社会科学院课题组执笔撰写；配套宣传短片名为《高水平全面小康的南京答卷》，该片由中共南京市委党史工作办公室委托南京广播电视集团摄制。区级层面内容包括由12个区级党史部门选送的36篇案例文章，分别涵盖街道、社区以及家庭3个层级，其中有22个案例制作了配套微视频。配套宣传短片和微视频，均可用手机识别文章顶部或尾部的二维码实现同步观看。

2019年，在中共南京市委宣传部、中共南京市委研究室的指导支持下，中共南京市委党史工作办公室开始联合南京出版社策划编撰本书。本书的编撰出版工作得到了南京市档案馆和各区党史部门的大力支持。南京市档案馆为查阅相关资料提供了便捷服务，并提供了部分图片；各区党史部门为完成案例征集付出了大量时间精力，积极联系协调各街道、社区和相关单位，特别是承担具体工作的同志，先后克服疫情影响，冒着高温酷暑收集资料、采访拍摄，为本书提供了第一手稿件、图片和配套微视频，为最终完成编撰出版任务打下了坚实基础。书稿和配套宣传短片、微视频完成后，中共江苏省委党史工作办公室、江苏省广播电视总台、中共南京市委研究室、南京市社会科学院、南京广播电视集团的多位专家受邀进行了认真审读，提出了重要修改意见。南京出版社也为本书的编审和出版，提供了有力保障。

值此书稿付梓之际，谨向所有参与单位和个人，以及在编撰出版各阶段提供指导和帮助的领导、专家表示诚挚的感谢！此外，我们在书中使用了少量公开发表的图片，请图片拍摄者看到书稿后与我们联系，我们将按标准支付稿酬。由于编者水平所限，加之本书涉及的资料来源庞杂，书中不可避免地存在谬误与疏漏之处，在此向广大读者表示歉意，并欢迎提出宝贵意见。

编　者

2020年12月